Alexander Neubacher
Total beschränkt

ALEXANDER NEUBACHER

TOTAL BESCHRÄNKT

Wie uns der Staat
mit immer neuen Vorschriften
das Denken abgewöhnt

Deutsche Verlags-Anstalt

MIX
Papier aus verantwor-
tungsvollen Quellen
FSC
www.fsc.org   FSC® C014496

Verlagsgruppe Random House FSC® N001967
Das für dieses Buch verwendete FSC®-zertifizierte Papier
Munken Premium Cream liefert Arctic Paper Munkedals AB, Schweden.

1. Auflage
Copyright © 2014 Deutsche Verlags-Anstalt, München,
in der Verlagsgruppe Random House GmbH
und SPIEGEL-Verlag, Hamburg
Alle Rechte vorbehalten
Typografie und Satz: DVA / Brigitte Müller
Gesetzt aus der Dante
Druck und Bindung: GGP Media GmbH, Pößneck
Printed in Germany
ISBN 978-3-421-04655-0

www.dva.de

Inhalt

»I fought the law and the law won.«
SONNY CURTIS

Einleitung

Ich bin in den siebziger Jahren aufgewachsen; es war eine wilde, gefährliche Zeit. Wir kletterten auf Bäume, sprangen in Pfützen und tranken Wasser aus Gartenschläuchen. In den Sommerferien fuhren wir mit dem VW-Bus über holprige Straßen nach Italien, zwanzig Stunden in einem Rutsch. Mein Vater saß am Steuer, rauchte filterlose Zigaretten und aß Autofahrerschokolade, um wach zu bleiben. Wir Kinder lagen hinten auf einem Berg aus Strandmatten, Zeltplanen und Wechselwäsche. Natürlich nicht angeschnallt. Es gab ja keine Gurte. Im Nachhinein kommt es mir wie ein Wunder vor, dass wir überlebt haben.

Heute ist meine Welt geordnet. Wir beim SPIEGEL arbeiten in einem modernen Hamburger Bürohaus, in dem nicht geraucht wird. Es ist verboten, seine eigene Schreibtischlampe mitzubringen: Energiesparvorschrift. Private Zimmerpflanzen: auch untersagt.

Vor kurzem bekam ich überraschend Besuch von einer Betriebsärztin und drei Herren, die sich als Kontrolleure aus der Verwaltung vorstellten. Die Ärztin hatte ihre Notfalltasche dabei. Einer der Männer hielt ein Klemmbrett mit einer Checkliste vor der Brust. Es ging um einen blauen Gymnastikball, auf den ich mich während der Arbeit gelegentlich setze in der Hoffnung, ich beugte dadurch Rückenschmerzen vor. Doch meine Besucher klärten mich darüber auf, dass der Sitzball einen Verstoß gegen die Unfallschutzvorschriften im Sinne von Paragraf 4 Arbeitsschutzgesetz darstelle. Es bestehe Roll-, Rutsch-, Kipp- und Sturzgefahr. Der Ball müsse weg. Man meine es nur gut mit mir.

Ich habe bei der zuständigen Berufsgenossenschaft nachgefragt, wie viele Büromenschen im vergangenen Jahr von einem

Sitzball gefallen sind und sich dabei verletzt haben. Es dauerte eine Weile, bis jemand zurückrief und mir die Zahl nannte: Null. Im ganzen Jahr hatte sich offenbar nicht ein einziger berichtenswerter Sitzball-Unfall ereignet.

Nun könnte das natürlich daran liegen, dass es in deutschen Büros, mit wenigen SPIEGEL-Ausnahmen, schon lange keine Sitzbälle mehr gibt, von denen jemand hätte herunterfallen können. Doch siehe da: Auch die Statistiken früherer Jahre verzeichnen keine nennenswerten Unfallzahlen. Selbst zu Zeiten, in denen Sitzbälle bei bandscheibengeplagten Menschen groß in Mode kamen, waren Stürze kein großes Problem. Warum also die Aufregung nach Paragraf 4 Arbeitsschutzgesetz? Meint man es wirklich gut mit mir?

Das Sitzballverbot ist mehr als eine Büroposse. Es steht beispielhaft für ein Zeitgeistphänomen, das weit über meinen Arbeitsplatz beim SPIEGEL hinausreicht. Der Staat und seine bürokratischen Helfer glauben zu wissen, was gut für uns ist. Sie sagen uns, was wir essen und trinken sollten, wie wir unsere Arbeit machen, wie wir unseren Feierabend verbringen. Sie leiten uns beim Einkaufen und im Straßenverkehr, zu Hause und in der Freizeit, sie behüten, schubsen, motivieren und moralisieren, sie verwandeln unsere Welt in eine Mischung aus Kindergarten und Pflegeheim. Die Verbote und Vorschriften dringen in jeden Bereich unseres Lebens. Sie kosten uns Zeit, Nerven und Geld und vergällen uns den Alltag. Der Supernannystaat beschränkt die Bürger, der Bundesadler wird zur Glucke: Deutschland, die gemaßregelte Republik.

Im 18. Jahrhundert war es in gebildeten Kreisen üblich, Kindern ein Gängelband anzulegen, eine Mischung aus Zwangsjacke und Pferdegeschirr, um ihnen das Laufen beizubringen. Erst die Aufklärung brachte Pädagogen hervor, die den Eltern erklärten, sie sollten ihre Kinder einfach machen lassen. Der aufrechte Gang komme dann von ganz allein. Im Jahr 1784 forderte der Philosoph Immanuel Kant den Aufbruch des Menschen aus dessen selbstverschuldeter Unmündigkeit. Er schrieb:»Habe Muth, dich deines eigenen Verstandes zu bedienen.« Heute, 230 Jahre später, schlägt das Pendel zurück. Ausgerechnet die Vertreter jener Generation, die sich in ihrer Jugend mit langen Haaren und bunten Kleidern besonders rebellisch vorkamen, haben sich zu Hausmeistern der korrekten Gesinnung entwickelt. Auf Mut und Verstand, jedenfalls des gemeinen Bürgers, wollen sie sich nicht verlassen. Es herrscht ein antiaufklärerischer Geist, das Gängelband kommt wieder in Mode. Der Mensch gilt als betreuungsbedürftiges Mängelwesen. An die Stelle von Homo sapiens tritt Homo demenz, der Trottelbürger.

Diese Haltung prägt auch die Politik.»Lassen Sie uns mehr Freiheit wagen«, verkündete Angela Merkel noch in ihrer ersten Regierungserklärung als Bundeskanzlerin im November 2005. Doch irgendetwas kam immer dazwischen. Seit dieser Legislaturperiode setzt die Große Koalition aus CDU/CSU und SPD den Bürger gleich von zwei Seiten pädagogisch unter Druck: Moralapostel verbünden sich mit Sozialingenieuren. Die Opposition neigt ebenfalls dazu, den Bürgern Vorschriften für eine korrekte Lebensführung zu machen, insbesondere die Grünen, die Partei der zänkischen Übertugend. Und bevor sich ein FDP-Mitglied auf die Schulter klopft: Ein Liberalismus, der solche Freunde hat wie die FDP-Bundestagsfraktion der vergangenen Legislaturperiode, braucht keine Feinde mehr.

Die Entmündigung kommt nicht über Nacht. Es ist ein schleichender Prozess. Der Staat stiehlt sich mit kleinen, leisen Schritten in unser Leben. Aber wenn wir in alten Fotoalben blättern, fällt uns auf, was wir früher für verrückte Sachen gemacht haben. Wir sehen Menschen, die eine entfernte Ähnlichkeit mit uns haben, aber völlig unvernünftige und mitunter sogar gefährliche Dinge tun. Und dabei scheinen sie auch noch irre viel Spaß zu haben.

Stellen Sie sich vor, Sie wären ein Zeitreisender, den es per Knopfdruck aus dem Mauerfalljahr 1989 in die Jetztzeit katapultiert. Wie würde Ihnen nach einem Zeitsprung von einem Vierteljahrhundert unser heutiger Alltag vorkommen?

Vermutlich wären Sie überrascht zu sehen, dass in der Eckkneipe nebenan nicht mehr geraucht werden darf, weshalb Gäste und Wirt alle halbe Stunde vor die Tür gehen, um sich bei Wind und Regen eine anzustecken. Es käme Ihnen seltsam vor, dass in einigen Mensen und Kantinen donnerstags kein Fleisch mehr serviert wird: Veggieday. Dass an vielen Stränden an der Nord- und Ostseeküste aus Sicherheitsgründen keine Sandburgen mehr gebaut werden dürfen. Dass ein Handwerker, der sich in der U-Bahn auf dem Weg in den Feierabend eine Flasche Bier aufmacht, mit einem Bußgeld bestraft wird. Dass Sie mit Ihrem kaum zehn Jahre alten Auto plötzlich nicht mehr in die Innenstadt fahren können, weil es angeblich zu viel Feinstaub ausstößt. Dass Sie in Ihrer Eigentumswohnung keinen Kamin und keine Gästetoilette mehr einbauen dürfen, weil Luxussanierung gegen den Milieuschutz verstößt. Dass es verboten ist, zum Schulfest Ihres Kindes einen Nudelsalat oder eine Nachspeise mitzubringen: Vergiftungsgefahr. Und dass an jeder Straßenecke eine Kamera hängt, die Ihre Schritte überwacht – ganz zu schweigen von den illegalen, aber von unserer Regierung eher hilflos hingenommenen Spitzeleien via Internet und Mobilfunkortung.

Bestimmt wären Sie auch erstaunt über die Forderung nach einer Helmpflicht und einem weitergehenden Alkoholverbot – für Fahrradfahrer. Über eine staatliche Prämie zur Begrenzung von Überstunden, wie sie Bundesarbeitsministerin Andrea Nahles (SPD) ins Gespräch gebracht hat. Über Kaffeetafeln ohne Kaffeesahne-Portionsdöschen, wie sie der grünen Spitzenfrau Katrin Göring-Eckardt vorschweben. Und über die vielen anderen Verbote, die Politiker aller Parteien in den letzten Monaten gefordert haben: Nachtangelverbot, Lichtverschmutzungsverbot,

Heizpilzverbot, Uferbadeverbot, Rolltreppenverbot für Kinderwagen, Plastiktütenverbot, Ballerspielverbot, Pornografieverbot, Ausgehverbot für Menschen unter 18 Jahren, Prostitutionsverbot für Menschen unter 21 Jahren, Ponyreitverbot, Zigarettenautomatenverbot, Standbytastenverbot. Nicht zu vergessen das Weichmacherverbot für Sexspielzeug, wie es das Umweltbundesamt und die EU-Kommission vorschlagen.

Und was käme Ihnen bei Ihrer Zeitreise ins Jahr 2014 wohl verrückter vor? Die rechtliche Verpflichtung, Ihren Müll auf ein halbes Dutzend verschiedenfarbige Tonnen zu verteilen? Oder der Umstand, dass ein Gutteil des sorgsam getrennten Abfalls hinterher wieder zusammengekippt und verbrannt wird?

Fachleute des Bundesjustizministeriums haben kürzlich einmal nachgezählt: Man kam auf 246 944 Bundesvorschriften, die von den Bürgern zu beachten sind. Hinzu kommen mehrere Hunderttausend Vorschriften von Ländern, Kommunen und Körperschaften des öffentlichen Rechts; das Spektrum reicht von den Gebührensatzungen für Kindergärten bis zu den Friedhofsordnungen. Die Frage, wie viel Wasser eine öffentliche Toilette maximal verbrauchen darf, ist hier ebenso geregelt wie das Design von Sonnenschirmen in der Außengastronomie.

Allein unter der vergangenen schwarz-gelben Bundesregierung traten 553 Bundesgesetze mit einigen Tausend Paragrafen in Kraft, mehr als in jeder Legislaturperiode zuvor, »ein zweifelhafter Rekord«, wie Bundestagspräsident Norbert Lammert (CDU) einräumte. Wer sich in Deutschland nicht an die vorgeschriebene Farbe von Parkscheiben (blau) hält oder die Verfallsangaben auf dem Erste-Hilfe-Kasten (DIN 13164) missachtet, wird jetzt noch strenger bestraft. Für Fahrradfahren in einer Fußgängerzone sind 15 statt zehn Euro Bußgeld fällig, für »nicht platzsparendes Parken« zehn Euro und für »unnützes Hin- und Herfahren innerhalb geschlossener Ortschaften« 20 Euro. Details stehen im bundeseinheitlichen Bußgeldkatalog, der am 1. April 2013 in Kraft trat.

Einige Fälle aus dem Pumpensumpf der Bürokratie sind so skurril, dass die Zeitungen darüber berichten. Einem Hamburger Fischhändler wurde nach einem Schadensersatzprozess auferlegt, ein Hinweisschild an der Verkaufstheke anzubringen mit der Warnung:»Achtung: Fische können Fischgräten enthalten.« Das Bundesinnenministerium sorgte für Aufsehen mit dem Entwurf einer neuen Schützenfest-Richtlinie. Aus Sicherheitsgründen sollte nur noch auf Holzvögel aus dünnem Weichholz geschossen werden. Zuletzt wollte die EU-Kommission nachfüllbare Olivenölkännchen in Restaurants verbieten: Hygienevorschrift!

Als in Hamburg Anfang 2013 tibetische Mönche ein aus drei Kilo Sand gefertigtes Mandala in die Alster streuen wollten (»ein Zeichen der Vergänglichkeit«), schaltete sich zunächst die Hamburger Umweltbehörde ein. Das Streuen von Sand sei »ein nicht angebrachter Eintrag in Hamburger Gewässer«. Im Stadtrat von Köln macht sich eine selbsternannte Geschmacks- und Stilpolizei Gedanken über eine »qualitätsvolle Ausstattung« der Außengastronomie. Statt des bunten Durcheinanders sollten Tische und Stühle »in Weiß, Grau, Holznaturfarben oder Metallfarbe gehalten sein«. Sonnenschirme müssten aus »weißem, beige- oder cremefarbenem Markisenstoff bestehen«.

Zu überregionaler Bekanntheit brachte es Dieburgs Bürgermeister Werner Thomas mit seinem Verbot, im örtlichen Freibad vom Zehnmeterturm zu springen. Es bestehe Blendgefahr. Die 60 Jahre alte Anlage hat einen konstruktionsbedingten Mangel: Der Sprungturm zeigt nach Osten, Richtung Sonnenaufgang. Damit verstößt er gegen DIN EN 13451-10, eine jüngere Norm für den Bäderbau, die wiederum auf eine Richtlinie der Deutschen Gesellschaft für das Badewesen e. V. zurückgeht, welche besagt: »In Europa sollten Sprunganlagen im Freien nach Norden gerichtet sein.« Als Bürgermeister Thomas von einem Gutachter auf das Problem aufmerksam gemacht wurde, legte er gleich das ganze Schwimmbad still. Von Abriss und Neubau war die Rede. Inzwischen hat sich die Aufregung etwas gelegt. Doch wegen der Blendgefahr darf der Sprungturm erst betreten werden, wenn die Sonne hoch am Himmel steht. Weitere Expertisen wurden in Auftrag gegeben.

An einigen Schulen Nordrhein-Westfalens dürfen keine ausgestopften Tiere mehr gezeigt werden, Begründung: Die jahrzehntealten Exponate könnten – theoretisch – Giftstoffe wie Arsen ausdünsten. Zur Sicherheit wurden sie in Folie verschweißt, was freilich dazu geführt hat, dass man einen Marder kaum noch von einem Eichhörnchen unterscheiden kann.

Auf dem Jahn-Sportplatz im Berliner Stadtteil Prenzlauer Berg joggen junge Mütter und Väter jetzt eben nicht mehr hinter ihrem Kinderwagen her, so wie sie es früher gemacht haben. Berlins Innensenator hat ein Buggyverbot für öffentliche Sportanlagen erlassen; es bestehe Stolpergefahr. In Nordrhein-Westfalen trat ein nochmals verschärftes Anti-Raucher-Gesetz in Kraft. Es trifft auch Elektrozigaretten, aus denen überhaupt kein Rauch herauskommt. An Deck bayerischer Ausflugsdampfer ist das Rauchen sogar unter freiem Himmel verboten und demnächst gilt das womöglich auch in Biergärten.

In der Regel haben sich die Bürger an den präventiv-bürokratischen Komplex gewöhnt. England hat schlechtes Wetter, Australien giftige Schlangen und Deutschland seine Behörden, so ist das eben, was soll man machen. Die Menschen verzichten klaglos aufs Osterfeuer (Brandgefahr, Feinstaubbelastung), begnügen sich beim Musikhören mit gehobener Zimmerlautstärke (die EU begrenzt den Kopfhörerausgang beim MP3-Player auf 85 Dezibel), sie verbringen ihre Abende im kühlen Schein der Energiesparlampe und haben die halbe Windschutzscheibe ihrer Autos mit Aufklebern bedeckt, um in die Umwelt- und Parkraumbewirtschaftungszonen vordringen zu dürfen. Es klingt ja zunächst auch nicht alles total unvernünftig. Wenn etwas der

Sicherheit, der Gesundheit oder der Sittlichkeit dient, sind wir dabei. An uns soll es nicht scheitern. Es ist auch ganz bequem, unmündig zu sein.

Doch hinter der staatlichen Regulierungswut steckt ein pessimistisches Menschenbild. Dem Trottelbürger wird nichts zugetraut, zumindest nichts Gutes. Kaum, dass er sich die Schnürsenkel zubinden kann. Er neigt zu Verantwortungslosigkeit und selbstschädigendem Verhalten. Im Straßenverkehr ist er je nach Untersatz als Autoraser oder Kampfradler unterwegs. Er ernährt sich ungesund, trinkt Alkohol und arbeitet bis zum Burnout. Er nimmt für bare Münze, was ihm die Werbung sagt, weshalb jeder Supermarkt zur Konsumfalle wird. Ihm fehlt die Einsicht in höhere Wirkzusammenhänge. Womöglich raucht er. Der Staat übernimmt deswegen die Rolle einer strengen Gouvernante, die mit erhobenem Zeigefinger vor uns steht und uns Vorhaltungen macht: »Du weißt nicht, wie gefährlich das ist!«, »Du weißt nicht, wie ungesund das ist!«, »Du weißt nicht, was sich gehört!«

Der Nannystaat ruht auf den Säulen Sicherheit, Enthaltsamkeit, Sittlichkeit und Kontrolle. Er nötigt uns seine Hilfe auf, ob wir wollen oder nicht. Er befreit uns von der Verpflichtung, selbst zu entscheiden, was gut für uns ist. Er verhält sich wie jene dauerbesorgten Helikoptereltern, die ihr Kind auf dem Spielplatz umkreisen und möglichst keine Sekunde aus den Augen lassen. Doch wehe, die Eltern sind für einen Moment abgelenkt, und das Kind hat nicht gelernt, wie es sich aus eigener Kraft am Klettergerüst festhält.

Wir Bürger werden durch die fürsorgliche Belagerung nicht gestärkt, sondern geschwächt. Der Staat lockt uns in die Trägheitsfalle; er gewöhnt uns das Denken ab. Das Verbot tritt an die Stelle des Arguments. Wo es viele Beschränkungen gibt, gibt es bald auch viele Beschränkte, schreibt der Publizist Wolf Lotter. Der Staat unterstellt uns eine Hilfs- und Fürsorgebedürftigkeit, die er in Wahrheit erst erzeugt. Er motiviert uns zu Verhaltensweisen, die uns schaden. Er verbreitet Mythen, vergeudet Geld, Zeit und Ressourcen und schmälert die wirtschaftliche und kulturelle Leistungsfähigkeit der Gesellschaft. Seine Anstandsregeln und Correctness-Gebote belasten das Miteinander. Einige seiner Vorschriften machen uns krank und gefährden sogar unser Leben. Damit keine Missverständnisse aufkommen: Regulierung ist notwendig. Eine totale, schrankenlose Freiheit des Individuums würde jede Gesellschaft zerstören. Wo es keine Regeln gibt, tyrannisiert der Stärkere den Schwächeren. Laissez-faire schafft keine Freiheit, sondern die Diktatur des Stärkeren.»Die Freiheit der Wölfe ist der Tod der Lämmer«, wie der britische Philosoph Isaiah Berlin schrieb.

Es gibt einige Bereiche, in denen die Politik sogar deutlich stärker regulieren müsste, als sie es heute tut. In der Finanzkrise, in der Klimapolitik oder beim internationalen Datenschutz wird die ordnende Hand des Staates gebraucht. Es wäre gut, wenn die Europäische Union beim Thema Haftungs- und Eigenkapital im Bankgewerbe mit dem gleichen Eifer voranginge wie beim Glühbirnenverbot. Ohne Regulierung droht das Internet von einem Instrument der Freiheit zu einem Instrument der Unterdrückung zu werden. Um künftig unsere Privatsphäre zu wahren, brauchen wir mehr – und vor allem: besseren – staatlichen Schutz als heute.

Kein Staat kommt also ohne Verbote aus. Die Frage ist jedoch, warum es so viele sein müssen. Es beschleicht einen der Verdacht, dass wir zum Opfer von Ablenkungsmanövern werden, mit denen Politiker ihre Handlungsfähigkeit demonstrieren wollen, wenn sie bei den wichtigen Themen nicht vorankommen. Es ist für eine Regierung leichter, den Gebrauch von Heizpilzen zu verbieten, als den europäischen Handel mit Emissionszertifikaten für klimaschädliches Kohlendioxid auf eine funktionierende Grundlage zu stellen. Das Heizpilzverbot bringt dem Klima zwar nichts, dient aber als Arbeitsnachweis.

Häufig ist auch zu beobachten, dass Vorschriften aus taktischen Erwägungen erlassen werden, etwa, um die eigene Verantwortung auf Dritte abzuwälzen. Es ist für eine Kommune auch viel billiger, an einer maroden Straße ein Tempo-30-Schild aufzustellen, anstatt den Straßenbelag zu reparieren. Wer sinnlose Warnschilder aufstellt, trägt zwar nicht zur Sicherheit anderer bei, hat sich selbst aber juristisch in Sicherheit gebracht.

Viele Verbote zielen am Kern des Problems vorbei. Vom Alkoholverbot in der U-Bahn ist auch die harmlose Frauenrunde betroffen, die mit Prosecco auf den Junggesellinnenabschied anstoßen will. Dem ohnehin betrunkenen Pöbler ist das Verbot dagegen egal. Warum hat er neben Ihnen seine dreckigen Schuhe auf den Sitz gelegt? Etwa weil ein Schild fehlt, das ihm dies verbietet?

Dieses Buch beschreibt, wie der Staat immer stärker in unser Leben hineinregiert und dabei das Gegenteil von dem bewirkt, was er eigentlich erreichen will. Das Kapitel »Der Sicherheitsstaat« zeigt, wie neue Sicherheitsvorschriften unseren Alltag nicht sicherer, sondern gefährlicher machen – ein scheinbares Paradoxon, das sich aber in vielen Bereichen beobachten lässt, ob im Straßenverkehr, im Verbraucherschutz oder im Berufsleben. Immer wieder zeigt sich auch, dass Verbote auf falschen Annahmen und bloßem Vermutungswissen beruhen, denn Politiker agieren nicht im luftleeren Raum. Gerade beim Thema Sicherheit ist der Einfluss von Lobbyisten auf die Gesetzgebung beträchtlich; zwischen ihren Büros und den Hinterzimmern der Politik liegt oft eine Tapetentür. Unter dem Deckmantel von Schutz und Risikovermeidung sind krisenfeste, renditestarke Branchen entstanden, für die staatliche Regulierung vor allem eines bedeutet: mit Sicherheit ein gutes Geschäft.

Das Kapitel »Der Enthaltsamkeitsstaat« handelt von Anti-Raucher-Gesetzen, Fettsteuern, Pflichtuntersuchungen und den vielen anderen Versuchen der Politik, uns einen gesunden Lebenswandel aufzudrängen nach dem Motto: Wenn wir schon sterben müssen, dann bei bester Gesundheit. Doch wie sinnvoll sind die angeblichen Präventionsmaßnahmen? Und wie kommt der Staat überhaupt dazu, den Bürgern in diesem Bereich Vorschriften zu machen? Ist der Einzelne etwa verpflichtet, sich und seinen Körper in den Dienst des Kollektivs zu stellen, allzeit bereit, Schaden von der gesetzlichen Krankenversicherung abzuwenden? Gehört es nicht auch zur Freiheit, sich lasterhaft verhalten zu können?

Tatsächlich, so die zentrale Botschaft des Kapitels »Der Sittlichkeitsstaat«, mischt sich die Politik zunehmend in Werte- und Anstandsfragen ein, die sie eigentlich nichts angeht. Wir erleben eine Moralisierung des Alltags: beim Umwelt- und Klimaschutz, im Wirtschaftsleben, beim Umgang von Männern und Frauen. Die sieben Todsünden der mittelalterlichen Kirche erscheinen in neuem Gewand. Spaßverderber haben in Dinkel- und Dünkeldeutschland die Herrschaft über die öffentliche Meinung übernommen.

Ein Staat, der Verbote erlässt, muss konsequenterweise dafür sorgen, dass sie auch eingehalten werden, davon handelt das Kapitel »Der Kontrollstaat«. Mehr staatliche Regulierung führt automatisch zu mehr staatlicher Überwachung; die Ordnungsämter haben gut zu tun. Wir Bürger sind daran nicht ganz schuldlos. Allzu oft spielen wir uns selbst zum Richter auf. Jeder Pipifax löst einen Shitstorm aus. Die Empörungsdemokratie hat mit Facebook und Twitter ihr ideales Verstärkermedium gefunden; hier vereinen sich alte Moralvorstellungen mit moderner Technologie.

Zugegeben: Wir Bürger agieren nicht immer rational. Wir sind vergesslich und manchmal willensschwach. Wir machen Fehler beim Wahrnehmen, Denken und Erinnern. Politikberater ziehen daraus den Schluss, dass der Staat die Bürger durch Psychotricks auf den richtigen Weg führen könne. Durch »Nudging«, sanftes Anstupsen, sollten die Menschen dazu gebracht werden, die richtigen Entscheidungen zu treffen. Woher diese sanften Paternalisten wissen, was richtige Entscheidungen sind, bleibt freilich ihr Geheimnis. Und sanft sind sie auch nur, solange der Bürger tut, was er tun soll. Wenn nicht, wird aus dem Stupser ein rüder Rempler.

Dennoch zeigen Beispiele aus Großbritannien, Dänemark und den USA, dass Nudging eine wirkungsvolle Alternative zu einer harten Verbotspolitik sein kann, wie im Kapitel »Sanfter Paternalismus« beschrieben werden wird. Eine Arbeitsgruppe im Bundeskanzleramt arbeitet seit Ende 2013 an konkreten Plänen, Nudging auch hierzulande einzuführen; einige Vorschläge sind es wert, dass man sie ausprobiert.

Politiker sind Volksvertreter, nicht Volkserzieher. Wir brauchen keine Supernanny, die uns sagt, was wir zu tun und zu lassen haben. Das Leben ist kein Bausparvertrag fürs Jenseits. Freiheit besteht darin, alles tun zu dürfen, was einem anderen nicht schadet. Freiheit bedeutet nicht, alles tun zu müssen, was der Gesellschaft nutzt.

Wir sind nicht die Trottel, für die uns Politiker und Bürokraten halten. Wir werden allenfalls von ihnen zu Trotteln gemacht. Aber das sollten wir uns nicht gefallen lassen.

Die Paragrafenkeule

Der beschränkte Bürger. Betreute Biotope in Berlin und Brüssel.
Schnullerkettenverordnung, Sargpflicht, feuerfeste Unterhosen.
Das Gesetz der wachsenden Staatstätigkeit und das Gesetz
unbeabsichtigter Folgen. Sündensteuern und die schwarze
Pädagogik des Staates. Ein ehrlicher Deutscher ist Beamter
und nicht Mensch.

Viele Jurastudenten lernen im ersten Semester eine Art Faustregel; sie lautet:»Wenn es nicht notwendig ist, ein Gesetz zu machen, dann ist es notwendig, kein Gesetz zu machen.« Die Regel stammt vom französischen Staatstheoretiker Montesquieu; sie gehört zur DNA unseres Grundgesetzes. Als sich nach dem Zweiten Weltkrieg der Verfassungskonvent auf Herrenchiemsee traf, um ein Grundgesetz für die Bundesrepublik Deutschland zu entwerfen, wurden die Weisheiten des 1755 gestorbenen Montesquieu häufig zitiert.

Das Grundgesetz machte den Deutschen nach dem Zivilisationsbruch der Nazijahre klar, dass sie individuelle, unverhandelbare Rechte besitzen, für die sie sich bei niemandem bedanken müssen: Gewissensfreiheit, Handlungsfreiheit, Entscheidungsfreiheit, Meinungsfreiheit, Religionsfreiheit, Demonstrationsfreiheit, Versammlungsfreiheit, Pressefreiheit, Reisefreiheit, Berufsfreiheit, künstlerische Freiheit, Niederlassungsfreiheit, Organisationsfreiheit, Unternehmensfreiheit, Eigentumsfreiheit.

Es dauerte nicht lange, bis die Deutschen nach dem Zweiten Weltkrieg von ihren Freiheiten Gebrauch machten. Mehr und mehr traten sie der Obrigkeit als selbstbewusste Bürger entgegen und kämpften für ihre Rechte, zur Not bis zur letzten Instanz. Die Lektüre der Verfassungsgerichtsurteile aus den Nachkriegsjahren ist auch für Nichtjuristen die reine Freude. Ständig geht es darum, wie einfache Bürger mit Hilfe des Verfassungsgerichts den Staat in seine Schranken weisen: Das Recht war ein Quell der Freiheit! Und heute?

Der beschränkte Bürger

Wer heute für eine zurückhaltendere Gesetzgebung plädiert, gilt als hoffnungsloser Romantiker. Die Verbote überwuchern unseren Alltag wie Knöterich die Friedhofsmauer.

Wie unfassbar viele Vorschriften es gibt, merken Sie spätestens dann, wenn Sie spaßeshalber versuchten, sich an alle Vorschriften zu halten: Es wird Ihnen, jede Wette, nicht gelingen. Selbst die Gesetzestreuesten von uns verstoßen ständig gegen irgendeine Regel: beim Einparken den Blinker vergessen, bei der Steuererklärung die Abgabefrist überzogen, auf der Facebook-Seite ein Urheberrecht verletzt, versehentlich in eine nicht angemeldete Demonstration geraten, in einer geschützten Grünanlage Ball gespielt, eine Zigarettenkippe auf den Boden fallen gelassen, Tauben gefüttert, mit dem Fahrrad auf dem Bürgersteig gefahren, eine zerbrochene CD-Hülle in den Gelben Sack gesteckt, einem Drängler hinterrücks Vögelchen gezeigt ... Würde jede dieser Kleinigkeiten von einem allwissenden Ordnungshüter mit dem dafür vorgesehenen Bußgeld geahndet, stünden wir alle mit einem Bein im Knast.

Daniel Zimmer, Wirtschaftsjurist an der Universität Bonn und Vorsitzender der Monopolkommission, hat sich einmal die Mühe gemacht, nur das Inhaltsverzeichnis des Online-Portals »Das Deutsche Bundesrecht« auszudrucken, eine Art Namensliste der wichtigsten Gesetze und Verordnungen. Der Drucker spuckte 50 laufende Meter eng bedrucktes Papier aus. Wie hieß doch gleich der Merksatz Montesquieus? Wenn es nicht notwendig ist, ein Gesetz zu machen, ist es notwendig, kein Gesetz zu machen?

Ulrich Karpen, Staatsrechtler an der Universität Hamburg und Vorsitzender der Deutschen Gesellschaft für Gesetzgebung, hat mit einer Arbeitsgruppe alle 698 Gesetze untersucht, die von der Großen Koalition zwischen 2005 und 2007 erlassen wurden. Es kam heraus, dass 76 Prozent der Gesetze die Bürokratiekosten steigerten, 58 Prozent nach kurzer Zeit wieder geändert wurden und 50 Prozent sprachlich unverständlich waren.

Wie ist es möglich, dass der liebe Gott nur zehn Gebote brauchte, die Pharisäer 613 und das deutsche Steuerrecht mehr als 30 000? In ihren Sonntagsreden sind alle Politiker für mehr Eigenverantwortung, Bürokratieabbau und weniger Regulierung. Theoretisch. »Wenn Deutschland mal nicht so viele neue Gesetze bekommt, ist es gar nicht so schlimm«, sagte Angela Merkel im Herbst 2013, während sich die Koalitionsverhandlungen mit der SPD in die Länge zogen. Als Bundesarbeitsarbeitsministerin Andrea Nahles noch Generalsekretärin der SPD war, schrieb sie gleich ein ganzes Buchkapitel darüber, wie sehr ihr die »beständige Erziehung und sozialtechnologische Optimierung« durch paternalistische Politiker selbst auf den Wecker gehe: »Immer emsiger versucht der Staat, unseren Alltag zu reglementieren, doch wir brauchen kein betreutes Biotop«, so Nahles damals.

Doch im politischen Normalbetrieb sind solche Sätze schnell vergessen. Der Staat begleitet uns durchs ganze Leben; es beginnt mit der Geburtsbeihilfe und endet mit dem Sterbegeld. Auf 14 838 Drucksachen brachte es der Deutsche Bundestag in der vergangenen Legislaturperiode, das macht weit mehr als 100 pro Sitzungswoche. Kein Abgeordneter wird behaupten, mehr als nur einen Bruchteil davon gelesen zu haben, zumal eine einzige Drucksache durchaus einen Umfang von mehreren Tausend Seiten haben kann. Hinzu kommen bis zu 1000 Dokumente der EU, die jede Woche auf die Abgeordneten einprasseln. »So kann man demokratische Institutionen auch zumüllen«, sagt der frühere Bundesverfassungsrichter Paul Kirchhof.

Der ehemalige Verfassungsrichter und frühere Bundespräsident Roman Herzog hat einmal erzählt, wie es in seiner Zeit als baden-württembergischer Kultusminister zuging, wenn im Kollegenkreis mal wieder über die Überregulierung im Bildungsbereich geklagt wurde:»Aber spätestens nach 30 oder 40 Minuten pflegte das Blatt sich zu wenden«, erinnert sich Herzog. »Dann erhob sich regelmäßig ein Gesprächsteilnehmer und fragte, warum diese oder jene Sache noch immer nicht einer befriedigenden Regelung zugeführt worden sei, und die Empörung, die vorher über die Verrechtlichung bestanden hatte, wandte sich nun einem ganz anderen Gegenstand zu: der unglaublichen Trägheit des Ministeriums bei der Reglementierung der heiligsten Güter der Nation.«

Vor einiger Zeit durfte ich Kontrolleure des Berliner Ordnungsamtes bei ihrem Rundgang begleiten. Wir überprüften, ob die Autos mit den vorgeschriebenen Plaketten (TÜV, Feinstaub, Anwohnerparken) beklebt waren. Wir ermahnten Kneipenbetreiber, die zu große Schirme oder zu viele Stühle auf den Gehweg gestellt hatten. Wir spähten unauffällig nach verbotenen Heizpilzen und illegalen Rauchern. Einmal verwiesen wir einige Fußballspieler von einer kargen Wiese: Es handelte sich um eine»Geschützte Grünanlage« im Sinne des»Gesetzes zum Schutz, zur Pflege und zur Entwicklung der öffentlichen Grün- und Erholungsanlagen vom 24.11.1997«, für Eingeweihte zu erkennen an einem dreieckigen Schild mit einem Tulpensymbol.

In Friedrichshain-Kreuzberg, einem Berliner Bezirk, in dem sich nicht nur die grüne Bürgermeisterin Monika Herrmann für besonders unangepasst hält, gehen die Behörden gegen Kioskbesitzer vor, die am Sonntag ihr Geschäft länger öffnen wollen. Rechtlich sieht die Lage folgendermaßen aus: Ein Kiosk, der ausschließlich Zeitungen, Blumen, Backwaren, Milch und Milchprodukte verkauft, darf von 7 bis 16 Uhr öffnen. Wohingegen der sogenannte »Touri-Späti«, der Bedarfsartikel für den »alsbaldigen Verbrauch«, Tabak, Andenken, Reiseführer und Stadtpläne und Fotobedarf, führt, von 13 bis 20 Uhr öffnen darf.

Die Berliner Ordnungsämter wachen jetzt auch darüber, wer in den Häusern und Wohnungen ein und aus geht; wer hätte das, 25 Jahre nach dem Ende der DDR-Staatsicherheit, für möglich gehalten? Es ist in Berlin nämlich verboten, seine Wohnung an Feriengäste unterzuvermieten (außer es handelt sich um eine ohnehin leerstehende Souterrainwohnung, die an einer stark befahrenen Straße liegt). Man sollte sich in den sogenannten Milieuschutzgebieten auch nicht beim Renovieren erwischen lassen. Der nachträgliche Einbau einer Gästetoilette ist verboten. Doppelhandwaschbecken: verboten. Fußbodenheizung: verboten. Kamin: verboten. Zwei kleinere Wohnungen zu einer Maisonette zusammenlegen: verboten. Großzügige Grundrisse: verboten. Ein nachträglich angebauter Balkon: darf maximal vier Quadratmeter groß sein. Und natürlich dürfen Altbauten auch nicht mit einem Fahrstuhl aufgewertet werden. Früher haben es die Mieter ja auch geschafft, ihre Einkaufstüten, Getränkekisten und Kleinkinder nach oben zu schleppen. Das hält fit!

Und wussten Sie, dass jede Gemeinde in Deutschland verpflichtet ist, eine »befähigte Person für Leitern und Tritte« zu berufen? Der Leiterbeauftragte muss alle im Besitz der Kommunalverwaltung befindlichen Leitern regelmäßig auf ihre Funktionsfähigkeit überprüfen. Das dazu nötige Fachwissen erwirbt er bei speziellen Schulungen; die Kursgebühr beträgt etwa 500 Euro. Die weiteren Details stehen in den von der EU vorgegebenen »Mindestvorschriften für Sicherheit und Gesundheitsschutz bei Benutzung von Arbeitsmitteln durch Arbeitnehmer bei der Arbeit«. Darin heißt es: »Die Füße tragbarer Leitern ruhen auf einem standsicheren, festen, ausreichend bemessenen und unbeweglichen Untergrund, so dass die Leitersprossen in horizontaler Position verbleiben.« Und weiter: »Leitern müssen so benutzt werden, dass die Arbeitnehmer jederzeit sicher stehen und sich sicher festhalten können.«

Immer mehr Verbote gehen auch auf die Mikroregulierung der Europäischen Union zurück. 28 Kommissare regieren in Brüssel, einer pro Mitgliedsstaat, die wenigsten von uns kennen ihre Namen, wozu auch, sie werden ja nicht vom Volk gewählt, sondern von den Regierungschefs der Mitgliedsstaaten ausgekungelt. Aber sie befehligen mehr als 33 000 Beamte und sind an führender Stelle für mehr als 80 Prozent der Gesetze zuständig. Aktuell steht der Pegel bei knapp 3800 EU-Verordnungen und gut 900 Richtlinien zuzüglich sogenannter »delegierten Rechtsakte«: Hier legt die EU-Kommission ohne parlamentarisches Verfahren Detailregeln fest, die sich im Alltag der EU-Bürger aber durchaus bemerkbar machen. »Wer sonst als die Europäische Kommission soll darüber befinden, wie der europäische Zahnersatz oder die europäische Kloschüssel auszusehen haben?«, spottet Hans Magnus Enzensberger in seinem 2011 veröffentlichten Europa-Essay über das »sanfte Monster Brüssel«.

Der Druck der Europäischen Union hat beispielsweise dazu geführt, dass Mecklenburg-Vorpommern zwar weiterhin keine eigenen Berge, aber zumindest ein eigenes Landesseilbahngesetz, kurz LSeilbG, hat. Das Werk umfasst 32 Paragrafen auf 35 Seiten, darunter der Satz, dass es sich bei Seilbahnen um »Anlagen für den Personenverkehr aus mehreren Bauteilen, die geplant, gebaut, montiert und in Betrieb genommen werden« handelt, wer hätte das gedacht. Hätte Mecklenburg-Vorpommern das Gesetz nicht erlassen, wäre ein Zwangsgeld der EU fällig geworden; es drohten 791 000 Euro täglich. In Berlin immerhin könnte es sich demnächst endlich auszahlen, dass auch hier ein Landesseilbahngesetz verabschiedet werden musste. Zur Internationalen Gartenausstellung 2017 soll eine Gondel über das Gelände im Stadtteil Marzahn schweben.

Normierter Alltag

Sie glauben, unsere Welt sei bunt? Von wegen; sie besteht aus 213 normierten RAL-Farben zwischen »Verkehrsweiß« und »Tiefschwarz«. Unser Leben ist bis ins Detail normiert, von der Wiege bis zur Bahre. Im Babyalter geht's los. Die Magna Charta für die Schnullerkettenbranche heißt DIN EN 12586. Sie beschreibt in acht Kapiteln und 40 Unterpunkten, wie eine Holzperlenschnur beschaffen sein muss, damit man sie an einen Babynuckel festklippen darf. Für Spielzeuge gilt die DIN-Norm EN 71-1. Die Stoßfestigkeit von Holzeisenbahnen ist hier ebenso geregelt wie die Maximallautstärke von Babyxylophonen, die Feuerfestigkeit von Karnevalskostümen und die Mindestgröße von Teddybär-Knopfaugen. Ohnehin gilt: Kein Spielzeug für Kleinkinder ohne den obligatorischen Hinweis, dass es für Kleinkinder unter drei Jahren eigentlich nicht geeignet sei.

Sollten Sie in letzter Zeit Schwierigkeiten haben, ein Feuerzeug anzuzünden: Das ist Absicht. Die EU schreibt vor, dass in Europa nur noch »kindersichere« Wegwerffeuerzeuge verkauft werden dürfen. Kindersicher ist ein Feuerzeug dann, wenn im Testlabor 86 von insgesamt 100 Kindern im Alter von bis zu 50 Monaten es nicht schaffen, das Feuerzeug zum Brennen zu bringen. Die Tests müssen in einem speziellen EU-Prüflabor in London vorgenommen werden. Theoretisch käme noch ein zweites Testlabor im polnischen Lodz in Frage, doch leider ist es den Testern dort bislang nicht gelungen ist, 100 Kinder in der vorgeschriebenen Altersgruppe zu finden.

Nicht einmal als Leiche kommt der Bürger zur Ruhe. In den meisten Bundesländern gilt Sarg- oder Urnenpflicht, ein Problem für einige Muslime, die aus religiösen Gründen in einem nach Mekka ausgerichteten Grab in einem Leinentuch bestattet werden wollen. Eine Besonderheit hält das neue Bestattungsgesetz in Nordrhein-Westfalen bereit, denn die rot-grüne Landesregierung will Nachhaltigkeit über den Tod hinaus. Sie räumt den Kommunen in NRW die Möglichkeit ein, nur noch Grabsteine aus fairem Handel zuzulassen.

Das Land Berlin hat sich derweil ausgiebig mit der Frage beschäftigt, was ein »Döner« ist. Laut der »Berliner Verkehrsauffassung für das Fleischerzeugnis Dönerkebap« besteht dieser ausschließlich aus Kalb-, Rind- oder Schafsfleisch. Vor allem aber muss das zwischen den Fleischscheiben befindliche Hack im Fleischwolf gewolft und gemengt worden sein. Nur dann darf es »Döner« heißen. Wird das Fleisch hingegen mit Hilfe einer Kuttermaschine gekuttert, handelt es sich nicht um einen »Döner«, sondern um einen »Spieß nach Döner Art«.

In Brüssel ist ein ganzes Heer von Bürokraten damit beschäftigt, den Verbraucher vor dem Verzehr gefährlicher Speisen zu bewahren. Es gibt die »Honigverordnung« und die »Käseverordnung«, die »Verordnung über koffeinhaltige Erfrischungsgetränke« und die »Verordnung über gesetzliche Handelsklassen für Schafsfleisch«, die »Verordnung über das Inverkehrbringen bestimmter Lebensmittel aus Albanien« und die »Verordnung zur Durchführung der Marktordnungsvorschriften über die Verwendung von Kasein und Kaseinat zur Herstellung von Käse und Erzeugnissen aus Käse«. Die EU behandle den Verbraucher »als behandlungsbedürftigen Schwachkopf, der Rotwein nicht von Weißwein unterscheiden kann«, sagt der Tübinger Juraprofessor Wernhard Möschel.

Nicht-normiertes Essen ist besonders verdächtig. Die EU geht gegen französischen Käse, schwäbische Kutteln, schottischen Hummer und polnische Würste vor. Auch die nach alter dänischer Tradition gebackene Zimtschnecke verstößt gegen die gesundheitspolitischen Leitvorstellungen der Europäischen Union, denn die enthält, der Name deutet es an, Zimt. Laut Annex III, Teil B von Verordnung 1334/2008 dürfen Backwaren pro Kilogramm maximal 50 Milligramm Cumarin enthalten,

ein in Zimt vorkommender Pflanzenstoff. In dänischen Zimt-
schnecken jedoch liegt die Dosis darüber. Immerhin: Die EU
teilt mit, sie sei »bereit zu Konsultationen mit dänischen Institutionen – falls sie Hilfe beantragen sollten –, eine gemeinsame
EU-konforme Regulierung zu finden, die dänische (und andere
europäische) Verbraucher schützt und den EU-Binnenmarkt
nicht behindert«.

Allein die Definition von »Marmelade« hat die EU-Spitzen-
bürokratie Jahre in Atem in gehalten. Richtlinie 79/693/EEC
regelt nun, dass es sich um ein Erzeugnis handeln muss, das aus
Zitrusfrüchten hergestellt wird, also aus Orangen oder Zitronen.
Wird die »Marmelade« aus Nicht-Zitrusfrüchten hergestellt, also
etwa aus Erdbeeren oder Pflaumen, darf sie nach EU-Recht nicht
»Marmelade« heißen, sondern muss »Konfitüre« genannt werden. »Konfitüre« wiederum muss aus Obst hergestellt werden.
Zum Obst gehören nach EU-Definition freilich auch Tomaten,
was auf eine Intervention Portugals zurückzuführen ist, denn
in Portugal wird traditionell gerne Tomaten-Konfitüre gegessen.
Eine weitere interessante Sonderregel stellt die österreichische
»Marillenmarmelade« dar, die aus Aprikosen, also Nicht-Zitrusfrüchten, gemacht wird und deshalb eigentlich »Marillenkonfitüre« genannt werden müsste. Das sagt in Österreich aber keiner,
und so haben auch die Österreicher bei der EU dafür kämpfen
müssen, eine Ausnahmegenehmigung durchzusetzen. Wie sagte
der christdemokratische Spitzenkandidat Jean-Claude Juncker
im jüngsten Europawahlkampf: »Es muss nachvollziehbarer werden, was Europa für die Bürger alles leistet.«

2013 hat sich die Europäische Kommission ausführlich mit
dem sensiblen Thema Klopapier befasst: Handelt es sich bei einer
abgewickelten Klopapierrolle um eine »Verpackung« im Sinne
der Richtlinie 2013/2/EU vom 7. Februar 2013 zur Änderung von
Anhang I der Richtlinie 94/62/EG? Die Antwort lautet: Ja. Als
Erfolg der Normbürokratie kann auch der Treckersattel gelten.

Eine Vermessung des durchschnittlichen Treckerfahrerhinterns ergab, dass die Sitzfläche mindestens 40 Zentimeter tief und 45 Zentimeter breit sein muss. Neigungswinkel, Sitzschwingung und Federelastizität des Sattels sind ebenfalls im Detail geregelt. Die EU schreibt vor, dass sich Menschen, die mit einem Presslufthammer arbeiten, an Grenzwerte für »Hand-, Arm- und Ganzkörperschwingungen« zu halten haben, berechnet nach einer exakt festgelegten Formel, nämlich der »Quadratwurzel aus der Summe der Quadrate der Effektivwerte der frequenzbewerteten Beschleunigung in den drei orthogonalen Richtungen« (Richtlinie 2002/44). Eine »Verordnung über Sicherheit und Gesundheitsschutz bei der manuellen Handhabung von Lasten bei der Arbeit« (LasthandhabV) schützt vor Rückenschmerzen und Hexenschüssen. Musiker dürfen mit maximal 85 Dezibel beschallt werden; so fällt das Fortissimo schon mal dem gesetzlichen Lärmschutz zum Opfer. DIN EN ISO 20216 regelt, dass die Borsten einer Zahnbürste eine Zugkraft von 15 Newton aushalten müssen, DIN EN 13537 normiert die Innenmaße von Schlafsäcken.

Fairerweise muss gesagt werden, dass Vereinheitlichungen innerhalb der EU durchaus sinnvoll sein könnten. Verteidigungsexperten wären zum Beispiel froh, wenn sich die Staaten auf gemeinsame Vorgaben für die Ausrüstung ihrer Soldaten verständigen würden, etwa bei der Kleidung. Hier ließe sich bei der Beschaffung viel Geld sparen. Doch ausgerechnet das deutsche Verteidigungsministerium stellt sich bislang quer. Es hat eigene nationale Standards für die Feuerfestigkeit von Unterhosen festgelegt, von denen es auch in Zeiten einer zusammenwachsenden europäischen Außen- und Sicherheitspolitik nicht abrücken will.

Ohnehin ist die Kritik deutscher Politiker am Brüsseler Regulierungswahn mitunter reichlich verlogen. Die Bundesregierung ist bei jeder entscheidenden Ministerratssitzung vertreten. Sie hat alle Möglichkeiten, den gröbsten Unfug zu verhindern.

Wenn sie es aber versäumt, ihren Einfluss geltend zu machen, liegt es in der Logik des europäischen Binnenmarktes, dass in jedem Badezimmer zwischen Inari in Nordfinnland und Limassol auf Zypern die gleichen Sparduschköpfe installiert werden müssen, auch wenn nur wenige Regionen Europas tatsächlich unter Wassermangel leiden. Aber nutzt die ganze Normierung nicht auch dem Bürger? Als das EU-Parlament beschloss, dass sich die Hersteller von Mobiltelefonen auf einen gemeinsamen Netzstecker einigen sollen, war der Jubel der Verbraucherschützer groß. Tatsächlich ärgerten sich bislang viele Handynutzer über den Kabelsalat, wenn jedes Familienmitglied sein eigenes Equipment an die Steckdose legte. Andererseits besteht nun die Gefahr, dass der Einheitsstecker technischen Fortschritt behindert. Den Herstellern ist es künftig nicht mehr möglich, sich durch die Entwicklung eines eigenen, technisch verbesserten Steckers von der Konkurrenz abzusetzen. Langfristig betrachtet wäre es für die Verbraucher also womöglich besser, wenn es keinen normierten Stecker gäbe und sich die Handyhersteller auch auf diesem Gebiet weiterhin Konkurrenz machten.

Ist es ein Wunder, dass viele Bürger die EU inzwischen nur noch mit Glühbirnenverbot und Gurkenkrümmungsverordnung in Verbindung bringen anstatt mit Frieden und Völkerverständigung? Beim Eurobarometer 2013, der großen Meinungsumfrage im Auftrag der EU-Kommission, kam heraus, dass nur noch 31 Prozent der EU-Bürger ein positives Bild von Europa haben. 2002 waren es noch 50 Prozent. Die beiden meistgenannten negativen EU-Zuschreibungen sind »Geldverschwendung« (27 Prozent) und »Bürokratie« (24 Prozent). »Wir haben die EU geschaffen, um die großen Schicksalsfragen zu lösen und Europa eine angemessene Rolle in der Welt zwischen Amerika und Asien zu geben«, sagt Thomas Enders, Vorstandschef des europäischen Flugzeugkonzerns EADS (»Airbus«): »Wir haben die EU nicht geschaffen, um einheitliche Toilettenspülungen oder Bananengrößen zu bekommen.« Herbert Reul, Vorsitzender der CDU / CSU-Gruppe im Europäischen Parlament, drückte es selbstkritisch einmal so aus:»Wir dürfen die Bürger nicht mit dem Regeln von Kleinscheiß in den Wahnsinn treiben.«

Der Brüsseler Regulierungsperfektionismus schadet der europäischen Idee.»Europa muss von unten nach oben gebaut werden, nicht von oben nach unten«, sagte Martin Schulz, Präsident des EU-Parlaments, bei einer Veranstaltung im vergangenen Europawahlkampf; selten fühlte man sich dem Sozialdemokraten näher als in diesem Moment. Es darf auch in der EU Lebensbereiche geben, in denen der Bürger von der Bemutterung des Staates verschont bleibt. Europa wird nicht zu Grunde gehen, nur weil nicht alle Europäer die gleiche Wurst essen oder die gleiche Menge CO_2 in die Luft blasen.

Individuelle Verantwortlichkeit muss Vorrang vor einer Regulierung durch den Staat haben. Aus der katholischen Soziallehre stammt der Grundsatz der Subsidiarität. Er besagt, dass staatliche Institutionen keine Aufgaben an sich ziehen, die auch auf einer niedrigeren Ebene bewältigt werden können. Erst wenn diese mit der Lösung überfordert ist, übernimmt schrittweise die nächsthöhere Ebene. Die föderale Ordnung gibt die Reihenfolge vor: Die oberste Ebene bildet die Staatengemeinschaft der Europäischen Union, dann folgen Bund, Land und Kommune. Probleme werden da gelöst, wo sie entstehen, dieses Prinzip hat sich bewährt, denn es stärkt Selbstbestimmung und Eigenverantwortung.

Das Gesetz der wachsenden Staatstätigkeit

Manchmal kommt es vor, dass Politiker versuchen, den Paragrafendschungel zu lichten. Hessen richtete 1991 eine Normprüfungskommission ein. Immerhin mehr als 3500 Vorschriften wurden seither außer Kraft gesetzt, 39 Prozent der Verwaltungsvorschriften und 15 Prozent der Rechtsverordnungen: kein schlechtes Ergebnis. Bayerns Ex-Ministerpräsident Edmund Stoiber leitet ehrenamtlich eine Arbeitsgruppe für Bürokratieabbau in Brüssel. Er hat immerhin dafür gesorgt, dass die meisten europäischen Handwerker in ihren Fahrzeugen nun doch keinen digitalen Fahrtenschreiber installieren müssen; eine Ersparnis von insgesamt 50 Millionen Euro. Weniger erfolgreich war der frühere deutsche EU-Kommissar Günter Verheugen mit seinem Plan, mehr als 200 EU-Rechtsvorschriften zu streichen und dadurch acht Milliarden Euro Bürokratiekosten einzusparen. Denn während Verheugen noch versuchte, eine Richtlinie abzuschaffen, welche die höchstzulässige Zahl von Astlöchern auf EU-Regalbrettern regelte, hatten sich seine Kommissionskollegen schon wieder drei neue Normen einfallen lassen.

Die erste Bundesregierung unter Kanzlerin Angela Merkel ging das Thema Bürokratieabbau mit bürokratischer Gründlichkeit an. In den Ministerien und obersten Bundesbehörden wurden Beauftragte für Bürokratieabbau benannt, das Bundeskanzleramt gründete eine »Geschäftsstelle Bürokratieabbau« mit elf Mitarbeitern und einem Staatsminister an der Spitze. Neu hinzu kam auch der »Nationale Normenkontrollrat« mit 15 Mitarbeitern. Im Statistischen Bundesamt, Abteilung A, bildete sich eine Arbeitsgruppe »Bürokratiekostenmessung« mit nunmehr etwa 90 Mitarbeitern.

Doch was machen die vielen Bürokratieabbau-Bürokraten eigentlich den ganzen Tag? Den Zahlen nach halten sich ihre Erfolge leider in überschaubaren Grenzen. Sie können, so scheint es, den Schaden messen, aber nicht verhindern. Die Bürokratie jedenfalls wächst: Laut jüngstem Bericht des Normenkontrollrats hat sich von Mitte 2012 bis Mitte 2013, also dem letzten Jahr von Schwarz-Gelb in der vergangenen Legislaturperiode, der bürokratische Erfüllungsaufwand von Gesetzen und Verordnungen per Saldo um 1,5 Milliarden Euro erhöht. Einer Entlastung von 660 Millionen stand eine zusätzliche dauerhafte Belastung von 2,16 Milliarden Euro gegenüber. Hinzu kamen einmalige Bürokratiekosten in Höhe von 4,36 Milliarden Euro.

Wie weit Anspruch und Wirklichkeit beim Thema Bürokratieabbau auseinanderklaffen, hat die FDP am Beispiel der Mehrwertsteuer in der vergangenen Legislaturperiode unter Beweis gestellt. Angetreten waren die »Liberalen« mit dem Versprechen auf ein einfacheres und gerechteres Steuersystem. Heraus kam eine neue Subvention für Hotelbetreiber, die das irrsinnige Mehrwertsteuersystem noch komplizierter gemacht und den bürokratischen Aufwand erhöht hat.

Damit keine Missverständnisse aufkommen: Ein moderner Staat braucht Bürokratie. Ohne funktionsfähige Verwaltung kollabierte die öffentliche Versorgung, die Sicherheit wäre gefährdet, das Eigentum wäre nicht mehr geschützt, die Wirtschaft bräche zusammen, es regierte das Faustrecht. Wer von einer total entbürokratisierten Gesellschaft träumt, darf gerne ein paar Tage in Somalia, Tschad oder dem Jemen verbringen: Ich gehe jede Wette ein, dass man die Gründlichkeit deutscher Berufsbeamter dort schmerzlich vermissen wird. Münchens früherer Oberbürgermeister Christian Ude beschrieb die widersprüchliche Haltung der Bürger zur Bürokratie an einem Beispiel aus seinem persönlichen Lebensumfeld. Wer sein eigenes Haus umbaue, beklage sich über die Bürokratie, so Ude. Baue aber der Nachbar sein Haus um, werde sofort die Bauaufsicht verständigt.

Zu wenig Bürokratie ist für das Funktionieren einer Gesellschaft genauso schädlich wie zu viel Bürokratie. Es kommt, wie so oft, auf die richtige Dosis an. Doch was ist die richtige Dosis? Schon das Wort »Bürokratie« deutet an, dass es schwierig ist, das rechte Maß zu finden. Es stammt aus dem Frankreich des 18. Jahrhunderts; der Ökonom Vincent de Gournay beschrieb damit die unproduktiven Amtsstuben der königlichen Verwaltung.

Der Soziologe Max Weber war Anfang des 20. Jahrhunderts hin- und hergerissen zwischen Bewunderung und Verachtung für die Verwaltungsherrlichkeit. Einerseits lobte er, wie die Bürokratie im Kaiserreich die Freiheit der Bürger stärkte, Verlässlichkeit und Rechtssicherheit garantierte. Die Herrschaft der Paragrafen beendete die Willkür des Monarchen, sie sorgte für Vertrauenswürdigkeit und Kontinuität staatlichen Handelns. Andererseits erkannte Weber auch die Gefahren einer überbordenden Regulierungslust: »Wie ist es angesichts dieser Übermacht der Tendenz zur Bürokratisierung überhaupt noch möglich, irgendwelche Bewegungsfreiheit zu retten?«

Der deutsche Ökonom Adolph Wagner stellte 1863 die Theorie auf, dass die Regulierungsnotwendigkeit in einem Gemeinwesen automatisch immer weiter zunimmt; er nannte es das Gesetz der wachsenden Staatstätigkeit. »Der Staat speciell, als Wirthschaft zur Fürsorge der Bevölkerung mit gewissen Gütern, wird dabei absolut immer wichtiger für die Volkswirtschaft und für die Einzelnen«, schrieb Wagner. Das liege zum einen am »Rechts- und Machtzweck«: Weil sich die Gesellschaft permanent weiterentwickelt, müssten auch ständig neue Regeln und Verbote her, um die neuen Realitäten zu »verrechtlichen«, wie die Juristen es ausdrücken. Dem Staat bleibe gar nichts anderes übrig, als sich im Gleichschritt mit den gesellschaftlichen, technischen und ökonomischen Veränderungen immer weiter auszudehnen, ein Gedanke, den der italienische Diktator Mussolini einige Jahrzehnte später in den knappen Worten zusammenfasste, »dass die Freiheit des Individuums umso mehr beschränkt werden muss, je komplizierter die Zivilisation wird«.

Den zweiten Grund für die wachsende Staatstätigkeit sah Wagner im »Cultur- und Wohlfahrtszweck«: Die Grundbedürfnisse der Bürger wie Essen, Wohnen, Kleidung seien ab einem gewissen Wohlstandsniveau befriedigt und verlören an Bedeutung gegenüber stark regulierungsbedürftigen Gütern wie Bildung, Gesundheit, Kultur und Infrastruktur.

Tatsächlich neigen die Behörden schon deshalb dazu, ihre Kompetenzen zu erweitern, um sich zu legitimieren. Jede Ausdehnung der Kompetenzen bedeutet mehr Planstellen und mehr Macht; Personalaufbau in der öffentlichen Verwaltung ist der sicherste Weg zur nächsten Beförderung. Der Brite Cyril Northcote Parkinson entwickelte Wagners These von der Ausdehnung der Staatstätigkeit dementsprechend weiter. Ihm fiel auf, dass sich die britische Marineverwaltung aufblähte, obwohl es immer weniger Schiffe gab. Parkinson zog daraus den Schluss, dass sich Bürokratien selbst dann ausdehnen, wenn sie ihren ursprünglichen Zweck längst verloren haben.

Es zeigt sich: Lieber denken sich Beamte überflüssige Vorschriften aus, als Gefahr zu laufen, selbst überflüssig zu werden. Doch so viele Sonderregeln, Klauseln und Einzelfall-Paragrafen sich die Bürokratie auch einfallen lässt: Es wird ihr nicht gelingen, die Vielfalt der Verhältnisse abzubilden und lückenlos zu verrechtlichen. Je kleinteiliger die Vorschriften, desto mehr Abgrenzungsfragen werfen sie auf. Und je komplexer die Regulierung, desto größer ist die Gefahr, dass seine Bediener es nicht mehr durchschauen. Das Streben nach Einzelfallgerechtigkeit erzeugt systemische Ungerechtigkeit, Perfektionsdrang mündet in Unübersichtlichkeit, bürokratische Gründlichkeit produziert Chaos.

Wie dabei auch Beamte mitunter in die Zwickmühle geraten, beschrieb der frühere Beamtenbund-Funktionär Peter Heesen in der »Süddeutschen Zeitung« anhand eines Beispiels: Ein Schwimmbad werde saniert. Doch mit welchen Kacheln? Die Gesundheitsvorschriften verlangen glatte Fliesen, an denen sich keine Keime festsetzen. Die Sicherheitsvorschriften verlangen raue Fliesen, damit niemand ausrutscht. Und der Beamte? »Der sitzt in seiner Stube«, sagt Heesen, »und fragt sich: Was nun?«

Das Gesetz unbeabsichtigter Folgen

In den siebziger Jahren wurden in den USA und in Europa kindersichere Deckel für Arzneimittel eingeführt. Kinder sollten daran gehindert werden, sich versehentlich zu vergiften. Das hat nicht funktioniert: In den Jahren vor Einführung der neuen Verschlüsse mussten 1,1 von 1000 Kindern in den USA wegen Arzneimittelvergiftung behandelt werden. Im Jahr nach der Einführung waren es 1,5 von 1000 Kindern, also etwa ein Drittel mehr.

Seit Anfang 2003 wird in Deutschland ein Zwangspfand auf Einwegverpackungen für Getränke erhoben, das sogenannte Dosenpfand. Das Ziel war, die ökologisch schlechten Einwegflaschen aus dem Markt zu drängen. Das hat nicht geklappt: Früher hatten Einwegflaschen bei alkoholfreien Getränken einen Marktanteil von etwa 40 Prozent. Heute liegt er bei 80 Prozent.

In den neunziger Jahren führten einige Staaten eine Helmpflicht für Fahrradfahrer ein, darunter Australien. Die Regierung wollte Fahrradfahren sicherer und dadurch attraktiver machen. Es kam anders: Nach Einführung der Helmpflicht ging der Radverkehr in Australien um 29 Prozent zurück. Das Unfallrisiko für Radfahrer hingegen stieg um zehn Prozent.

Die drei Beispiele, ich werde an späterer Stelle auf sie zurückkommen, zeigen, wie staatliche Regulierung nach hinten losgeht. Es mangelt nicht an guter Absicht. Doch gut gemeint und gut gemacht ist nicht dasselbe. In den dreißiger Jahren des vergangenen Jahrhunderts formulierte der amerikanische Soziologe Robert Merton das »Gesetz unbeabsichtigter Folgen« *(law of unanticipated consequences)*. Fünf Faktoren sind demnach dafür verantwortlich, dass Regulierung oft sogar das Gegenteil von dem bewirkt, was eigentlich erreicht werden sollte: Kurzsichtigkeit, Ignoranz gegenüber möglichen Folgen, handwerkliche Fehler, Ideologie sowie Veränderung der Prämissen durch die Handlung selbst *(self-defeating prophecy)*.

Der frühere Wirtschaftsweise Horst Siebert nannte solche staatlichen Verschlimmbesserungen »Kobra-Effekte«, zum Gedenken an eine Fehlleistung der britischen Kolonialverwaltung in Indien im 19. Jahrhundert. Um eine Schlangenplage einzudämmen, lobte damals ein Gouverneur eine Kopfprämie für jede getötete Giftschlange aus. Daraufhin weitete sich die Schlangenplage aus, denn: Viele Menschen begannen, Kobras zu züchteten, um möglichst viel Geld zu kassieren.

Jeder von uns kennt solche scheinbaren Paradoxien aus seinem Alltag. Da fordern uns Computerprogramme aus Sicherheitsgründen auf, alle paar Wochen unsere Benutzernamen, Passwörter und PINs zu ändern. So oft, dass wir sie nicht mehr im Kopf behalten können. Und deshalb schreiben wir die Zugangsdaten auf einen gelben Zettel, den wir zusammen mit den entsprechenden Karten ins Portemonnaie stecken oder an den Rand des Computermonitors pappen, zur Freude aller Taschendiebe, Einbrecher und Betrüger.

Es ist auch naiv zu glauben, wir würden Vorschriften sklavisch beachten. So brav sind wir nicht. Wir ignorieren sie, weichen aus oder erliegen erst recht dem Reiz des Verbotenen. »Alles, was ich will, alles, was ich will, ist verboten, macht dick oder kostet zu viel«, schunkelt frohgelaunt die Kölner Karnevalsband De Höhner.

Eine vielzitierte Studie aus Israel behandelt den Fall von Kindertagesstätten, die, genervt von den ständig zu spät abgeholten Kindern, Geldstrafen für unpünktliche Eltern einführten. Die Erzieher hofften, dadurch wieder etwas pünktlicher Feierabend zu haben. Doch das Gegenteil trat ein: Es kamen noch mehr Eltern zu spät als vorher. Die Strafzahlung hatte aus einer moralischen Frage eine finanzielle Frage gemacht und sie damit abgewertet. Zu spätes Abholen war nichts mehr, für das man sich schämen musste. Es war jetzt nur noch die teurere Variante.

Die menschliche Psyche ist also komplizierter, als es sich Politiker vorstellen. Umso erstaunlicher ist es, wie der Staat mit leichter Hand Anreize, Vorschriften und Verbote setzt, um den Bürger mal in die eine und mal in die andere Richtung zu lenken, ohne sich über die unerwünschten Nebenfolgen und Kobra-Effekte Gedanken zu machen. Der Gouverneur der britischen Kolonialverwaltung hat in der deutschen Politik würdige Nachfolger gefunden.

Seitenlange Baunormen für Kindertagesstätten minimieren zwar das Verletzungsrisiko für die Kinder, verteuern aber den Kita-Betrieb und machen es schwieriger, genug Betreuungsplätze zur Verfügung zu stellen. Ältere Arbeitnehmer werden besser vor Kündigungen geschützt als ihre jungen Kollegen. Das freut alle Älteren, die einen Job haben – geht aber zu Lasten jener, die eine Stelle suchen, weil viele Firmen wegen der Schutzklauseln davor zurückschrecken, älteren Bewerbern eine Chance zu geben. Der Ausbau von Wind- und Solarkraft hat dazu geführt, dass bei Flaute und Dunkelheit jetzt mehr schmutzige Kohle als vor der Energiewende verfeuert wird und die Klimabilanz der deutschen Energiewende ins Negative kippt.

Aktuell denkt die Bundesregierung darüber nach, die Sicherheitsvorschriften für die Umschlag-Terminals zu verschärfen, an denen alle möglichen Güter zwischen Schiffen, Zügen und Lastwagen umgehoben werden. Das Ziel ist, die Sicherheit beim Verladen von Gefahrgütern zu erhöhen, doch es könnte das genaue Gegenteil eintreten, wie Experten warnen: Um das Geld für die Auflagenerfüllung an den Terminals zu sparen, wird künftig mehr Gefahrgut als bislang über lange Strecken auf der Straße transportiert. Das Risiko eines Unfalls ist dort aber deutlich größer als beim Transport auf Schienen und Wasserstraßen.

Für Kobra-Effekte wird wohl auch die von der Bundesregierung beschlossene Mietpreisbremse sorgen. Der Plan sieht vor, dass die Miete für eine Wohnung bei Wiedervermietung nicht mehr als zehn Prozent über die sogenannte ortsübliche

Vergleichsmiete steigen darf. Doch kaum hatte die Bundesregierung die Mietpreisbremse auch nur angekündigt, stiegen auch schon die Preise auf dem Wohnungsmarkt. Die Vermieter drehten an der Preisschraube, solange sie es noch durften. Die höheren Mieten wiederum fließen nun in den neuen Mietspiegel ein – und heben das Preisniveau noch weiter nach oben. Sollten Sie in den vergangenen Monaten also eine Mieterhöhung bekommen haben: Beschweren Sie sich bei der Bundesregierung. Auf längere Sicht allerdings wird die Mietpreisbremse ihre dämpfende Wirkung entfalten. Und dann gehen die Probleme richtig los. Es werden dann womöglich kaum noch kleinere, preiswerte Wohnungen gebaut. Gerade Geringverdiener würden darunter leiden. Das politisch eher dem linken Lager zugeneigte Deutsche Institut für Wirtschaftsforschung (DIW) sagt voraus, dass die Mietpreisbremse mehr Schaden anrichten wird, als Nutzen zu stiften.

Ein besonders eklatantes Beispiel dafür, wie der Staat die Bürger so lange in die eine und dann wieder in die andere Richtung lenkt, bis schließlich gar nichts mehr geht, ist die deutsche Familienpolitik. Fast 200 Milliarden Euro verteilt der Staat nach dem Gießkannenprinzip, ein Spitzenwert im internationalen Vergleich. Es gibt die »Kinderzulage« und das »Elterngeld«, den »Freibetrag für Alleinerziehende« und den »Verheiratetenzuschlag«, den »Geschwisterbonus« und das »Waisengeld«, den »Kindererziehungszuschlag« und den »Kindererziehungsergänzungszuschlag«. Die Vätermonate beim Elterngeld sollen Männer zu guten Papas erziehen, das Betreuungsgeld bestärkt die Mütter darin, zu Hause zu bleiben. Ständig ist in den Programmen von Union und SPD von »unseren Kindern« die Rede; man hat fast den Eindruck, die Politiker hätten mit uns im Bett gelegen, als wir die Kinder gezeugt haben.

Doch am Ende heben sich die vielen widersprüchlichen Förderinstrumente gegenseitig auf. Weil unklar ist, was die Politik überhaupt erreichen will – mehr Kinder, weniger Scheidungen, eine wachsende Zahl berufstätiger Frauen? –, werden am Ende alle Ziele verfehlt.

Das Steuer-Paradoxon

Etwa 640 Milliarden Euro müssen die Bürger im Jahr 2014 an den Fiskus abführen, 2015 sind es bei guter Konjunktur sogar bis zu 670 Milliarden Euro. Pro Kopf zahlt damit jeder Bürger, Baby wie Greis, rund 8000 Euro Steuern im Jahr; das macht etwa 22 Euro am Tag. Nie zuvor nahm der Staat so viel Geld ein; man fragt sich, wie es kommt, dass Straßen und Schulen dennoch einen so maroden Eindruck machen.

Doch die Steuern dienen ja nicht nur dem Zweck, das Gemeinwesen zu finanzieren. Das Steuerrecht ist die schwarze Pädagogik des Staates. Wer sein Verhalten nicht an den politischen, ökologischen und kulturellen Vorgaben des Staates ausrichtet, wird durch Steuern sanktioniert. Allein im Einkommensteuerrecht, in den vergangenen 50 Jahren wurde es mehr als 260 Mal geändert, gibt es etwa 500 Ausnahme-, Privilegien- und Lenkungstatbestände.

Einige pädagogische Absichten des Staates geben Rätsel auf, etwa bei der Mehrwertsteuer. Auf Hausesel, Hummer und Langusten ist der volle Steuersatz von 19 Prozent fällig, auf Maulesel, Krabben und Garnelen hingegen der ermäßigte Satz von sieben Prozent. Islandmoos (Cladonia rangiferina) wird subventioniert, Isländisches Moos (Cetraria islandica) nicht. Currywurst im Sitzen: 19 Prozent. Currywurst im Stehen: 7 Prozent. Auf jedes Kilo Kaffee werden in Deutschland 2,19 Euro Kaffeesteuer und anschließend noch einmal sieben Prozent Mehrwertsteuer erhoben – ein Perpetuum Mobile der Staatsfinanzierung.

Der Bund ist an 21 verschiedenen Steuern beteiligt. Die Liste reicht von A wie Abgeltungsteuer bis Z wie Zwischenerzeugnissteuer und sie ist unter Kanzlerin Merkel mit den Jahren immer länger geworden, etwa durch die Alkopopsteuer (Merkels erste Amtsperiode) oder die Flugticketsteuer (Merkels zweite Amtsperiode). Noch kreativer sind die Kommunen. Es gibt einige Hundert verschiedene Gemeindesteuern; wie viele es genau sind, weiß leider niemand, nicht einmal die 89 899 Mitglieder der deutschen Steuerberaterkammern. Rudolf Mellinghoff, der Präsident des Bundesfinanzhofes, sagt: »Dieses Steuerrecht ist für die Finanzbeamten eigentlich kaum noch nachvollziehbar – und für die Steuerbürger erst recht nicht.«

Essen erhebt eine Steuer auf Passantenbefragungen (34 Euro pro Interviewer am Tag), Fürth kassiert für das Aufstellen von Verkaufsautomaten, die weiter als 15 Zentimeter in den Raum ragen (»Luftsteuer«). In Berliner Hotels müssen Hundebesitzer seit dem 1. Januar 2014 neben der eigenen Bettensteuer eine weitere für ihren Hund entrichten. Ausgenommen sind die Hunde von Dienstreisenden, Schülern auf Klassenfahrt sowie von Sehbehinderten, die auf einen Blindenhund angewiesen sind.

In Bonn an der Immenburgstraße steht ein umgebauter Parkscheinautomat; hier wird die sogenannte Hurensteuer entrichtet. Die Prostituierten vom Straßenstrich sind verpflichtet, sich für die Zeit von 20.15 Uhr bis 6 Uhr ein Ticket zu ziehen, bevor sie ihre Dienste anbieten. Der Preis beträgt sechs Euro pro Nacht, unabhängig von der Zahl der Freier. Die Stadt Köln plante sogar die Einführung einer Warteschlangensteuer. Betreiber von Diskotheken, Kinos, Eisdielen und Imbissbuden sollten pro Quadratmeter Gehweg 9,40 Euro am Tag bezahlen, schließlich handele es sich um eine Sondernutzung öffentlichen Raums. Was kommt als Nächstes? Belegen wir nicht alle ständig öffentlichen Raum?

Finanzwissenschaftler haben freilich herausgefunden, dass die Steuerehrlichkeit dramatisch ab- und die Schwarzarbeit zunimmt, wenn sich die Bürger über Gebühr abkassiert fühlen. Weil es bei so vielen Regeln ja ohnehin kaum noch möglich ist, nicht mit dem Gesetz in Konflikt zu geraten und gegen irgendeine Vorschrift zu verstoßen, verfallen die Sitten. Das deutsche Steuersystem ist der beste Beweis dafür, dass sich Regeln abnutzen und ihre Bindungskraft verlieren, wenn sie im Übermaß erlassen werden. Die Friseurin, die am Wochenende den Nachbarn die Haare schneidet, hat beim deutschen Brutto-netto-Gefälle ebenso wenig ein schlechtes Gewissen wird der Handwerker, der nach Feierabend Wohnungen renoviert. Der Versicherungsmakler kassiert die Hälfte seiner Provision in bar. Die Putzfrau ist offiziell arbeitslos gemeldet. Sie alle betrachten ihr Verhalten als Abwehrmaßnahme gegen den Staat. Machen es nicht alle so?

Experten schätzen, dass die Deutschen im Jahr etwa 45 Milliarden Euro Steuern hinterziehen. Bei der Steuermoral rangiert Deutschland damit weit abgeschlagen hinter vergleichbaren Ländern wie Japan, Kanada und Dänemark, so eine Studie des Wirtschaftswissenschaftlers Gebhard Kirchgässner von der Schweizer Hochschule St. Gallen. Untersuchungen der Universität Linz und des Tübinger Instituts für Angewandte Wirtschaftsforschung kommen zu dem Schluss, dass sich etwa neun Millionen Menschen illegal ihr Einkommen aufbessern. Der Jahresumsatz 2013 in der Schattenwirtschaft lag bei 338,5 Milliarden Euro, das sind etwa zwölf Prozent der Wirtschaftskraft. Dem Staat und den Sozialversicherungen entgingen dadurch insgesamt 50 bis 60 Milliarden Euro.

Sündensteuern

Während man bei den eben genannten Beispielen rätseln kann, welches Verhalten der Staat damit eigentlich fördern oder verhindern möchte, wird die Lenkungsabsicht bei den Extrasteuern auf Produkte, die der Staat für besonders schädlich hält, mehr als deutlich: Tabak und Alkohol, demnächst vielleicht auch Zucker und Fette. Die sogenannten Sündensteuern verfolgen zwei Ziele, ein gesellschaftliches und ein individuelles: Zum einen sollen Trinker und Raucher für die von ihnen verschuldeten Kosten bezahlen, etwa im Gesundheitswesen, zum anderen sollen die Steuern den einzelnen Bürger von übermäßigem Konsum abhalten.

Politiker mögen Sündensteuern. Es ist doch gut, dass der Staat gegen Tabak- und Alkoholmissbrauch vorgeht, oder etwa nicht? Dass die gesamte staatliche Drogenprävention mit einem Betrag auskommen muss, der weniger als zwei Prozent der Tabaksteuereinnahmen ausmacht, wird nicht so gern erwähnt.

Sündensteuern sind keine deutsche Spezialität. Frankreich erhebt seit 2012 eine Steuer auf Softdrinks: sieben Cent pro Liter. Russland erwägt Fettsteuern auf Fleisch- und Milchprodukte. Finnland hat eine Zuckersteuer auf Süßwaren wie Eiscreme und Schokolade eingeführt; weitere kalorienhaltige Produkte sollen folgen. Ungarn verlangt Steuern auf Lebensmittel mit hohem Fett-, Zucker- und Salzgehalt.

Man könnte auf die Idee kommen, das vom Staat verfolgte Lenkungsziel sei erreicht, wenn die letzte Zigarette geraucht und der letzte Tropfen Alkohol getrunken ist. Schließlich wäre es für die Gesellschaft und für den Sünder am besten, wenn gar nicht mehr gesündigt würde. Doch so einfach ist es nicht. Sündensteuern sind bei Politikern ja gerade deshalb so beliebt, weil sie das angebliche Lenkungsziel auf verlässliche Weise verfehlen. Es geht ums Finanzielle. Sündensteuern sind Ablasszahlungen, nach dem Motto: Wenn das Geld im Kasten klingt, die Seele aus dem Feuer springt.

Eine Sündensteuer, die voll auf die Nachfrage durchschlägt, hätte zwar ihr moralisches Ziel erreicht, wäre jedoch aus fiskalischer Sicht äußerst unerfreulich, denn die Sünder tragen wesentlich zur Staatsfinanzierung bei. Ein durchschnittlicher Raucher bringt dem Fiskus jährlich etwa 1200 Euro an Tabak- und Umsatzsteuer ein. Allein bei der Tabaksteuer geht es um etwa 14 Milliarden Euro Staatseinnahmen pro Jahr, eine Summe, die etwa dem Gesamtetat des Bundesministeriums für Bildung und Forschung entspricht.

Es wäre ein Schock für den Staat, würde diese Einnahmequelle jäh versiegen. Das musste bereits der englische König Jakob I. erfahren, der 1604 die Tabakabgabe um das 40-Fache erhöhte, woraufhin der Schmuggel explodierte. Ähnliche Erfahrungen machte Kanada Mitte der neunziger Jahre des vergangenen Jahrhunderts. Die damalige Regierung erhöhte die Tabaksteuer unbedachterweise so stark, dass die Zahl der legal verkauften Zigaretten stark einbrach. Da ein allzu großes Loch im Staatshaushalt drohte, nahm die Regierung schnell einen Teil ihrer Erhöhung wieder zurück. Es überrascht nicht, dass auch das Bundesfinanzministerium intervenierte, als es vor einigen Jahren hieß, die Tabaksteuer solle in Deutschland auf einen Schlag um einen Euro pro Packung angehoben werden. Die Ministerialen machten deutlich, dass es für die Staatskasse verträglicher sei, die Tabaksteuer stufenweise in drei kleineren Schritten à 40 Cent pro Schachtel zu erhöhen – man dürfe die Raucher nicht verschrecken.

Am Ende zeigt sich, dass der Einfluss von Sündensteuern auf die Volksgesundheit doch recht begrenzt ist. Die dänische Regierung schaffte nach nur einem Jahr eine Fettsteuer wieder ab, mit der sie eigentlich die Bürger vom Verzehr von Butter, Schinken, Käse und Kartoffelchips abhalten wollte. Doch der Versuch misslang: Zigtausende Dänen waren zum Einkaufen über die Grenzen gefahren. Die Alkopopsteuer in Deutschland hat nicht dazu beigetragen, dass weniger Mixgetränke getrunken werden, sondern hat vor allem den Verkauf von Hochprozentigem angekurbelt. Die Leute mischen sich ihre Alkopops jetzt einfach selbst; das ist zwar etwas unbequemer, aber billiger als früher.

Auch die Sündensteuern auf Tabak haben unerwünschte Nebenwirkungen. Allein in Berlin werden nach Schätzung von

Polizei und Zoll jährlich etwa 330 Millionen unversteuerte, größtenteils gefälschte Zigaretten verkauft. Mehr als 300 Verkaufsplätze sind den Behörden bekannt; die meisten davon liegen in den östlichen Stadtbezirken in der Nähe von U-Bahn-Stationen und Supermärkten. Eine Stange Zigaretten kostet hier nur etwa 22 Euro, halb so viel wie im Laden. Hinter dem Handel stecken straff organisierte Banden aus Asien und Osteuropa. Das Risiko, erwischt zu werden, ist gering. Nach Angaben der Polizei werden nicht einmal zehn Prozent der illegalen Ware sichergestellt. Laut einer Studie der Beratungsfirma KPMG entgehen dem Staat durch den Handel mit illegalen Zigaretten pro Jahr insgesamt rund vier Milliarden Euro Tabaksteuer. Den größten Schaden haben freilich die Raucher selbst. Die gefälschten Zigaretten enthalten große Mengen von Schwermetallen wie Kadmium und Blei und liegen auch bei Teer und Nikotin weit über der üblichen Dosis, weshalb sich die Frage aufdrängt, was am Ende gefährlicher für die Volksgesundheit ist: der Tabak – oder die Tabaksteuer?

Typisch deutsch?

Wer Deutscher werden will, muss einen Integrationskurs besuchen und zum Abschluss eine Theorieprüfung bestehen; es geht ähnlich zu wie beim Führerscheintest. Man bekommt einen Fragebogen mit 33 Multiple-Choice-Aufgaben und eine Stunde Zeit. Mindestens 17 Antworten müssen richtig sein, dann erhält man die deutsche Staatsangehörigkeit.

Die Aufgaben stammen aus einem Fragenkatalog, den das Institut für Qualitätsentwicklung im Bildungswesen im Auftrag des Bundesinnenministeriums und des Bundesamts für Migration entwickelt hat. Es gehört demnach zur Essenz staatsbürgerlichen Grundwissens, dass man sich sehr gut mit Behörden auskennt.»Wo muss man seinen Hund anmelden?«lautet eine

Frage.»Welche Aufgaben hat das Jugendamt?« Oder, hier würden wohl auch viele deutsche Ureinwohner passen:»Welches Amt in Deutschland gehört zur Gemeindeverwaltung?« Ein zweiter großer Fragenkomplex kreist um die Regeln des täglichen Miteinanders:»Was ist in deutschen Schulen verboten?«,»Wann beginnt die gesetzliche Nachtruhe in Deutschland?«,»Was steht in den meisten Mietshäusern in der Hausordnung?«

Die Filmemacherin Britt Beyer hat die Teilnehmer eines Integrationskurses bei der Vorbereitung auf die Prüfung begleitet. Ihre Protagonisten aus Bangladesch, Thailand oder Bulgarien geben sich redlich Mühe, Merksätze wie»Zeit ist Geld« von der Tafel abzuschreiben und den seltsamen Anweisungen des Kursleiters (»Jetzt spielen wir ein bisschen Party«) Folge zu leisten. Aber es klappt leider nicht immer. Jorge aus Uruguay, der in Deutschland gerne eine Bar eröffnen würde, bringt alle Ämter durcheinander. Was ist das doch für ein merkwürdiges Land, in dem man offenbar zwei Dutzend Formulare von einem Dutzend Behörden braucht, nur um Bier ausschenken zu dürfen?

Am Ende haben es die meisten Teilnehmer des Integrationskurses dann doch durch die Prüfung geschafft. Sie stehen in Festtagskleidung im Rathaus und nehmen stolz ihre Einbürgerungsurkunde in Empfang. Es ist eine anrührende Szene. Aber der Film hinterlässt beim deutschen Zuschauer auch ein ungutes Gefühl. Woher kommt unsere Neigung, alles bis ins Letzte regeln zu wollen? Warum dieser Gesetzesperfektionismus? Sind wir ein Land der Verbotssüchtigen?

»Es erben sich Gesetz' und Rechte wie eine ew'ge Krankheit fort«, heißt es in Goethes»Faust«, dem deutschesten aller deutschen Dramen. Heinrich Heine notierte vor 190 Jahren in seinem Reisebericht aus London:»Der Engländer liebt die Freiheit wie sein rechtmäßiges Weib. Der Franzose liebt die Freiheit wie seine erwählte Braut. Der Deutsche liebt die Freiheit wie seine alte Großmutter.« Kurt Tucholsky schrieb:»Ein ehrlicher Deutscher ist Beamter und nicht Mensch – Mensch ist jeder. Vor einem Schalter stehen: das ist das deutsche Schicksal, hinter dem Schalter sitzen: das ist das deutsche Ideal.«Und als Franz Biberkopf, die Hauptfigur in Alfred Döblins »Berlin Alexanderplatz«, ohne Geld, Arbeit und Bleibe aus dem Gefängnis entlassen wird, hat er dort immerhin ein Gedicht gelernt, das er auswendig aufsagen kann: »Da ist der gute Vater Staat, er gängelt dich von früh bis spat. Er zwickt und beutelt dich nach Noten mit Paragrafen und Verboten! Sein erst Gebot heißt: ›Mensch berappe!‹, das zweite: ›Halte Deine Klappe!‹ So lebst du in der Dämmerung, im Zustand der Belämmerung. Und suchst du ab und zu den steifen Verdruß im Wirtshaus zu ersäufen, in Bier, beziehentlich in Wein, dann stellt sich prompt der Kater ein.«

Unser Hang zu Regeln muss von außen betrachtet ziemlich merkwürdig aussehen. Wie sollte man die Existenz einer quasistaatlichen Namenberatungsstelle wie an der Universität Leipzig erklären, die junge Eltern darauf hinweist, dass man sein Kind Calibra, Alfa oder Romeo nennen darf, aber nicht Manta, Skoda oder Fiat? Deutschland dürfte auch das einzige Land auf der Welt sein, in dem sich eine Instanz wie der Bundesgerichtshof monatelang mit der Frage befasst, welche sogenannte Laubrente einem Gartenbesitzer als Entschädigung dafür zusteht, dass er im Herbst die herübergewehten Blätter des Nachbarn wegharken muss. Und natürlich leben wir unsere Ordnungsliebe nicht nur zu Hause aus. Ob im Kongo, in Afghanistan oder auf einem Kriegsschiff vor der Küste Somalias: Wenn die Bundeswehr im Ausland ist, wird feinsäuberlich der Müll sortiert, selbst wenn jeder Soldat weiß, dass die örtliche Müllabfuhr den Inhalt der Tonnen wieder zusammenkippt. Mit der gleichen Akkuratesse bereiten sich deutsche Touristen auf ihre Auslandseinsätze vor. Man erkennt sie schon am Flughafen-Gepäckband: stabiler Koffer, Brustbeutel, Allwetterjacke.

In anderen Ländern freuen sich die Menschen darüber, wenn Ihnen etwas gelungen ist. Wir Deutsche freuen uns auch, aber nicht lange, denn schon bedrückt uns die Frage, was als Nächstes schiefgehen könnte. Auf 40 Millionen Erwerbstätige kommen in Deutschland 56 Millionen Lebensversicherungen; das gibt es sonst nirgends auf der Welt. Für uns steckt in jedem Sieg schon der Keim der nächsten Niederlage; wir kämen auch nie auf die Idee, dass fünfe mal gerade sein könnten.

»Alles in Ordnung«, sagt der Deutsche, wenn er auf die Frage, wie es ihm geht, sein Wohlbefinden zum Ausdruck bringen will. Wir finden es gut, wenn die Dinge an ihrem Platz sind. Mit dieser Einstellung haben wir es immerhin geschafft, Autos und Maschinen zu bauen, die den höchsten Qualitäts- und Sicherheitsstandards genügen. Leider machen wir dabei einen leicht verdrossenen Eindruck.

Die Deutschen, so lässt sich zahlreichen Umfragen entnehmen, sehnen sich eher nach Sicherheit als nach Selbstbestimmung. Klaus-Peter Schöppner, ehemaliger Geschäftsführer von TNS Emnid, sagt:»In den Neunzigerjahren hatte der Begriff Freiheit einen hohen Stellenwert. Heute wird ein starker Staat postuliert, damit er mich unterstützen kann.« Für Deutschlands Studenten ist der Staat der mit Abstand beliebteste Arbeitgeber. Fast jeder Dritte sehnt sich laut einer Umfrage der Beratungsfirma Ernst & Young nach einer Festanstellung im öffentlichen Dienst.

Das Meinungsforschungsinstitut Allensbach hat bei einer Umfrage für das Heidelberger John-Stuart-Mill-Institut herausgefunden, dass der Begriff»Freiheit« in den vergangenen Jahren kontinuierlich an Glanz verloren hat. Besonders in Ostdeutschland ist die Sehnsucht nach Regulierung groß. Auf die Frage, ob sie sich im Zweifel für die Freiheit oder für die Gleichheit im Sinne sozialer Gerechtigkeit entscheiden würden, wählten 1990 immerhin 44 Prozent der Ostdeutschen»Freiheit«. 25 Jahre später sind es nur noch etwa 27 Prozent.

Einerseits beklagen wir uns über Bürokratie und Regulierung. Andererseits rufen wir selber ständig nach dem starken Staat. 64 Prozent sind laut Allensbach dafür, gefährliche Lebensmittel zu verbieten, 49 Prozent fordern ein Verbot von Gewaltfilmen und Killercomputerspielen. Auch Sexfilme (32 Prozent), Glücksspiele (26 Prozent), Schnaps (19 Prozent), schnelles Autofahren über Tempo 130 (17 Prozent) und Sterbehilfe (13 Prozent) gehören nach Ansicht einiger Befragten auf den Index.

Aber was mag der Grund für die Regulierungssehnsucht sein? Vielleicht handelt es sich um die Nachwirkungen der Kleinstaaterei im 19. Jahrhundert. In den 35 Staaten des Deutschen Bundes fühlten sich die Herrscher der jeweils recht übersichtlichen Zahl ihrer Untertanen persönlich verpflichtet. Die Nähe zwischen Fürst und Volk begünstigte eine paternalistische Politik, wohingegen sich in Frankreich und England bereits ein selbstbewusstes Bürgertum herausbildete. Der königlich preußische Innenminister Gustav Adolf Rochus von Rochow, Reformer des Zuchthauswesens, Mitgründer des ersten Dampfkesselüberwachungsvereins, erklärte 1838 in seiner Antwort auf eine Petition: »Es ziemt sich nicht für einen Untertan, an die Handlungen des Staatsoberhauptes den Maßstab seiner beschränkten Einsicht anzulegen und sich in dünkelhaftem Übermute ein Urteil über dessen Rechtmäßigkeit anzumaßen.« Und vom späteren Reichskanzler Otto von Bismarck ist der Satz überliefert, Freiheit sei »ein Luxus, den sich nicht jedermann gestatten darf«.

Vorsicht Trottelbürger: Der Sicherheitsstaat

Warum Sicherheit gefährlich ist. Augen zu in Bohmte. Peltzman-Effekte. Das Helm-Paradoxon und der Kaffeetassen-Mercedes. Die Angstlobby. Rauchmelder: Mit Sicherheit ein gutes Geschäft. Wenn Verbraucherschutz den Verbrauchern schadet. Lufthoheit über den Kinderbetten. Dienst nach Vorschrift: Sicherheit bei Arbeit und Beruf. Prinz Eddi I. und die traurige Geschichte vom Berliner Flüsterkarneval.

Die Deutschen sind sorgenvolle Menschen. Sie fürchten sich vor steigenden Lebenshaltungskosten (61 Prozent), Naturkatastrophen (56 Prozent), schweren Erkrankungen (49 Prozent), Terrorismus (43 Prozent) und Drogensucht der eigenen Kinder (35 Prozent). Sinkende Ersparnisse im Zuge der Eurokrise (49 Prozent) finden sie bedrohlicher als ein Zerbrechen der Partnerschaft (20 Prozent). Immerhin 45 Prozent der Deutschen haben Angst, ihre Politiker könnten mit ihren Aufgaben überfordert sein; wie kommen sie bloß darauf? Und was ist eigentlich mit Gefahren, die uns im Haushalt drohen? Laut offizieller Jahresstatistik haben sich zuletzt rund 160 000 Menschen beim Putzen und Aufräumen verletzt, 47 000 beim Tragen von Möbeln und 39 000, kein Witz, beim Spülen.

Die ständige Besorgnis wirkt sich längst auf unsere Psyche aus. Der Glaube an unsere eigene Urteils- und Handlungsfähigkeit ist erschüttert, wir trauen uns nichts mehr zu. Ist es ein Zufall, dass die Helferindustrie in Deutschland boomt? Streit mit dem Partner? Da hilft nur noch der Eheberater. Nichts Passendes anzuziehen? Ein Fall für den Einkaufsberater. Wir engagieren Wohnberater, damit sie unser Sofa aussuchen, Berufsberater, die uns sagen, wann wir den Job wechseln sollen, Fitnessberater,

die uns aufs Laufband scheuchen, Unternehmensberater, Personalberater, Stilberater, Sexualberater. Doch was wir auch tun: Es stellt sich kein Zustand der Beruhigung ein. Der Soziologe Niklas Luhmann spottete: »Wenn es Regenschirme gibt, kann man nicht mehr risikofrei leben: Die Gefahr, dass man durch Regen nass wird, wird zum Risiko, das man eingeht, wenn man den Schirm nicht mitnimmt. Aber wenn man ihn mitnimmt, läuft man das Risiko, ihn irgendwo liegen zu lassen.«
Uns Normalbürgern fällt es häufig schwer, Risiken richtig einzuschätzen. Weltweit kommen jährlich etwa 600 Menschen bei Flugzeugunglücken ums Leben, eine verschwindend kleine Zahl im Vergleich zu den 1,2 Millionen Todesopfern im Straßenverkehr. Selbst wenn man die Zahl der Opfer ins Verhältnis zur Wegstrecke setzt, ist Fliegen viel sicherer als Autofahren. Trotzdem bewerten wir das Flugrisiko zumeist höher. Der Psychologe Gerd Gigerenzer vom Max-Planck-Institut für Bildungsforschung in Berlin hat ausgerechnet, dass in den USA nach den Terroranschlägen vom 11. September 2001 etwa 1600 Menschen zusätzlich bei Verkehrsunfällen ums Leben kamen. Aus Sorge vor weiteren Flugzeugentführungen waren viele Menschen aufs Auto umgestiegen. Der stärkere Verkehr führte prompt zu mehr Unfällen und zusätzlichen Toten.
Doch nicht nur der Bürger tut sich schwer damit, Gefahren richtig zu bewerten, sondern auch die Politik. Dass die Bundesregierung Milliardenbeträge in die Bekämpfung des Terrors (null Todesopfer in Deutschland im Jahr 2013) steckt, aber vergleichsweise wenig Geld in die Bekämpfung multiresistenter Keime in Krankenhäusern (mehr als 10 000 Todesopfer jährlich) investiert, ist ein eklatantes Beispiel dafür, wie sich auch die Politik eher von Gefühlen als von Fakten leiten lässt. »Jeder von uns erwartet, dass der Staat bei einer Intervention risikobasiert vorgeht und nicht emotional«, sagt Andreas Hensel, Präsident des Bundesinstituts für Risikobewertung: »Im Alltag sehen wir, dass nicht

die reale Existenz der Bedrohung der Sicherheit entscheidend ist, sondern es ist immer die Konstruktion und die Präsentation der Gefahr.«

Viele unserer Sorgen beruhen auf Neurosen und national-typischen Vorurteilen. Taucht irgendwo Dioxin im Essen auf, gerät der Deutsche in Panik und kauft nur noch Bioware. Bis ihm womöglich einfällt, dass der schlimmste Lebensmittelskandal der letzten Jahrzehnte mit mehr als 50 Toten nicht von der industriellen Landwirtschaft ausging, sondern offenbar von den Ehec-verseuchten Bio-Sprossen eines Ökobauernhofs in Bienenbüttel. Zivilisationsermattete Großstädter leiden an Stromallergie, Amalgamvergiftung und anderen psychosomatischen Krankheiten. Die Berichterstattung der Medien trägt nicht zur Beruhigung bei, im Gegenteil: Nichts begeistert uns Journalisten mehr als die Aussicht auf eine finstere Zukunft. Das chronische Gruseln hat es unter dem Begriff *German Angst* sogar in den Wortschatz von Briten und Amerikanern geschafft.

Eine Theorie besagt, dass der wachsende Einfluss von Frauen in Politik, Wirtschaft und Kultur für die wachsende Besorgnis mitverantwortlich sei. Eine feminisierte Gesellschaft sei zwar vernünftiger und friedlicher, aber eben auch ängstlicher und risikoscheuer als eine Männerwelt. Ist also etwa die Frauenbewegung schuld an der German Angst? Ich bezweifle, dass diese These stimmt. Sie beruht auf einem klischeebeladenen und allzu romantischen Geschlechterbild. Die maskuline Wirklichkeit sieht leider anders aus; achten Sie zum Beispiel mal auf die Männer, die am Samstag mit Hosenklammer am Bein und Fahrradhelm auf dem Kopf durch den Biomarkt schnüren und dort das Gemüse auf Druckstellen und mögliche Pestizidrückstände untersuchen.

Kommt die Angst womöglich daher, dass immer weniger Menschen Trost in den christlichen Glaubensgemeinschaften finden? Der schwedische Psychiater David Eberhard glaubt, das Sicherheitsbedürfnis in den entwickelten westlichen Ländern liege an der übersteigerten Todesangst, die wiederum mit dem Rückgang des Christentums zu tun habe. Für Agnostiker sei der Tod eine größere Bedrohung als für Gläubige, die sich mit der Vorstellung auf ein Leben im Jenseits trösten können. Doch auch diese Theorie hakt, man achte nur auf das Begleitprogramm von Kirchentagen, wo von früh bis spät über das ökologische und ökonomische Leid der Welt geklagt wird. Wer Trost sucht, ist hier jedenfalls falsch.

Oder ist die demografische Entwicklung für die wachsende Risikoscheu verantwortlich? Das klingt nicht unplausibel. Mit dem Alter der Menschen wächst ihr Sicherheitsbedürfnis, eine menschliche Reaktion. Wer etwas erreicht hat, hat auch etwas zu verlieren.

Die Parteien in Deutschland jedenfalls reagieren auf die chronisch angespannte Gemütslage, indem sie den Bürgern Schutz versprechen. »Sicherheit« gehört zu den meistgebrauchten Vokabeln im politischen Geschäft. Die SPD tritt für mehr »soziale Sicherheit« ein, die CDU für mehr »Sicherheit nach innen und außen«. Die CSU beansprucht gleich den Dreiklang aus »Stabilität, Solidität und Sicherheit«. Mit ihrer Politik der kleinstmöglichen Wählerirritation ist Kanzlerin Merkel das personifizierte Sicherheitsversprechen an das hochnervöse Volk.

Doch reagiert die Politik wirklich auf die Ängste der Menschen? Oder ist es in Wahrheit so, dass die Politik die Ängste erst miterzeugt? Seit Otto Schily gehört es bei jedem Bundesinnenminister zur Folklore, mit finsterem Gesicht die Gefahren des internationalen Terrorismus heraufzubeschwören, typischerweise verbunden mit der Forderung nach mehr Geld, Personal und Zugriffsrechten für die Staatsmacht. Dabei gibt es schon jetzt kaum noch einen Winkel in unseren Innenstädten, der nicht durch Kameras oder Wachleute kontrolliert würde.

Doch je sichtbarer und umfänglicher die Sicherheitsvorkehrungen sind, desto stärker wächst unser Bedrohungsgefühl – ein scheinbarer Widerspruch, der sich aber auflöst, wenn man folgende Situation betrachtet: Angenommen, Sie sitzen im Flugzeug und warten auf den Start. Da meldet sich der Pilot mit einer Durchsage: »Sehr geehrte Fahrgäste, ich möchte Ihnen mitteilen, dass wir alles Erdenkliche unternommen haben, um diesen Flug so sicher wie möglich zu machen. Von der Funktionsfähigkeit unserer Triebwerke habe ich mich gerade eben persönlich überzeugt. Auch alle Schrauben sitzen fest. Ich kann Ihnen also versichern, dass die Gefahr eines Absturzes extrem gering ist. Die Wahrscheinlichkeit, dass wir Opfer eines Terroranschlags werden, ist sogar praktisch gleich null. Machen Sie sich also keine übertriebenen Sorgen, dass wir alle sterben könnten. In diesem Sinne wünsche ich uns allen einen guten Flug.«

Und? Wären Sie jetzt entspannt? Oder würde Ihnen doch eher ein kalter Schauer über den Rücken laufen?

Auf den folgenden Seiten wird viel von scheinbaren Paradoxien die Rede sein. Sicherheitsvorschriften können Risiken mindern, doch sie können auch neue Risiken erzeugen. Ich werde beschreiben, warum Sicherheit oft Unsicherheit erzeugt und Unsicherheit Sicherheit, wie Schutzvorschriften Risiken hervorrufen und wie es kommt, dass zu viel Fürsorglichkeit gefährlich ist.

Ziel dieses Kapitels ist es zu zeigen, warum es falsch ist, den Gefahren des Lebens mit immer neuen Verboten und Vorschriften zu begegnen, und warum auch die Politik anders mit Risiken umgehen sollte, als es derzeit der Fall ist. Es gibt keine völlige Sicherheit, wenn den Bürgern ein Rest von Freiheit und Selbstverantwortung bleiben soll.

Zwei Kollegen der »Zeit« griffen in einer Art Lobrede auf die deutsche Bürokratie kürzlich das Beispiel der sogenannten Grabsteinschüttelverordnung auf. Eine solche Vorschrift gibt es wirklich. Einige Kommunen verlangen, dass Grabsteine auf Friedhöfen regelmäßig auf ihre Standfestigkeit getestet werden müssen, um zu verhindern, dass sie umfallen und trauernde

Angehörige erschlagen. Die »Zeit«-Autoren beschreiben, wie die Schüttelverordnung von Bürokratiekritikern immer wieder als Musterbeispiel für Regulierungswahnsinn dargestellt wurde, ein sicherer Lacherfolg für jeden Kabarettisten – bis eines Tages tatsächlich ein Grabstein umfiel und ein Kind unter sich begrub. Das Beispiel zeige, so die »Zeit«, dass die deutsche Beamtengründlichkeit eben doch ein Segen für die Menschen sei.

Doch so tragisch der Fall des erschlagenen Kindes ist: Die Kollegen irren. Es ist unmöglich, alle Risiken auszuschließen – und es wäre auch falsch, es zu versuchen. Natürlich ist es nötig, dass Grabsteine auf ihre Standfestigkeit überprüft werden. Doch auch regelmäßige Kontrollen können nicht verhindern, dass ein Grabstein umfällt, wenn ein Kind auf ihm herumklettert. Prompt stünde die nächste Forderung im Raum, etwa nach einer Vorschrift, wonach Grabsteine in ein Fundament aus Stahlbeton gegossen werden müssen. Beton jedoch wird im Laufe der Jahre brüchig. Weshalb es schließlich konsequent wäre, das Aufstellen von Grabsteinen ganz zu verbieten.

Das Beispiel zeigt, wie jede Schutzvorschrift automatisch weitere Vorschriften nachzieht. Wird die Helmpflicht für Radler eingeführt, sind als Nächstes die Skateboarder an der Reihe, gefolgt von den Tretrollerfahrern und Joggern. Ist das vernünftig? Natürlich nicht. Wir müssen einsehen, dass nicht Verbote unser Leben sicher machen, sondern unser Verstand. Wenn wir verhindern wollen, dass Kinder von Grabsteinen erschlagen werden, braucht es keine Schüttelverordnung, sondern risikokompetente Erwachsene, die den Kindern erklären, dass es bessere Orte zum Klettern gibt als einen Friedhof.

Ein Staat, der versucht, die Bürger vor allen Gefahren fernzuhalten, ist ein totaler Staat. Der Anfang 2014 verstorbene frühere Verfassungsrichter Winfried Hassemer wies einmal darauf hin, dass Sicherheitsbedürfnisse »strukturell unstillbar« seien, weil »eine Schippe Sicherheit immer noch in den mit Kontrollen prall gefüllten Sack passt«. Der Bielefelder Staatsrechtler Christoph Gusy schreibt: »Der Staat, der alle Risiken ausschließen soll, muss alles wissen, alles können und alles dürfen. Das wäre das Ende jeglicher Freiheit.« Und der Altliberale Burkhard Hirsch sagt: »Wer den Staat zu einem lebenslangen Hotel Mama, zu einem Versicherungsverein für alle Risiken des Lebens machen will, der wird ihn überfordern und zerstören.«

Das Schilder-Paradoxon

Für Fußgänger, die in Düsseldorf eine Straße überqueren wollen, haben der Oberbürgermeister und das Amt für Verkehrsmanagement einen Leitfaden herausgegeben, Thema: So gehen Sie richtig über die Ampel. In Düsseldorf hält man das für eine erklärungsbedürftige Sache, denn einige Fußgängerampeln zeigen nicht nur Rot und Grün, sondern haben auch eine Gelbphase. Das gibt es in anderen Städten nicht, weshalb das Amt für Verkehrsmanagement auf acht Seiten alle wichtigen Regeln und Tipps zusammengefasst hat. »Die Ampel springt auf Grün«, heißt es dort unter Tipp 1: »Der ideale Zeitpunkt für alle Fußgänger, jetzt loszugehen.« Oder, Tipp 2: »Die Ampel zeigt noch Grün. Fußgänger mit normalem Tempo können die Fahrbahn noch sicher überqueren.« Und schließlich Tipp 3: »Die Ampel springt auf Gelb. Jetzt gilt für alle: Auf dem Überweg weitergehen – vor dem Überweg anhalten!«

Etwa 20 Millionen Verkehrszeichen stehen in Deutschland am Straßenrand, mehr als in jedem anderen Land der Welt. Der Straßenverkehr gehört zu den am stärksten regulierten Bereichen unseres Lebens. Erst kürzlich kamen die amtlichen Zeichen »Parkraumbewirtschaftung« (Zeichen 314.1), »Ende Parkraumbewirtschaftung« (Zeichen 314.2), »Ende Streckenempfehlung« (Zeichen 467.2) und das Zusatzzeichen »Inline-Skater zugelassen« hinzu. Sollte Ihnen im Straßenbild demnächst ein neues Piktogramm auffallen, das so aussieht, als würden ein Fußgänger und ein Fahrrad auf einem rot-weißen Hämmerchen balancieren, bitte nicht wundern: Sie befinden sich in einer »durchlässigen Sackgasse« (Zeichen 357).

Hunde müssen sich in Deutschland im Auto anschnallen, Katzen hingegen nicht (Paragraf 22 StVO). Dafür dürfen Hunde vom Fahrrad aus geführt werden; für Katzen ist das verboten (Paragraf 28). Und wussten Sie, dass Sie als Fußgänger verpflichtet sind, Straßen grundsätzlich auf dem »kürzesten Weg quer zur Fahrtrichtung« zu überqueren? Bundeswehrsoldaten müssen sich sogar bei Auslandseinsätzen an die deutsche Straßenverkehrsordnung halten. In den Camps gilt fast überall Schrittgeschwindigkeit. Radarfallen überwachen den Verkehr. So wurde Deutschlands Verkehrssicherheit auch am Hindukusch verteidigt.

Trotz hoher Schilderdichte sind die deutschen Straßen aber nicht sicherer als die Straßen anderer Länder. 2012 gab es hier 44 Verkehrstote pro eine Million Einwohner. In der Europäischen Union liegt Deutschland damit nur auf dem achten Platz. Großbritannien (28 Verkehrstote je eine Million Einwohner), Schweden (31), Dänemark (32) und die Niederlande (33) schneiden deutlich besser ab. Mitunter ist zu hören, das schlechte Ergebnis in der Verkehrsstatistik liege an der Raserei auf deutschen Autobahnen, doch das ist falsch. Obwohl es kein generelles Tempolimit gibt, ereignen sich auf deutschen Autobahnen vergleichsweise wenige tödliche Unfälle.

Die deutschen Straßen sind nicht trotz, sondern gerade wegen ihrer Schilderdichte gefährlich. Zum einen fällt es im Schilderwald schwer, den Überblick zu behalten. »Mehr als drei Verkehrszeichen pro Sekunde kann der Mensch nicht verarbeiten«, heißt es beim ADAC. Je mehr Schilder es gibt, desto größer ist demnach das Risiko, eine Gefahr zu übersehen. Zum anderen schläfern Schilder unsere Instinkte ein. Allzu häufig kommt es vor, dass sich ein Autofahrer in sklavischer Ergebenheit an alle Verkehrszeichen hält, dabei jedoch den Verkehr aus den Augen lässt. So passiert es, dass jedes Jahr Tausende Fußgänger, die bei Grün über die Straße gehen, von einem rechts abbiegenden Autofahrer überfahren werden, dessen Ampel ebenfalls Grün zeigte.

Ausgerechnet in Düsseldorf, der Stadt der achtseitigen Ampelbroschüren, wäre ich beinahe selbst Opfer eines rechtsabbiegenden Autos an einer Ampel geworden. Patric Stieler, Abteilungsleiter im Amt für Verkehrsmanagement, wollte mir vor Ort zeigen, wie gut die Düsseldorfer Gelb-Phase für Fußgänger funktioniert. Wir machten alles genau so, wie es in der Broschüre steht. Herr Stieler trug sicherheitshalber noch eine Dienstjacke mit grellen Leuchtstreifen. Doch dann passierte es: Eine Autofahrerin mit Düsseldorfer Kennzeichen bog zügig rechts ab, als wir uns noch in der »Räumphase« (Stieler) befanden. Reifen quietschten, Menschen schrien. Ob sich die Autofahrerin im Recht fühlte oder einfach die Broschüre der Stadt Düsseldorf nicht gelesen hatte – jedenfalls kam sie nur dank einer Vollbremsung gerade noch rechtzeitig zum Stehen.

Unsicherheit erzeugt Sicherheit ...

Die Menschen im niedersächsischen Bohmte haben einen anderen Weg gewählt, um die Sicherheit auf ihrer Hauptstraße zu erhöhen: Alle Verkehrszeichen wurden vor vier Jahren einfach abgeschafft. Es gibt kein Vorfahrtsschild mehr, keine Ampel, keinen Zebrastreifen. Genau genommen gibt es nicht einmal eine richtige Straße. Fahrbahn, Radweg und Bürgersteig fließen ineinander über – und das bei mehr als 12 000 Autos und Lastwagen, die hier Tag für Tag mitten durch den Ortskern rollen. Ja, sind die Leute in Bohmte denn total verrückt geworden?

»Im Gegenteil«, sagt Vizebürgermeisterin Sabine de Buhr-Deichsel. »Seit wir die Schilder abgeschafft haben, fließt der Verkehr nicht nur viel flüssiger, es ist auch sicherer so.« Sie hat Fotos mitgebracht, um zu zeigen, wie es vor vier Jahren zuging. Man sieht eine stark befahrene Hauptverkehrsstraße, mehrere Ampeln, zwei Dutzend Schilder und eine Kreuzung, vor der sich Staus gebildet haben. »Damals hatten wir ständig Lärm und Gestank«, sagt Sabine de Buhr-Deichsel, »das war nicht auszuhalten.« Heute fließt der Verkehr in Bohmte zwar langsam, aber stetig. Wo früher Ampeln die Vorfahrt regelten, fädeln die Autos jetzt im Reißverschlussverfahren ein. Die Fahrer, zur Kommunikation von Mensch zu Mensch gezwungen, verständigen sich mit Blicken und Handzeichen. Ein Fahrradfahrer biegt gemächlich nach links ab, ein Lieferwagen parkt vor einem Bekleidungsgeschäft, ein Autofahrer wendet. Das alles geschieht, ohne dass der Verkehr ins Stocken gerät. In vier Jahren ohne Beschilderung hat es nicht einen größeren Unfall gegeben.

Doch was ist mit den Fußgängern? Wie kommen Kinder auf die andere Straßenseite? Wie sollen sich alte Leute und Behinderte gegen täglich 12 000 Autos durchsetzen?

Es gibt eine spektakuläre Methode, das herauszufinden. »Ich tue jetzt mal so, als wäre ich blind«, sagt Bürgermeisterin de Buhr-Deichsel und kneift die Augenlider zusammen. Sie steht an einer besonders engen Stelle nahe der Bäckerei, von rechts kommen Autos, von links nähert sich ein Sattelschlepper, doch sie lässt sich nicht abhalten: »Jetzt gehe ich einfach mal los.« Und tatsächlich: Der Lkw bremst vor ihr ab, die Autos lenken um sie herum. Mit geschlossenen Augen geht Bürgermeisterin de Buhr-Deichsel über die Straße und erreicht unversehrt die andere Seite.

Aus der ganzen Welt sind Wissenschaftler in den vergangenen Jahren nach Bohmte gereist, um die schilderfreie Straße zu studieren. Die »Washington Post« und das japanische Staatsfernsehen berichteten. Bei der EU, die den Umbau in Bohmte mitfinanziert hat, gilt das Projekt als Erfolg.

Erfinder von »Shared Space«, wie die schilderfreien Zonen genannt werden, ist der 2008 verstorbene Hans Monderman. Der niederländische Verkehrsplaner träumte davon, den Straßenverkehr wie die in Holland beliebten Eislaufplätze zu organisieren, nämlich gar nicht:»Hier fahren alle, wie sie wollen, sie achten nur aufeinander.«

Vor dreißig Jahren bekam Monderman den Auftrag für den Umbau einer Straße in der Ortschaft Oudehaske. Die Bewohner litten unter Dreck, Lärm und Stau und hofften auf eine Verkehrsberuhigung. Doch anstatt Poller, Blumenkübel und zusätzliche Verbotsschilder aufzustellen, räumte Monderman alle Verkehrszeichen ab. Nur zwei Schilder ließ er übrig; auf einem steht »Welkom« (»Willkommen«), auf dem anderen »Verkeersbordvrij« (»verkehrszeichenfreie Zone«). Die Bewohner des Ortes waren zunächst skeptisch. Weniger Schilder? Das klang nach Anarchie. Doch das Experiment gelang. Die Staus lösten sich auf, der Verkehr wurde flüssiger. Die Zahl der Unfälle ging zurück.

Über 100 Gemeinden in den Niederlanden, Belgien und Großbritannien sind dem Beispiel seither gefolgt. Im friesischen Drachten ersetzte Monderman auf einer Kreuzung die Ampeln durch einen Springbrunnen: ein Spektakel, von dem man glauben könnte, es lenke die Verkehrsteilnehmer ab. Doch auch hier ging die Zahl der Unfälle zurück. Autos brauchen nun etwa 40 Prozent weniger Zeit als früher, um die Kreuzung zu passieren. Busse sparen sogar noch mehr Zeit ein. Auf der Kensington High Street, einer Einkaufs- und Hauptverkehrsstraße in West-London mit vielen Fußgängern, verschwanden 95 Prozent aller Verkehrsschilder. Zwar gibt es noch einige Fußgängerampeln, doch die meisten Passanten laufen einfach irgendwo über die Straße. Und auch hier sank die Zahl der getöteten oder schwerverletzten Fußgänger um 60 Prozent.

Wie ist es möglich, dass Fußgänger in Düsseldorf eine acht Seiten lange Broschüre studieren sollen, bevor sie über die Ampel gehen, während sie in Bohmte sogar mit geschlossenen Augen über die Straße laufen können? Wo sind sie in Bohmte bloß hin, die aggressiven Autofahrer, die Rüpel-Radler und die gedankenlosen Fußgänger? Monderman war der Ansicht, es sei kontraproduktiv, den Menschen allzu viele Vorschriften zu machen. »Wenn man die Leute wie Idioten behandelt, werden sie sich auch so benehmen«, so seine Überzeugung. Zu viele Regeln wiegten die Verkehrsteilnehmer in Sicherheit, führten in Wahrheit aber zur Überforderung. Anstatt den Verkehrsteilnehmer zu entmündigen und seiner sozialen Kompetenz zu berauben, sollte man lieber an dessen Fairness, Zurückhaltung und Rücksichtnahme appellieren. »Wir erzeugen Unsicherheit, um Sicherheit zu erreichen«, sagt Bohmtes Vizebürgermeisterin de Buhr-Deichsel. Wie heißt es so schön in Paragraf 1 Absatz 1 der Straßenverkehrsordnung: »Die Teilnahme am Straßenverkehr erfordert ständige Vorsicht und gegenseitige Rücksicht.«

Das Phänomen »Unsicherheit erzeugt Sicherheit« lässt sich im Straßenverkehr ständig beobachten. Als in Schweden 1967 von Links- auf Rechtsverkehr umgestellt wurde, rechneten viele Experten mit steigenden Unfallzahlen. Es werde Jahre dauern, so die Sorge, bis sich die Schweden an die neue Regel gewöhnen würden. Doch es war genau umgekehrt: Infolge der Verunsicherung auf der neuen Straßenseite sank die Zahl der Unfälle um etwa 40 Prozent. Erst nach zwei Jahren, als sich die Schweden an die neue Fahrseite gewöhnt hatten, pegelten sich die Unfallzahlen wieder auf dem alten, höheren Niveau ein.

Viele Menschen haben Angst, durch einen Tunnel zu fahren. Was, wenn ein Feuer ausbricht? Die Fernsehbilder von Brandkatastrophen wie etwa im Tauern-Tunnel haben sich tief in unser Gedächtnis eingegraben. Doch sind Tunnelfahrten wirklich gefährlicher? Nein, sagt das österreichische Kuratorium für Verkehrssicherheit. Es hat berechnet, dass die Fahrt durch einen Straßentunnel statistisch sogar zu den sichersten Streckenabschnitten gehört – weil die Fahrer aufpassen. »Im Tunnel ist man sicherer als auf normalen Straßen«, sagt auch Bernhard Steinauer, Professor am Institut für Straßenwesen an der RWTH Aachen, denn hier sind die Verkehrsteilnehmer besonders aufmerksam.

Und wozu gibt es eigentlich überall Fahrbahnmarkierungen? Britische Wissenschaftler fanden jedenfalls heraus, dass die Zahl der Unfälle auf engen Landstraßen zurückgeht, wenn man die Mittellinie von der Fahrbahn entfernt. In einer Studie verglichen die Experten zwei Straßen in Wiltshire, einer Grafschaft im Südwesten Englands. Die breitere Straße behielt ihre Fahrbahnmarkierung, bei der schmaleren wurde sie entfernt. Erstaunlicherweise gelang es den Fahrern auf der schmaleren Straße, einen um 40 Prozent größeren Abstand zu den entgegenkommenden Fahrzeugen zu halten. In den Niederlanden gibt es auf schmalen Straßen außerhalb geschlossener Ortschaften deshalb jetzt auch keinen Mittelstreifen mehr. Solange kein Gegenverkehr kommt, darf man bequem auf der Straßenmitte fahren. Dennoch sinkt die Zahl der Zusammenstöße. Und es rutschen weniger Autofahrer in den Straßengraben als früher.

... und Sicherheit erzeugt Gefahr

Anfang der achtziger Jahre wurden Münchner Taxifahrer zu Teilnehmern eines Experiments: Etwa jeder Vierte von ihnen durfte einen Mercedes fahren, der mit dem damals neuen Anti-Blockier-System ABS ausgestattet war, ein Plus an Sicherheit, wie man glaubte. Autos mit ABS haben einen kürzeren Bremsweg. In den USA bekamen Autos mit ABS bei der Kfz-Versicherung damals deshalb auch einen Rabatt.

Doch etwas Merkwürdiges geschah: Die Zahl der Münchner Taxi-Unfälle stieg. Und ausgerechnet die ABS-Taxis waren dafür verantwortlich. Obwohl sie zunächst nur 25 Prozent der Taxi-Flotte ausmachten, waren die ABS-Taxis an fast 50 Prozent der

Unfälle beteiligt, so die Bilanz nach drei Jahren. Die neue Technik verleitete die Taxifahrer, schneller zu fahren und später zu bremsen, als sie es früher getan hatten. Mit dem Anti-Blockier-System an Bord fühlten sie sich sicher. Doch die Vorteile der neuen Technik konnten die Nachteile der neuen Fahrweise nicht ausgleichen. Es dauerte deshalb auch nicht lange, bis die US-Versicherungen den Beitragsrabatt für ABS-Fahrzeuge wieder abschafften.

Der britische Risikoforscher John Adams glaubt, dass Menschen mit einer Art inneren Risikothermostat ausgestattet sind. Dieser sorgt dafür, dass wir uns flexibel an die jeweilige Gefahrenlage anpassen. Auf zusätzliche Sicherheitsvorkehrungen reagieren wir, indem wir, bewusst oder unbewusst, größere Wagnisse eingehen: Skifahrer fahren schneller die Piste hinunter, sobald sie einen Kopfschutz tragen. Fahrer von besonders robusten Geländewagen und Großlimousinen halten nachweislich weniger Abstand zu vorausfahrenden Autos ein als Fahrer von Kleinwagen. Fallschirmspringer springen umso waghalsiger, je besser ihre Ausrüstung ist, was erklärt, warum der Anteil der Fallschirmspringer, die bei ihrem Hobby ums Leben kommen, trotz ständig verbesserter Sicherheitstechnik seit Jahren nahezu konstant ist. Warum wir das tun? »Nun«, sagt Wissenschaftler Adams, »so ist unsere Natur. Wenn der Thermostat auf null gesetzt würde, wäre das Leben todlangweilig.«

Der Wirtschaftswissenschaftler Samuel Peltzman aus Chicago wies nach, dass die Einführung der Gurtpflicht für Autofahrer in den siebziger Jahren in vielen Ländern überall zur Folge hatte, dass die Zahl der Unfälle zunächst stieg. Der Anschnallgurt verführte die Menschen, schneller zu fahren, als sie es ohne Gurt getan hatten. In Großbritannien zog das Verkehrsministerium drei Jahre nach Einführung der Gurtpflicht eine eher triste Bilanz. Zwar hatte sich die Zahl der tödlich verunglückten Autofahrer verringert. Deutlich gestiegen jedoch waren infolge der rasan-

teren Fahrweise die Todesfälle von Passagieren auf den Rück-
sitzen (plus 27 Prozent), Fahrradfahrern (plus 13 Prozent) und
Fußgängern (plus 8 Prozent). Beifahrer, Radler und Fußgänger
litten also massiv unter der Einführung des Sicherheitsgurtes für
Autofahrer: So hatten sich die Verkehrsplaner die Sache nicht
vorgestellt.

Das Phänomen der Risikokompensation macht uns auch in
anderen Bereichen immer wieder einen Strich durch die Rechnung. Polizisten, die eine schusssichere Weste tragen, gehen bei
Einsätzen höhere Risiken ein – und werden deshalb überdurchschnittlich oft durch Kopfschüsse verletzt. Seit es Medikamente
gibt, die nach dem Sex eingenommen werden können, um
das Risiko einer HIV-Infektion zu verringern, kommt es wieder häufiger zu ungeschütztem Geschlechtsverkehr. Die Aids-
Angst schwindet, die Sorglosigkeit wächst. Doch leider helfen die
neuen Medikamente nicht immer. Und schon gar nicht bieten
sie Schutz gegen andere Geschlechtskrankheiten, die sich infolge
des ungeschützten Verkehrs nun umso rascher ausbreiten.

Und wer hätte gedacht, dass der Einbau von Kindersicherun-
gen dazu führen kann, dass die Sicherheit von Kindern darunter
leidet? Wie bereits erwähnt stieg Anfang der siebziger Jahre die
Zahl der Unter-Fünfjährigen, die in den USA wegen Medika-
mentenvergiftung behandelt werden mussten, deutlich an: im
Jahr 1972 um 3500 Fälle gegenüber dem Durchschnittswert der
vorangegangenen Jahre. Ursache war ausgerechnet die Einführung sogenannter »Childproof«-Verschlusskappen für Arzneimittel. Eigentlich sollten die neuen Verschlüsse die Kinder abhalten,
sich die Pillen in den Mund zu stecken. Doch die Kindersiche-
rung führte dazu, dass einige Eltern unvorsichtig wurden. Sie
deponierten Arzneimittel nicht mehr wie früher außerhalb der
Reichweite ihrer Kinder und vergaßen, den neuen kindersiche-
ren Deckel auch wirklich zuzumachen.

Das Helm-Paradoxon

In der politischen Diskussion spielt das Phänomen der Risikokompensation (einige Wissenschaftler sprechen auch von Peltz-
man-Effekt oder Risiko-Homöostase) keine Rolle. Die Politik
handelt lieber nach dem Motto: Viel Schutz schützt viel. Verkehrspolitiker etwa drängen auf die Einführung einer Helmpflicht für Fahrradfahrer. Die Bundesregierung will darauf
hinwirken, dass »deutlich mehr Fahrradfahrer als bislang einen
Helm tragen«, so steht es im Koalitionsvertrag von Union und
SPD. Winfried Hermann, grüner Verkehrsminister von Baden-
Württemberg, fordert sogar eine gesetzliche Helmpflicht. »Man
muss das Freiheitsgefühl ohne Helm gegen das Verletzungsrisiko
abwägen«, sagte er der Tageszeitung »Die Welt«. »Ich entscheide
mich für Gesundheitsschutz.« Und Thüringens Verkehrsminister
Christian Carius (CDU) gab bekannt: »Mir ist ein fester Helm
lieber als eine feste Frisur.«

Richter des Oberlandesgerichts Schleswig haben bereits versucht, die Helmpflicht durch die Hintertür einzuführen, und
zwar im Fall von Sabine Lühr-Tanck, einer Krankengymnas-
tin aus dem schleswig-holsteinischen Glücksburg. Im Frühjahr
2011 war die damals 58-Jährige wie üblich mit ihrem Fahrrad zur
Arbeit gefahren, als die Fahrerin eines am Straßenrand geparkten
BMW von innen die Autotür aufstieß. Lühr-Tanck konnte nicht
ausweichen und flog, ein Klassiker unter den Fahrradunfällen,
im hohen Bogen über die geöffnete Tür. Tausende unschuldige
Radfahrer kommen jedes Jahr auf ähnliche Weise zu Schaden.

Die Richter in Schleswig jedoch entschieden: Lühr-Tanck
treffe eine Mitschuld. Warum hatte sie denn keinen Helm getragen? Mit einem Helm auf dem Kopf wäre ihr Sturz glimpflicher
verlaufen. Zwar gebe es keine gesetzliche Helmpflicht, doch das
Anlegen eines Helmes sei eine Maßnahme, »die ein ordentlicher
und verständiger Mensch zur Vermeidung des eigenen Schadens

anzuwenden pflegt«, so das Gericht. Es verurteilte die Radfahrerin dazu, ein Fünftel ihrer Behandlungs- und Rehakosten selbst zu tragen.

Zum Glück hat der Bundesgerichtshof das Urteil im Sommer 2014 aufgehoben: Es gebe keine Helmpflicht in Deutschland, also treffe die Radfahrerin auch keine Mitschuld. Doch einige Politiker fordern nun, diese Gesetzeslücke zu schließen. Und man darf jetzt schon gespannt sein, was überambitionierten Richtern beim nächsten vergleichbaren Fall einfällt, zumal auch die mächtige Versicherungslobby auf eine allgemeine Helmpflicht drängt. Genügt dann ein einfacher Helm, um als »ordentlicher und verständiger Mensch« zu gelten? Oder müssen es auch Reflektorwesten, Ellenbogenschützer und Wirbelsäulenprotektoren sein? Der Phantasie sind hier keine Grenzen gesetzt: Eine schwedische Firma hat jüngst einen Airbag für Fahrradfahrer entwickelt. Er bläst sich bei einem Sturz in Sekundenbruchteilen selbsttätig auf und kostet etwa 350 Euro: demnächst Pflicht in Deutschland? Und müssten nicht auch Fußgänger grundsätzlich davon ausgehen, beim Zusammenstoß mit einem Auto Schaden zu nehmen, weshalb sie am besten ebenfalls nur noch mit Helm auf die Straße treten sollten?

Nun würde kein Experte bestreiten, dass ein Fahrradhelm im Falle eines Sturzes gute Dienste leisten kann. Radfahrervereine wie der ADFC empfehlen ihren Mitgliedern deshalb auch, einen Helm zu tragen. Die Einführung einer Helmpflicht hingegen lehnen die Fahrradlobbyisten strikt ab, und zwar zu Recht: Alle internationalen Erfahrungen zeigen, dass eine Helmpflicht die Sicherheit von Fahrradfahrern im Straßenverkehr nicht erhöht, sondern gefährdet.

Radfahrer werden nicht durch Helme geschützt, sondern durch andere Fahrradfahrer. Verkehrsexperten sprechen von *safety by numbers*: Sicherheit durch Allgegenwärtigkeit. In den USA, wo jeder dritte Radfahrer einen Helm trägt, ist das Risiko eines tödlichen Unfalls etwa zehn Mal größer als in den Niederlanden, wo nur jeder Tausendste mit Helm fährt. Doch in den Niederlanden ist das Rad ein Massenfortbewegungsmittel, während es in weiten Teilen den USA noch immer als exotisches Sportgerät gilt. Amerikanische Autofahrer sind es anders als Niederländer nicht gewohnt, ihren Platz auf der Straße mit Fahrradfahrern zu teilen.

Eine fahrradfreundliche und an mehr Sicherheit interessierte Politik müsste deshalb das Ziel verfolgen, die Zahl der Radfahrer möglichst zu erhöhen, zumal Radfahren ja auch gut für die Gesundheit und die Umwelt ist. Eine Helmpflicht ist hier kontraproduktiv. Sie hält viele Menschen vom Fahrradfahren ab, weshalb übrigens sogar der Chef des Helmherstellers Uvex dagegen ist. Mal steht die Sorge im die Frisur im Vordergrund, mal drückt's und zwickt's oder ist zu heiß, mal ist gerade kein Helm zur Hand. Man kann die Argumente der Helm-Muffel dämlich finden: Ignorieren sollte man sie nicht. In Neuseeland ging die Zahl der Radfahrer innerhalb von zehn Jahren nach Einführung der Helmpflicht um 26 Prozent zurück. In Australien waren es laut einer Studie der University of New England nach Einführung der Helmpflicht im Jahr 1991 sogar minus 29 Prozent; gleichzeitig stieg das Unfallrisiko für Radfahrer um zehn Prozent.

Weitere Faktoren verschärfen das Problem. Der britische Verkehrspsychologe Ian Walker von der Universität Bath fand im Selbstversuch heraus, wie in den Augen anderer Verkehrsteilnehmer seine Schutzwürdigkeit abnahm, sobald er beim Radfahren einen Helm aufsetzte. Walker hatte einen Sensor an sein Fahrrad montiert, um herauszufinden, welchen Abstand Autofahrer beim Überholen einhalten. Bei mehr als 2500 Messungen auf den Straßen von Salisbury und Bristol kam heraus: War Walker mit einem Helm unterwegs, rauschten die Autos durchschnittlich um 8,5 Zentimeter näher an ihm vorbei, als wenn er keinen Helm trug. Zweimal wurde er angefahren, in beiden Fällen war er mit einem Helm unterwegs. Den größten Abstand hielten die Autofahrer übrigens ein, wenn Walker sich einen blonden Zopf ansteckte.

Gernot Sieg, Direktor des Instituts für Verkehrswissenschaft an der Universität Münster, hat in einem Beitrag für das Fachblatt »Transportation« im März 2014 versucht, eine volkswirtschaftliche Gesamtbilanz für den Fall einer Helmpflicht aufzustellen. Dabei orientierte er sich an der Verkehrs- und Unfallstatistik sowie an den Richtwerten der Weltgesundheitsbehörde WHO. Den Nutzen durch vermiedene und abgemilderte Unfälle bezifferte er auf insgesamt 693 Millionen Euro pro Jahr. Die Kosten durch den Verlust bei Gesundheit, Umweltschutz und Komfort schätzte er hingegen auf 971 Millionen Euro. Unterm Strich brächte eine Helmpflicht demnach ein Minus von 278 Millionen Euro.

Ein Kinderwagen mit 450 PS

Die ständige Bevormundung im Straßenverkehr hat tiefe Spuren in unserer Psyche hinterlassen. Sind wir womöglich zu doof zum Lenken? Die Autokonzerne scheinen das mittlerweile anzunehmen. Das Ziel lautet, den überforderten Selbstfahrer durch Assistenzsysteme und Autopiloten nach und nach überflüssig zu machen. Wir sind schon auf dem besten Wege dahin.

Kaum haben wir den Schlüssel ins Schloss gesteckt, geht automatisch das Abblendlicht an. Ein Regentropfen: schon rotiert der sensorgestützte Scheibenwischer. Das Navigationsgerät erklärt uns den Weg und wie wir einen Stau umfahren (leider haben alle anderen Fahrer dieselbe Information bekommen). Die automatische Sitzbelegungserkennung zwingt alle Insassen, den Anschnallgurt anzulegen, selbst wenn es nur eine Einkaufstüte ist, die wir versehentlich auf den Beifahrersitz gelegt haben. In manchen Autos wird automatisch das Radio leiser, wenn wir den Rückwärtsgang einlegen: Das Piepsen des Abstandswarners kommt so besser zur Geltung.

Leider haben die elektronischen Helfer ihre Tücken, etwa Navigationssysteme und elektronische Routenplaner. Wir täten besser daran, ihnen nicht alles zu glauben. Immer wieder landen Autofahrer im blinden Vertrauen auf die Technik zwischen Eisenbahngleisen im Schotterbett oder auf schlammigen Waldwegen. Im ostfriesischen Leer fiel ein Auto in den Fluss Jümme: Der Fahrer hatte eine im Navi angezeigte Fährverbindung für eine Brücke gehalten. In Berlin-Reinickendorf hängt alle paar Wochen ein Lastwagen unter der Klemkebrücke fest, trotz zahlreicher Warntafeln, weil die Durchfahrthöhe von einigen Navigationssystemen falsch angeben wird. Im März 2014 verursachte ein Geisterfahrer einen schweren Unfall auf der B 20 bei Straubing: Die Computerstimme seines veralteten Navigationsgeräts hatte ihn statt auf die Abbiegespur auf die Gegenfahrbahn gelotst.

»Viele vertrauen dem Navi mehr als dem gesunden Menschenverstand«, sagt der Frankfurter Verkehrssoziologe Alfred Fuhr. Die Bundesanstalt für Straßenwesen spricht von einer »Virtualisierung der Fahrwahrnehmung«. Die Kompetenz, sich ohne technische Hilfsmittel im Verkehr zu orientieren, gehe nach und nach verloren. Auch der Braunschweiger Verkehrspsychologe Fritz Meyer-Gramcko warnt: »Es gibt die fatale Tendenz, sich auf das Fahrerassistenzsystem zu verlassen.«

Doch die Hersteller rüsten immer weiter auf. Der selbstlenkende Autofahrer gilt ihnen als Auslaufmodell. Ein modernes Auto verfügt über Radargeräte und Notbremssysteme. Ein Spurhalteassistent korrigiert die Lenkung, wenn das Auto die markierte Fahrbahn verlässt. Ein Totwinkelassistent warnt bei Überholmanövern vor Fahrzeugen auf der Nachbarspur. Es gibt den Einparkassistenten, der mit Hilfe von Ultraschallsensoren die Parklücke vermisst, und es gibt die Infrarotkamera, die bei

Dunkelheit erkennt, ob ein Reh im Gebüsch steht. Einige Systeme können Verkehrszeichen lesen und das Fahrzeug automatisch abbremsen, wenn es die zulässige Höchstgeschwindigkeit überschreitet.

In der neuen S-Klasse von Mercedes fühlt man sich wie im Teutonia-Kinderwagen, allerdings mit 450 PS unter der Haube. Das Mercedes-Spitzenmodell ist mit einem System ausgestattet, das dem Fahrer sagt, wann er Pause machen muss. Dazu registriert ein System namens »Attention Assist« ungewöhnliches Fahrverhalten, etwa zittrige Lenkbewegungen auf gerader Strecke oder das Überfahren von durchgezogenen Fahrbahnmarkierungen, und wertet für seine Diagnose mehr als 100 verschiedene Informationen und Parameter aus: Ist es Nacht? Regnet es? Hat der Fahrer seit längerer Zeit keinen Radiosender mehr gewechselt oder die Lautstärke justiert? Fährt er bei relativ konstanter Geschwindigkeit? Wie lange liegt die letzte Pause zurück? Sobald der Computer der Ansicht ist, dass der Fahrer zu müde wird, leuchtet im Display das Wort »Pause!« auf, darunter ein blinkendes Kaffeetassensymbol. Parallel rechnet das Navigationssystem bereits den schnellsten Weg zur nächsten Raststätte aus. »Das Gerät durchschaut Sie«, sagt Jochen Hermann, Chefingenieur für Assistenzsysteme bei Mercedes: »Es erkennt Ihre Schwäche wie ein Doktor.«

Doch verbessert der Kaffeetassen-Mercedes tatsächlich die Sicherheit? Eine Studie der TU Berlin sagt: Nein, im Gegenteil, denn schon wieder reagiert der entmündigte Autofahrer anders als erwünscht. Die Psychologin Katja Karrer-Gauß hat herausgefunden, dass der Müdigkeitswarner viele Autofahrer sogar davon abhält, rechtzeitig Pause zu machen. Versuche mit Berufskraftfahrern zeigten, dass die Testpersonen sich durch das System herausgefordert fühlten, gegen die Müdigkeit anzukämpfen. Im Durchschnitt waren Probanden mit Müdigkeitswarner 20 Minuten länger bis zur Pause unterwegs als Probanden ohne

Müdigkeitswarner. Statt ihrem Bauchgefühl zu vertrauen, warteten sie darauf, dass das System ihnen Müdigkeit attestierte. Sie fuhren »dichter an die Übermüdungsgrenze heran«, so Karrer-Gauß. Die Wissenschaftlerin glaubt daher nicht, dass Assistenzsysteme die Sicherheit im Straßenverkehr erhöhen: »Der Mensch ist das beste Warnsystem. Es ist immer ein Problem, wenn wir glauben, Maschinen seien klüger als wir selbst.«

Mit Sicherheit ein gutes Geschäft

Mit dem Versprechen, für Schutz und Sicherheit zu sorgen, lässt sich viel Geld verdienen. Die Sicherheitsindustrie ist wachstumsstark, krisenfest und renditeträchtig. Hinter jeder neuen Sicherheitsvorschrift lauert mindestens eine Wirtschaftsbranche, die davon profitiert. Kaum verwunderlich, dass die beteiligten Lobbyisten alles daransetzen, den Befürchtungen der Menschen neue Nahrung zu liefern.

Vor der Jahrtausendwende schürten IT- und Sicherheitsfirmen große Angst vor dem *Millennium Bug*. Es drohe ein Softwareproblem, dass, so die Voraussage, in der Silvesternacht 1999/2000 zum Absturz sämtlicher Computersysteme führen werde. Viele Menschen kauften Kerzen und ließen die Badewanne mit Wasser volllaufen. Vor allem aber kauften sie sich einen neuen Computer oder wenigstens ein neues Betriebssystem. Die IT-Firmen machten das Geschäft ihres Lebens. Und dann kam die Jahrtausendwende und es passierte – nichts. Die Warnungen vor dem *Millennium Bug* stellten sich als völlig übertrieben heraus.

Einen vergleichbaren Erfolg landete die Pharmaindustrie mit der sogenannten Schweinegrippe im Jahr 2009, als es gelang, die Menschen wegen eines angeblich besonders aggressiven Erregers in Panik zu versetzen. Experten warnten vor einem Massensterben. Die Weltgesundheitsorganisation WHO arbeitete

Katastrophenpläne aus. Der Pharmahersteller Roche kurbelte die Produktion seines Grippemittels (»Tamiflu«) an. Viele Länder, darunter Deutschland, kauften insgesamt so viele Dosen, dass nach Schätzung des unabhängigen Branchendienstes »Arznei-Telegramm« etwa 350 Millionen Menschen hätten versorgt werden können.

Gebraucht wurden die Pillen nie: Der angebliche Killervirus entpuppte sich als vergleichsweise harmlos. Dafür entdeckte man, dass einige der Experten, die vor der Grippe gewarnt hatten, der Pharmaindustrie nahestanden. Und dann kam auch noch heraus, dass das millionenfach georderte Medikament mit dem Wirkstoff Oseltamivir im Falle eines echten Killervirus wohl kaum geholfen hätte. »Tamiflu«, so die Forscher der internationalen Cochrane Collaboration, bringt offenbar wenig. Die Wissenschaftler konnten anhand von 46 Studien mit insgesamt über 24 000 Teilnehmern nachweisen, dass das Roche-Mittel bei Grippekranken weder Krankenhausaufenthalte noch Komplikationen verhinderte. Gleichwohl hat die Firma Roche nach Angaben des »Arznei-Telegramm« mit dem Präparat weltweit mehr als 13 Milliarden Euro umgesetzt.

Und welches Kalkül steckt eigentlich hinter dem Plan der EU-Kommission, alle Neuwagen mit einem automatischen Notrufsystem auszustatten? Geht es wirklich darum, Menschenleben zu retten, wie die Politik behauptet? Oder geht es nicht doch eher darum, der Automobilindustrie ein neues Geschäftsfeld namens »Connected Cars« zu eröffnen, das laut einer Studie der Beratungsfirma »PwC Strategy&« zusätzliche Umsätze von bis zu 110 Milliarden Euro im Jahr verspricht?

Gegen Angst-Lobbyisten, Empörungsdarsteller und Panikmache in den Medien hilft nur gesunder Zweifel. Wir sollten skeptisch sein, wenn Michael Diekmann, Vorstandsvorsitzender des Versicherungskonzerns Allianz, im Interview mit der »Frankfurter Allgemeinen Zeitung« behauptet: »Die Welt für unsere

Kinder wird immer unsicherer.« Macht er sich wirklich Sorgen um die Zukunft unserer Kinder? Oder geht es vielmehr darum, ein Angst-Klima zu erzeugen, das der Allianz dabei hilft, ihre Versicherungen zu verkaufen? Politiker, aber auch wir Journalisten, sollten sich bei jeder Krisenmeldung fragen, ob die Gefahrenlage wirklich so schlimm ist, wie die angeblichen Experten behaupten. Handelt es sich um Wichtigtuerei? Welche Lobbyinteressen stehen hinter den düsteren Szenarien?

Bedauerlicherweise ist es für die Karriere eines Politikers förderlicher, die Einführung von Sicherheitsvorschriften zu fordern als deren Abschaffung. Demonstrative Besorgnis ist im politischen Geschäft ein Wettbewerbsvorteil. Es reicht, den Zeigefinger zu heben und von »Gefahr für Leib und Leben« zu reden, schon ist einem die mediale Aufmerksamkeit garantiert. Achten Sie mal darauf, wie viele Politiker ihre Sätze mit den Worten »Ich warne davor« einleiten. Wegen Panikmache ist noch kein einziger deutscher Minister von seinem Amt zurückgetreten, wegen angeblicher Verharmlosung von Gefahren mussten hingegen schon mehrere ihren Hut nehmen. Die grüne Gesundheitsministerin Andrea Fischer verlor in der BSE-Krise um verseuchtes Rindfleisch ihren Job, weil sie es gewagt hatte, das Warnschreiben einer nachgeordneten Behörde einen Tag länger zu prüfen als unbedingt nötig, bevor sie die Öffentlichkeit informierte. Prompt sah sie sich dem Vorwurf ausgesetzt, sie habe mit ihrer Trödelei fahrlässig Menschenleben aufs Spiel gesetzt.

Auch aus Angst um den eigenen Job neigen Politiker deshalb strukturell dazu, den Sicherheitslobbyisten auf den Leim zu gehen, Beispiel Arzneimittelhandel. In ganz Europa herrschen Freizügigkeit und freier Warenverkehr – aber dass eine holländische Versandapotheke einem deutschen Kunden auf ein verschreibungspflichtiges Präparat einen kleinen Rabatt gibt, haben die deutschen Apothekerlobbyisten bis heute erfolgreich verhindert. Ein Apotheker darf auch nur maximal vier Apotheken besitzen. Mehr Apotheken würden die Sicherheit gefährden, so eine Begründung. Nicht-Apotheker dürfen gar keine Apotheke besitzen.

Wäre ja noch schöner, wenn Menschen ohne Pharmaziestudium nicht nur Chemie-, Waffen-, Stahl-, Elektro-, Telekommunikations-, Krankenhaus- und Energiekonzerne leiten würden, sondern auch ein Arzneimittelgeschäft.

Der Gesundheitsminister möchte den Versandhandel mit Arzneimitteln teilweise sogar wieder einschränken; die »Patientensicherheit« sei gefährdet, ein Argument, das ihm die Apotheker eingeflüstert haben. In bewährter Weise malt die Lobby ein Schreckensszenario an die Wand: gefälschte Arzneimittel, unterversorgte Patienten, vergiftete Kinder, die sich versehentlich über das Postpaket mit Omis Herztabletten hergemacht haben. In Wahrheit dürfte es den deutschen Apotheken eher darum gehen, ihre potentiellen Konkurrenten aus den europäischen Nachbarländern auf Abstand zu halten. Das ist vor allem für chronisch kranke Patienten bedauerlich, die bei einer Liberalisierung der Arzneimittelbranche viel Geld sparen könnten.

Auch die Europäische Kommission geht der Besorgnisindustrie immer wieder auf den Leim. Prüfunternehmen wie TÜV und Dekra warben etwa in Brüssel dafür, Autos künftig häufiger zur Hauptuntersuchung zu schicken. EU-Verkehrskommissar Siim Kallas ließ sich überzeugen. Er forderte, dass die Besitzer von älteren Autos ihre Plakette künftig nicht nur alle zwei Jahre, sondern jedes Jahr erneuern müssen. Betroffen wären alle Fahrzeuge, die älter als sechs Jahre sind oder mehr als 160 000 Kilometer auf dem Tacho haben, also etwa jedes zweite Fahrzeug in Deutschland. »Diese Autos, von denen potentiell eine tödliche Gefahr ausgeht, wollen wir ganz einfach nicht auf unseren Straßen«, so Kallas.

Tödliche Gefahr? Bevor Sie, lieber Leser, an dieser Stelle in Panik ausbrechen, empfiehlt sich ein Blick auf die Fakten. Im Jahr 2012 mussten demnach von 42,9 Millionen in Deutschland zugelassenen Pkw insgesamt 18,8 Millionen Wagen zur Hauptuntersuchung. Davon fielen gerade einmal 12 294 Fahrzeuge durch, das sind 0,06 Prozent. Umgekehrt ist eine frische TÜV-Plakette keine Garantie für unfallfreies Fahren. Wissenschaftler der Technischen Universität Dresden fanden heraus, dass 55 Prozent aller Unfälle auf Autos zurückgehen, deren letzte Hauptuntersuchung nicht länger als zwölf Monate zurückliegt. Die Sicherheit würde sich durch eine jährliche Prüfpflicht also nicht verbessern. Prüfunternehmen wie TÜV und Dekra würden die zusätzlichen Prüfungen jedoch sehr viel Geld in die Kassen spülen – allein in Deutschland mehr als eine Milliarde Euro. Kein Wunder, dass die beiden Unternehmen den Vorschlag des EU-Kommissars nach Kräften unterstützen.

Betreutes Wohnen

Altbundeskanzler Helmut Schmidt war schon einige Jahre in Rente, als er beschloss, sein Sommerhaus am Brahmsee zu sanieren. Die hässliche Verkleidung aus Asbestplatten sollte weg, das Dach mit Pfannen neu gedeckt werden. Doch Schmidt bekam es mit den Behörden zu tun. »Es stellte sich heraus, dass ich dazu eine Baugenehmigung brauchte«, berichtete er. »Die Zeichnung musste in dreifacher Ausfertigung eingereicht werden. Es musste ein Gutachten eines Statikers eingeholt werden. Der Nachbar musste in dreifacher Ausfertigung bestätigen, dass er mit dem neuen Anblick einverstanden sein würde.« Der Altbundeskanzler war fassungslos. Er frage sich, wer sich einen solchen Unfug ausdenke, so Schmidt: »Der müsste eigentlich öffentlich bloßgestellt werden, eigentlich müsste er geprügelt werden.«

Politiker klagen derzeit darüber, dass es in vielen Regionen an bezahlbarem Wohnraum mangele. Doch diese Klage ist verlogen. Es ist die Politik, die mit ihren Vorschriften die Baukosten und Mieten nach oben treibt, von dreifach verglasten Isolierfenstern bis zur Dämmpflicht. Kein Mehrfamilienhaus darf noch ohne Fahrradständer errichtet werden. Selbst die Beleuchtung von Tiefgaragenstellplätzen für Autos ist im Detail geregelt: Es braucht mindestens 20 Lux.

Wer in Hamburg ein Haus baut, hat insgesamt etwa 30 Verordnungen zu beachten, von der Garagenverordnung GarVO bis zur ÜTVO, die »Verordnung über die Überwachung von Tätigkeiten mit Bauprodukten und bei Bauarten«. Kleinere Umbaupläne sind der Behörde in Form einer Bauzeichnung vorzulegen. Die Schraffierung von Flächen muss von links unten nach rechts oben erfolgen, sonst ist der Antrag ungültig. Früher reichte es, einen Architekten mit der Bauleitung zu beauftragen. Heute braucht es in der Regel noch einen Vermesser, einen Bauphysiker, einen Prüfstatiker und einen Ingenieur für die immer komplexere Haustechnik, die der Architekt aus Haftungsgründen nicht mehr abnehmen darf.

In den meisten Bundesländern sind Haus- und Wohnungsbesitzer inzwischen verpflichtet, an den Decken von Schlafzimmern und Wohnungsfluren Rauchmelder zu befestigen. Bricht ein Feuer aus, schlagen die Geräte Alarm. Nur Sachsen, Brandenburg und Berlin haben noch keine Rauchmelderpflicht, doch das soll sich ändern. »Die Zahl der Brandopfer kann um 40 Prozent gesenkt werden«, sagt Christian Rudolph von der Kampagne »Rauchmelder retten Leben«, die es sich zum Ziel gesetzt hat, Politiker und Verbraucher über die Gefahren des Brandrauchs zu informieren.

Zwei Milliarden Euro würde es ungefähr kosten, sämtliche Häuser und Wohnungen in Deutschland mit Rauchmeldern auszustatten. Hinzu kommen die Kosten für Installation und jährliche Wartung. Und spätestens an dieser Stelle sollte man erwähnen, dass Christian Rudolph sich nicht nur für die Kampagne »Rauchmelder retten Leben« engagiert, sondern auch als Geschäftsleiter für die Firma Hekatron im Schwarzwald arbeitet, ein Unternehmen, das, nun ja, Rauchmelder herstellt. Hinter seiner angeblichen Aufklärungskampagne steckt in Wahrheit eine Lobbyvereinigung namens »Forum Brandrauchprävention«, in der sich die großen Hersteller und Dienstleister der Rauchmelderbranche zusammengeschlossen haben: Bavaria Rauchmelder, Bosch Sicherheitssysteme, Siemens, Ista, Techem, Minol Messtechnik, Hekatron. Die Geschäftsstelle des Vereins ist in den Räumen einer Berliner PR-Agentur untergebracht.

Weniger klar ist, ob die Rauchmelder wirklich die Sicherheit verbessern. Belegen lässt sich das nicht, die Statistik gibt Rätsel auf. Zwar ist die Zahl der Todesfälle bei Wohnungsbränden in den vergangenen zehn Jahren allgemein zurückgegangen. Doch verblüffenderweise fiel der Rückgang in Sachsen, Brandenburg und Berlin, wo es bislang keine Rauchmelderpflicht gab, stärker aus als in Bundesländern mit Rauchmelderpflicht. In Rheinland-Pfalz, wo seit 2003 Rauchmelder vorgeschrieben sind, sank die Zahl der Toten zwischen 2002 und 2010 um nur drei Prozent. In Sachsen, ohne Rauchmelderpflicht, ging die Zahl der Toten im selben Zeitraum um 72 Prozent zurück. In Hamburg, wo seit 2005 Rauchmelder installiert werden müssen, sank die Opferzahl um 41 Prozent. In Hessen, wo zeitgleich eine Rauchermelderpflicht eingeführt wurde, hingegen nur um 13 Prozent. Und in Brandenburg, einem Bundesland ohne Rauchmelderpflicht, war sogar ein Rückgang um 56 Prozent zu verzeichnen.

Zumal die Geräte ihre Macken haben. Mal versagt die Batterie, mal lösen Staubfussel Alarm aus. Etwa 90 000 Einsätze der Feuerwehr pro Jahr gehen auf Fehlalarme von Brandrauchmeldern zurück. In Hamburg stellte sich zuletzt fast jeder zweite Notruf als falscher Alarm heraus. In Villingen-Schwenningen rückte die Feuerwehr Anfang 2014 innerhalb von neun Tagen fünf Mal umsonst bei der Neuen Tonhalle an. Und auch der Münchner Erzbischof Reinhard Marx war für einen Fehlalarm verantwortlich. Sternsinger aus der Pfarrei Sankt Maximilian hatten im Bischöflichen Palais mit ihrem Weihrauchfass einen Brandrauchmelder ausgelöst. Marx' Sekretär hatte noch versucht, die Feuerwehr zu informieren, dass es sich um eine Fehlalarm handele, doch zu spät: Die Retter waren bereits auf dem Weg.

»Ich stehe der Rauchmelderpflicht eher skeptisch gegenüber«, schrieb ein Feuerwehrmann im Fachforum eines Feuerwehrmagazins. Verständlich, angesichts der hohen Fehlalarmquote. Eine Studie, die von der Rauchmelder-Lobby selbst verteilt wird, kommt zu einem ernüchternden Fazit. »Ein statistisch eindeutiger Nachweis über den Wirkungsgrad in den einzelnen Bundesländern konnte nur teilweise auf dem eingeschlagenen Weg erzielt werden«, heißt es dort: »Weitere Untersuchungen sollten die positiven und negative Folgen dieser Technik klären.« Erstaunlich, dass auf einer so dünnen Faktenbasis milliardenschwere Entscheidungen getroffen werden.

Tatsächlich würde niemand bestreiten, dass Rauchmelder im Einzelfall Menschenleben retten können. Die Frage ist jedoch, ob Aufwand und Nutzen hier in einem vernünftigen Verhältnis stehen, oder ob es bessere Alternativen gibt. So schützen die meisten handelsüblichen Rauchmelder leider nicht vor Vergiftung durch das unsichtbare und geruchlose Kohlenmonoxid, das ebenfalls bei Bränden entsteht und schon in kleinen Dosen tödlich wirkt. Vielleicht wäre es stattdessen besser, das Geld für Feuerlöscher oder für ausrollbare Feuerleitern auszugeben? Sicher ist: Solange nicht einmal die Rauchmelderlobby einen statistisch halbwegs sauberen Nachweis für die Wirksamkeit ihrer Produkte vorbringen kann, sollte der Staat nicht den Fehler begehen, eine fehleranfällige Technik per Gesetz durchzudrücken.

Es ist falsch, Politik auf Ängste zu bauen. Ängste erzeugen Irrationalität. Sie verhindern, dass nüchtern über Ursachen, Kosten und Alternativen diskutiert wird. Eine angstgetriebene Politik schadet mehr, als sie nutzt.

Der entmündigte Verbraucher

Beim Fischhändler Hagenah an der Schnackenburgallee in Hamburg hängt ein Schild mit einem Warnhinweis über der Ladentheke:»Wir müssen Sie darauf hinweisen, dass im Fisch Gräten vorkommen können.« Der Händler erfüllt damit eine Auflage des Amtsgerichts Altona. Ein Kunde hatte sich beim Verzehr eines Räucherlachsbrötchens an einer Gräte verschluckt und auf Körperverletzung geklagt: Wie hätte er auch wissen sollen, dass Fisch Gräten enthält? Hagenah zahlte 500 Euro Schmerzensgeld.

In Theorie und Praxis setzt sich ein neues Verbraucherleitbild durch: der Konsument, ein Vollidiot.»Mündige Verbraucher? Ein schönes Ideal«, sagt Justiz- und Verbraucherschutzminister Heiko Maas (SPD):»Doch mit der Realität hat es wenig zu tun.« Die Industrie reagiert, indem sie ihre Produkte mit zunehmend absurden Warnhinweisen versieht. Auf dem Bügeleisen steht: »Kleidung nicht am Körper bügeln.« Auf der Erdnussverpackung heißt es:»Kann Spuren von Nüssen enthalten.« Die Verpackung der Weihnachtskerze aus Asien informiert:»Achtung! Slippel A kaum abbiegen und verklappen in Gegenslippel B fuer Illumination von GWK 9091.« Auch der Bayerische Verwaltungsgerichtshof machte sich unlängst um den Trottelbürger verdient. Die Richter zwangen einen Seifenhersteller dazu, ein nach Erdbeere duftendes Duschgel vom Markt zu nehmen. Begründung: Unwissende Verbraucher könnten in Versuchung geraten, das Zeug zu trinken.

Die Regierung hält den Durchschnittskonsumenten für ein betreuungsbedürftiges Mängelwesen, das im Tarifdschungel von Stromversorgern, Handy-Anbietern und Fitnessstudios den Überblick verloren hat. Den Werbeversprechungen steht dieser arme Tropf ratlos gegenüber. Er kapituliert vor der Rabattschlacht im Einzelhandel und vor der Vielfalt am Joghurt-

Kühlregal. Der Supermarkt ist für ihn zu einem Ort geworden, an dem er belogen und ausgeplündert wird. Wie vergleichsweise gut haben es demnach die Verbraucher in Pjöngjang und Havanna! Wo die Regale leer sind, läuft auch keiner Gefahr, in die Konsumfalle zu tappen.

Der Koalitionsvertrag von Union und SPD gibt die neue Linie vor: »Unserer Politik liegt ein differenziertes Verbraucherbild zugrunde. Wo Verbraucher sich nicht selbst schützen können oder überfordert sind, muss der Staat Schutz und Vorsorge bieten.« Verbraucherschutzpolitik müsse sich statt am »mündigen« am »realen Verbraucher« ausrichten. In den Arbeitspapieren des Justizministeriums ist jetzt vom »vulnerablen« Konsumenten die Rede. In den aktuellen Leitlinien der SPD-Bundestagsfraktion steht: »Der stets informierte, immer rationale und selbstbestimmt handelnde Verbraucher existiert im Alltag nicht.« Es folgt eine 14-Punkte-Liste angeblich typischer Torheiten, von »verwendet Daumenregeln« über »verschiebt gerne Entscheidungen« und »überschätzt sich selbst« bis hin zu »irrt häufig«, »ist überlastet« und »lässt sich durch Emotionen leiten«.

Nicht einmal mehr die Verbraucherorganisationen trauen dem Verbraucher viel zu. Klaus Müller, der neue Chef des Verbraucherzentrale Bundesverbands, sagt: »Der mündige Bürger ist ein schönes Leitbild, aber leider keine Beschreibung der Realität.« Thilo Bode von der Organisation Foodwatch, die zuverlässig jedes Jahr zur Weihnachtszeit herausfindet, dass Spekulatius krebserregend sei, behauptet, dass sich der Verbraucher »systematisch in die Irre führen lässt«.

Die Politik glaubt, dass es den Verbrauchern besser geht, wenn sie sich der Sache annimmt. So setzt sie etwa eine Vorschrift in Kraft, wonach eine Kalbsleberwurst, die zwar Kalbfleisch, aber keine Kalbsleber enthält, jetzt »Kalbfleisch-Leberwurst« genannt werden muss. Die Bürokratie regelt bis ins kleinste Detail, wie Lebensmittel heißen dürfen, wie Zutaten und Inhaltsstoffe angegeben werden müssen und wie die Verpackung beschaffen sein soll. Allzu sparsam gefüllte Pralinenschachteln geißelt sie als Luftnummern und allzu üppig gefüllte als Dickmacher.

Jedes Produkt, das in Deutschland auf den Markt kommt, muss gleich mehrfach überprüft, untersucht und überwacht werden. Es gibt die »Sonderdienste Produktsicherheit« bei den Regierungspräsidenten in einigen Bundesländern, die Landesanstalt für Umwelt, Messungen und Naturschutz Baden-Württemberg (LUBW), das Bundesamt für Risikobewertung (BfR), das Bundesamt für Verbraucherschutz und Lebensmittelsicherheit (BVL) und die Bundesanstalt für Arbeitsschutz und Arbeitsmedizin (BAuA).

Im Prinzip ist das gut, doch in der Praxis wissen die Behörden leider selbst nicht so genau, wer für was zuständig ist, wie sich zuletzt beim Kompetenzwirrwarr in der Ehec-Krise gezeigt hat. In Nordrhein-Westfalen, in Bayern und im Saarland rieten damals die Behörden, Rohkost vom Speiseplan zu streichen. Bundesweit hingegen wurde lediglich vor dem Verzehr von Tomaten, Gurken und Blattsalaten gewarnt. Verbraucherschützer in Berlin erfuhren von den ersten Krankheitsfällen nicht etwa von ihren Verbraucherschützerkollegen in Hamburg, wo die Krise ihren Anfang genommen hatte, sondern von anrufenden Journalisten. Und während das staatliche Robert Koch-Institut noch mit Analysen beschäftigt war, preschten einige Landesminister bereits mit Krisenplänen voran, die sie allerdings mit niemandem abgesprochen hatten, auch nicht mit dem damaligen EU-Gesundheitskommissar John Dalli, der ausdrücklich um Zusammenarbeit gebeten hatte. Den Schaden hatten am Ende die Bürger und Verbraucher, aber auch viele unschuldige Bauern, Hersteller und Händler. Die Suche nach dem Ursprung des Erregers dauerte länger als nötig. Die Umsätze bei Obst und Gemüse gingen derweil um bis zu 40 Prozent zurück.

Mehr ist mehr!

Im Jahr 2000 veröffentlichte die amerikanische Psychologin Sheena Iyengar eine Studie, die das Leitbild vom mündigen Verbraucher schwer erschütterte – und auf die sich Politiker heute gerne berufen, wenn sie den Konsumenten vor sich selbst beschützen wollen. Es geht um die Frage, ob ein möglichst vielfältiges Angebot den Konsumenten nutzt – oder ob es ihnen schadet. Iyengar und ihre Mitarbeiter hatten vor einem Supermarkt im kalifornischen Menlo Park einen Reklamestand mit Marmeladensorten der Edelmarke »Wilkin & Sons« aufgebaut. Wer probierte, bekam einen Rabattgutschein für den Kauf eines Glases im Wert von einem Dollar. Im ersten Teil des Experiments standen 24 verschiedene Marmeladensorten am Probierstand und im Laden zur Auswahl, im zweiten Teil nur sechs Sorten. Iyengar und ihre Helfer wollten, abhängig von der Zahl der angebotenen Marmeladensorten, zwei Dinge herausfinden. Wie viele Kunden möchten eine Marmelade probieren? Und wie viele Kunden kaufen anschließend ein Glas?

Es zeigte sich, dass bei sechs angebotenen Marmeladensorten 40 Prozent der Passanten probierten, bei 24 Marmeladensorten hingegen etwa 60 Prozent. Je größer die Auswahl, desto größer war die Freude am Ausprobieren. Die Vielfalt wirkte anziehend.

Doch im Supermarkt selbst drehte sich das Verhältnis erstaunlicherweise um. Bei großer Auswahl entschieden sich nur drei Prozent für den Kauf eines Marmeladenglases, bei kleiner Auswahl hingegen 30 Prozent. Iyengar zog daraus den Schluss, dass die Konsumenten vor dem allzu üppigen Warenangebot kapituliert hatten. Den ökonomischen Grundsatz, wonach mehr Auswahl im Normalfall auch mehr Nutzen verspricht, stellte sie damit auf den Kopf. Zu große Auswahl führe zum *Choice Overload*.

Iyengars vielzitierte Studie dürfte wesentlich dazu beigetragen haben, dass sich die Bundesregierung in dieser Legislaturperiode vom Leitbild des mündigen Verbrauchers verabschiedet hat. Stattdessen spricht der zuständige Minister Heiko Maas nun vom »verletzlichen Verbraucher, der mit der Angebotsvielfalt und -unübersichtlichkeit überfordert ist«: Man dürfe ihn mit komplizierten Entscheidungen nicht alleinlassen. Die Regierung sieht großen Regulierungsbedarf in diesem Bereich. Spitzenministeriale denken etwa darüber nach, das Angebot an Geldanlagemöglichkeiten durch staatliche Vorauswahl auf eine möglichst überschaubare Zahl zu verringern.

Doch was ist wirklich dran an der Theorie vom *Choice Overload,* der angeblichen »Qual der Wahl«? Sind wir Verbraucher tatsächlich überfordert von den Auswahlmöglichkeiten der modernen Konsumwelt? Macht es uns fertig, wenn wir uns am Kühlregal zwischen 60 verschiedenen Joghurtsorten in jeweils drei Fettstufen mit und ohne Knusperflocken entscheiden müssen? Geht es uns wie dem sprichwörtlichen Esel, der so lange unschlüssig zwischen zwei Heuhaufen hin- und herschwankt, bis er schließlich verhungert?

So plausibel die Theorie vom *Choice Overload* klingt: Sie stimmt nicht, wie jüngere Forschungen nahelegen. Bei einer Meta-Analyse der Universität Basel kam heraus, dass bei 50 vergleichbaren Studien die Ergebnisse stark voneinander abwichen. Als etwa Wirtschaftspsychologen in Berlin versuchten, das kalifornische Marmeladen-Experiment vor dem Kaufhaus Galeries Lafayette zu wiederholen, kam das Gegenteil heraus. Bei großer Auswahl entschieden sich auch mehr Kunden zum Kauf eines Marmeladenglases. Auch als die Marmeladengläser durch Schokolade und Kaubonbons ersetzt wurden, blieb es dabei: Je größer die Auswahl war, desto mehr wurde auch gekauft. In anderen Versuchen ergab sich kein Unterschied. »Der mittlere Effekt über alle Studien ist gleich null«, so das Fazit.

Verbraucherpolitiker sollten sich die Meta-Studie sorgfältig durchlesen. Sie zeigt, dass das neue regierungsamtliche Leitbild vom unmündigen, verletzlichen Verbraucher an dieser Stelle auf einer falschen oder zumindest fragwürdigen Theorie beruht. Deshalb Schluss mit dem Gerede vom *Choice Overload:* Mehr ist mehr! Es ist eben nicht im Sinne des Verbrauchers, dass die Politik das Warenangebot beschränkt mit der Behauptung, sie befreie ihn von der Qual der Wahl.

Es ist nicht Sache des Staates, das Warenangebot einzugrenzen. So viele Verbraucher es gibt, so verschieden sind auch die Geschmäcker. Die Vielfalt der Nachfrage wiederum erzeugt ein vielfältiges Angebot. Hochwertige Produkte, technische Innovation und niedrige Preise können von der Politik nicht verordnet werden. Sie entstehen vielmehr durch die Kreativität von Unternehmen, die sich im Konkurrenzkampf bewähren müssen. Ein Unternehmen, das die Wünsche seiner Kunden ignoriert, ihnen minderwertige oder überteuerte Ware andreht und sich bei berechtigten Reklamationen stur stellt, wird in einer Wettbewerbsordnung nicht überleben. So etwas können sich nur Monopolisten erlauben. Der beste Verbraucherschutz ist deshalb: Wettbewerb.

Wenn Verbraucherschutz den Verbrauchern schadet

Es ist gut, wenn Verbraucher Informationen aus vertrauenswürdiger Quelle bekommen, etwa von den Verbraucherzentralen oder der Stiftung Warentest. Wir können froh sein, dass es diese Institution gibt. Wenn es darum geht, Geschäftemacher zu enttarnen, unsere Datensicherheit im Internet zu verteidigen und sich wegen der steigenden Strompreise mit der Regierung anzulegen, ist auf die Verbraucherzentralen Verlass. Gerade bei komplexen Produkten, bei denen auch der mündigste Konsument nicht weiß, ob er den Herstellerangaben trauen kann, leisten sie wertvolle Aufklärungsarbeit. Etwa 70 Millionen Euro öffentliche Fördermittel im Jahr bekommen die Verbraucherzentralen; das Geld ist gut angelegt.

Allerdings stecken die Verbraucherschützer in einer gewissen Legitimationskrise. Sie selbst teilen ihre Klientel in drei Gruppen ein: verantwortliche Verbraucher (10 Prozent), vertrauende Verbraucher (80 Prozent) und verletzliche Verbraucher (10 Prozent). Der »verantwortliche Verbraucher« vergleicht Preise, studiert sorgsam alle Verpackungsangaben und ist natürlich Abonnent der einschlägigen Ratgeberzeitschriften von »Finanztest« bis »Guter Rat«. Der »vertrauende Verbraucher« hingegen trifft viele Konsumentscheidungen aus Gewohnheit oder aus einem Bauchgefühl heraus. Er vergleicht ebenfalls Angebote, geht aber nicht davon aus, dass man ihn übervorteilen will. Der »verletzliche Verbraucher« schließlich kommt schon mal auf die Idee, dass Fanta-Limonade gesund ist, weil sie ja Obst enthält. Er ist es, der auf Schutz angewiesen wäre. Doch bedauerlicherweise interessiert er sich nicht so sehr für die Ratschläge der Verbraucherschützer. Das Beratungsangebot geht ins Leere. Stattdessen werden Verbraucherzentralen von jenen oberen zehn Prozent Schlaumeiern in Beschlag genommen, die sie eigentlich am wenigsten brauchen, ein unbefriedigender Zustand.

Verbraucherschützer können sich auch irren. Die Stiftung Warentest, 2014 wurde sie 50 Jahre alt, warnte kürzlich davor, dass Elektrofahrräder »elektromagnetischen Schmutz« verursachten und den Funkverkehr der Polizei störten. Falsch, sagt dazu die zuständige Bundesnetzagentur. Es gebe keinen Hinweis darauf, dass Elektrofahrräder gefährliche Strahlung verursachen. Mindestens übertrieben war auch die Panikmache der Stiftung Warentest vor Mineralöl in Adventskalenderschokolade. Das Bundesinstitut für Risikobewertung urteilte: Kein Grund zur Besorgnis.

Damit Banken und Sparkasse bei der Geldanlage nicht nur über Chancen, sondern auch über Risiken aufklären, haben die

Verbraucherzentralen jahrelang für die Einführung eines Beratungsprotokolls gekämpft. 2010 gab die Bundesregierung ihrem Drängen nach. Seither muss jeder Bankberater seinen Kunden fragen, wie hoch sein verfügbares Einkommen ist, welches Risiko er eingehen will und welche Erfahrungen er mit Geldanlagen bereits gemacht hat. Alle Details sind schriftlich festzuhalten. Der Kunde quittiert mit seiner Unterschrift. Das Pflichtprotokoll war zum Nutzen der Verbraucher gedacht, immerhin ist Geldanlage ein kompliziertes Thema. Die Verbraucher sind hier strukturell im Nachteil. Die Bank weiß über die möglichen Risiken in der Regel besser Bescheid als der Kunde, hat aber kein allzu großes Interesse, ihm diese freiwillig auf die Nase zu binden. Das Pflichtprotokoll sollte den Verbraucher davor bewahren, übers Ohr gehauen zu werden.

Doch es kam anders. Nicht die Anleger werden nun vor den Banken geschützt, sondern die Banken vor den Anlegern. Um juristisch auf der sicheren Seite zu sein, haben einige Kreditinstitute die Beratung ganz eingestellt. Andere wiederum setzten die detailfreudigen Vorgaben des Gesetzgebers zum Beratungsprotokoll so buchstabengetreu um, dass ein juristischer Laie nun gar nichts mehr versteht. Doch das Kauderwelsch hilft den Anlageberatern, sich gegen Schadensersatzprozesse abzusichern, die sie früher, ohne Protokoll, womöglich verloren hätten. Der Kunde hat ja unterschrieben, dass er über die Risiken aufgeklärt wurde. Selbst schuld, wenn's schiefgeht!

Der Deutsche Richtertag warnte schon 2011 davor, dass sich allzu umfangreiche Belehrungspflichten zum Nachteil des Verbrauchers auswirken könnten: Die Kunden tappten in eine Art Komplexitätsfalle. Kein normaler Mensch sei noch in der Lage, die Allgemeinen Geschäftsbedingungen zu lesen und zu verstehen, die ihm, ob beim Handyvertrag oder bei Internetgeschäften, neuerdings untergeschoben würden. Die britische Deregulierungskommission Better Regulation Executive und der britische Verbraucherverband National Consumer Council veröffentlichten 2007 sogar eine Studie mit dem Titel:»Achtung! Zu viel Information kann schädlich sein.«Der Ökonomie-Nobel-preisträger und Psychologe Herbert Simon drückte es einmal so aus:»Information verbraucht die Aufmerksamkeit ihrer Empfänger. Deshalb erzeugt der Reichtum an Information Armut an Aufmerksamkeit.«

Allzu simpel darf die Beratung des Verbrauchers aber auch nicht sein, denn dann wird sie der Wirklichkeit nicht gerecht. Einige Politiker von SPD und Grünen fordern, Lebensmittel mit Ampelfarben zu kennzeichnen. Gesunde Nahrung soll auf der Verpackung eine grüne Ampel tragen, allzu Süßes, Salziges oder Fettes dagegen eine rote Ampel. Der Vorschlag klingt überzeugend einfach. Doch tatsächlich würde eine solche Regelung den Verbraucher womöglich in die Irre führen. Orangensaft würde mit einer roten Ampel als ungesund klassifiziert: zu viel Zucker. Vollkornbrot: zu viel Salz. Und beim kaltgepressten Olivenöl aus dem Bioladen wäre ebenfalls eine rote Ampel auf dem Etikett: zu viel Fett.

Und was ist eigentlich mit den Rechten des mündigen Verbrauchers? Wenn früher ein gelernter Kfz-Mechaniker ein gebrauchtes Auto beim Händler kaufte, verzichtete er normalerweise auf die üblichen Garantien und Gewährleistungen. Er kannte sich ja selbst mit Reparaturen aus. Im Gegenzug bekam er vom Händler Rabatt. Es war ein Arrangement, von dem beide Seiten profitierten. Heute ließe sich ein solcher Deal nur noch mit Tricks einfädeln. Wenn es sich nicht gerade um einen Privatverkauf bei Ebay handelt, sind Garantieansprüche und Gewährleistungen nicht mehr verhandelbar. Um den ahnungslosen Verbraucher zu schützen, hat der Gesetzgeber die Fähigkeit zur Selbstbindung eingeschränkt. Dass es auch Kunden gibt, die den Schutz des Staates nicht brauchen, spielt keine Rolle: Der mündige Bürger ist hier bereits abgeschafft.

Zockerverbot

Sie wollen Ihr Geld anlegen: Wie viel Zinsen hätten Sie denn
gern? Fünf Prozent? 50 Prozent? 5000 Prozent? Auf dem grauen
Kapitalmarkt ist alles möglich, die Auswahl ist praktisch grenzenlos: Unternehmensbeteiligungen und Genussrechte, Schuld-
verschreibungen und Termingeschäfte, Seed Capital und Crowd-
funding. Sie können in Internet-Start-ups investieren oder Ihr
Geld den Betreibern einer Goldmine geben. Nur eines sollten
Sie nicht tun: Darauf vertrauen, dass Sie Ihr Geld jemals wie-
dersehen werden.

Je mehr Zinsen man Ihnen verspricht, desto größer ist die
Gefahr, dass Sie alles verlieren werden. Gerade in der letzten
Zeit haben viele Anleger diese schmerzliche Erfahrung gemacht.
Die sogenannten Genussscheine der Windenergiefirma Prokon,
eine besonders riskante Anlageform, wurden durch die Pleite der
Firma über Nacht entwertet. Auch von der Immobilienfirma S&K
ist nicht mehr viel übrig, dabei hatten ihre Besitzer immer mit
ihren Nobelautos angegeben. Doch die Porsches und Maseratis,
mit denen die Firmenchefs bei ihren Betriebspartys prahlten, sind
nun Teil der kargen Konkursmasse, und das Geld der Menschen,
die in die Firma investiert haben, ist verschwunden.

Der graue Kapitalmarkt ist in Deutschland bislang kaum reguliert. Die staatliche Bankenaufsicht Bafin prüft nur, ob ein Prospekt
etwa für Genussscheine oder Fondsanteile vollständig ist und den
gesetzlichen Mindestanforderungen genügt. Sie überprüft nicht,
ob das Angebot seriös und alle Angaben solide sind. Die Bafin
warnt deshalb ausdrücklich davor, die Risiken des grauen Kapi-
talmarkts zu unterschätzen. Vor kurzem gab sie eigens eine Broschüre zum Thema heraus: »Grauer Markt und schwarze Schafe«.

Die Anleger sind also hinreichend gewarnt. Dennoch denken
Politiker der Großen Koalition und einige Verbraucherschützer
darüber nach, den Bürger beim Thema Geldanlage künftig stärker

vor sich selber zu behüten. Ein »Maßnahmenpaket zur Verbesserung des Schutzes von Kleinanlegern« soll verhindern, dass Finanzprodukte systematisch an Anleger vertrieben werden, für die sie sich »objektiv nicht eignen«. So steht es wörtlich im Papier des zuständigen Justiz- und Verbraucherschutzministeriums. Zudem will die Große Koalition vorschreiben, in welchen Medien für welche Formen der Geldanlage noch geworben werden darf. Die Windkraftfirma Prokon etwa warb früher mit Plakaten in der Berliner U-Bahn; das wäre künftig dann wohl verboten.

»Objektiv nicht eignen«: Was mag mit dieser Formulierung nur gemeint sein? Nach welchen Kriterien will der Staat künftig entscheiden, welcher Bürger intellektuell imstande ist, seine Finanzen selbst zu ordnen? Und was wird aus Menschen, die die Eignungskriterien nicht erfüllen? Soll für sie etwa der Staat die Gelddinge regeln? Wird er ihnen dann eine Art Taschengeld auszahlen?

Einige Anlageformen sollen sogar verboten werden, um den Bürger zu schützen. Das ist insofern verlogen, als der graue Kapitalmarkt seine Existenz der staatlichen Regulierung verdankt. Weil der Staat wollte und zum Teil immer noch will, dass privates Geld in ostdeutsche Immobilien, den Schiffsbau oder die Produktion von Kinofilmen fließt, hat er sich Abschreibemöglichkeiten, Verlustvorträge und viele Steuerprivilegien ausgedacht. Daraus entstand ein Markt für waghalsige Anlageformen, die mit normalem Renditekalkül nicht zu begreifen sind.

Doch der graue Kapitalmarkt erfüllt auch eine wichtige und erhaltenswerte Funktion. Er verhilft Unternehmen und Existenzgründern zu Startkapital, die zwar eine gute Geschäftsidee haben, aber trotzdem kein Geld von ihrer übervorsichtigen Bank bekommen. Und was stört die Politik eigentlich daran, dass es Menschen gibt, die ihr Geld mit riskanten Unternehmenswetten aufs Spiel setzen wollen? Sind Zocker etwa schutzbedürftige Wesen? Jeder Prokon-Anleger konnte schon Monate vor der

Pleite überall lesen, dass sein Geld in Gefahr war. Jede Wirtschaftsredaktion, die Stiftung Warentest und insbesondere die Verbraucherzentralen hatten immer wieder vor dem Unternehmen gewarnt. Dass einige Zehntausend Investoren sich dennoch nicht abschrecken ließen, lag schlicht daran, dass Prokon eine Verzinsung von etwa acht Prozent versprach – ein sehr attraktives Angebot in einer Zeit der Banken- und Finanzkrise, in der Festgeldkonten nicht mal ein Prozent Zinsen brachten. Wer sein Geld auf den grauen Kapitalmarkt trägt anstatt zum Festgeldkonto seiner Sparkasse, weiß, was er tut. Und falls nicht, ist ihm nicht zu helfen.

Werbeverbote

Die Werbefirma Ströer, Spezialität Leuchtreklame, hat eine Abmachung mit dem Berliner Bezirk Friedrichshain-Kreuzberg. Ströer hält Brunnen und öffentlichen Toiletten instand, ein Sponsoring im Wert von 240 000 Euro im Jahr. Im Gegenzug darf die Firma auf Flächen, die dem Bezirk gehören, insgesamt vier Reklametafeln aufstellen. Es ist ein Arrangement zum beiderseitigen Nutzen, doch leider könnte es damit demnächst vorbei sein. Eine von den Grünen unterstützte Anti-Werbungs-Initiative hat der Leuchtreklame den Kampf angesagt; sie will Friedrichshain-Kreuzberg vom Kommerz befreien. Der Kiez soll möglichst anzeigenfrei werden. Werbung nerve und schaffe künstliche Konsumbedürfnisse. Viele Anzeigenmotive seien rassistisch, sexistisch oder sogar beides zusammen.

Die Initiative hat gute Chancen, das Reklameverbot durchzusetzen. Die Grünen sind in Friedrichshain-Kreuzberg die stärkste Fraktion, auch Linkspartei und Piraten unterstützen den Plan. Der erste Schritt ist schon gemacht. Seit einiger Zeit darf auf den vom Bezirk verwalteten Werbeflächen nicht mehr für Alkohol oder Zigaretten geworben werden; der Einfluss auf die Konsumgewohnheiten vor Ort hält sich freilich in Grenzen. Auch »sexistische Werbung« ist in Friedrichshain-Kreuzberg schon seit Anfang 2014 untersagt. Eine mit öffentlichen Geldern finanzierte »Werbewatchgroup« soll fallweise entscheiden, ob und mit welchen Motiven die Werbetafeln überhaupt noch bestückt werden dürfen; eine Liste möglicher Jurymitglieder wird von den Parteien gerade zusammengestellt.

Die Werbewirtschaft zählt zu den Branchen, die von fürsorglichen Politikern besonders argwöhnisch beäugt wird: Werbung ist Verführung, und Verführung bedeutet Gefahr. Der Europäische Wirtschafts- und Sozialausschuss warnt: »Generell beeinflusst eine bestimmte Art von Werbung aufgrund ihrer besonders gewalttätigen, rassistischen, fremdenfeindlichen, erotischen oder pornografischen Inhalte die körperliche, geistige, moralische und staatsbürgerliche Entwicklung auf mitunter irreversible Weise und führt zu gewalttätigem Verhalten und einer frühzeitigen Erotisierung.«

Schon die marxistisch geprägten Soziologen der Frankfurter Schule Adorno und Horkheimer behaupteten, der Bürger werde durch die Kultur- und Werbeindustrie in einem »Zirkel von Manipulation und rückwirkendem Bedürfnis« gefangen gehalten. Werbung sei die »Pest der Kommerzgesellschaft«, schreibt der Literaturwissenschaftler Ludger Lütkehaus. Ein Klassiker der Werbekritik ist Vance Packards Bestseller »Die geheimen Verführer« aus dem Jahr 1957. Packard enthüllte, dass die Werbeindustrie millisekundenkurze Bilder in das laufende Fernseh- und Kinoprogramm einblendet, um die Zuschauer unterschwellig zu beeinflussen, und berief sich dabei auf einen angeblichen Insider. Zwar stellte sich dessen Story einige Zeit später als frei erfunden heraus, doch da hatte sie längst Eingang in die pädagogische Allgemeinbildung gefunden.

Der Zentralverbands der deutschen Werbewirtschaft (ZAW) hat einmal nachgezählt: Seit den siebziger Jahren gab es mindestens 22 europäische Richtlinien und vier Verordnungen, die das Ziel verfolgten, kommerzielle Werbung in ein immer engeres Korsett aus Ge- und Verboten zu zwingen. Viele Unternehmen fragen sich inzwischen, wie sie es überhaupt noch auf legalem Wege schaffen sollen, ihre Produkte einer größeren Öffentlichkeit bekannt zu machen.

Nun bin ich als Angestellter eines Verlages, der einen Teil seines Geldes mit Anzeigen erwirtschaftet, beim Thema Werbung nicht neutral, sondern befangen; ich gebe es zu. Doch es kommt einem schon etwas seltsam vor, dass eine Branche, die die Menschen eigentlich zum Kaufen animieren will, nun auf Abschreckung hinarbeiten soll. In vielen Anzeigen wimmelt es bereits vor Warnhinweisen, Beschränkungen und Fürsorgebotschaften:»Glücksspiel kann süchtig machen!«»Zu Risiken und Nebenwirkungen fragen Sie Ihren Arzt oder Apotheker.«»Kein Alkohol während der Schwangerschaft!«»Rauchen tötet!«

Die Anti-Rauch- und Anti-Alkohol-Kampagnen erinnern inzwischen stark an die Schockpädagogik vergangener Jahrhunderte; der»Struwwelpeter« lässt grüßen. Etwa die Hälfte der Zigarettenschachtel auf Vorder- und Rückseite muss mit Warnhinweisen bedruckt sein. Demnächst kommen noch medizinische Bilder von zerfressenen Lungen und Raucherzähnen hinzu. Auch die Einführung von *Plain Packing,* schlammfarbene Einheitsverpackungen ohne Markenlogo, wird debattiert.

Der Frauenausschuss des Europaparlaments verabschiedete Anfang 2013 ein Papier zur Abschaffung »geschlechterspezifischer Klischees« in den Medien. Frauen dürften in der Öffentlichkeit weder als Lustobjekt noch als Heimchen am Herd dargestellt werden. Artikel 17 des Papiers forderte ein»Verbot von jeglicher Form der Pornografie in den Medien«; über Bestseller wie»Feuchtgebiete« und»Shades of Grey« dürfte in der Publikumspresse demnach künftig wohl nicht mehr berichtet werden.

Auch Lebensmittelwerbung wird immer stärker reguliert. Weil die Politik davon ausgeht, dass die Bürger alles für bare Münze nehmen, was ihnen die Reklame verspricht, legt die europäische *Health Claims*-Verordnung neue, noch strengere Regeln für Werbeversprechungen fest. Gesundheitsbezogene Angaben auf Lebensmittelverpackungen sind nur erlaubt, wenn sie auf einer von der EU abgesegneten Positivliste stehen. Bei probiotischen Joghurts darf man nur noch schreiben, dass die »Verdauung der im Produkt enthaltenen Laktose durch Lebendkulturen in Joghurt oder fermentierter Milch bei Personen, die Probleme mit der Laktoseverdauung haben, verbessert wird«. Und für Mineralwasser-Reklame lautet der Formulierungsvorschlag der Bürokraten so: »Wasser trägt zur Erhaltung normaler körperlicher und kognitiver Funktionen bei.« Die *Health Claims*-Verordnung stellt letztlich die Lebensmittelwerbung unter Erlaubnisvorbehalt. Früher war alles erlaubt, was nicht ausdrücklich verboten war. Heute ist alles verboten, was nicht ausdrücklich erlaubt ist. Geht es nach der EU, könnte es solche Positivlisten demnächst auch für andere Warengruppen geben, etwa Kosmetika.

Nun ahnen wir Verbraucher, dass Werbung mit Suggestion arbeitet. Wir wissen, dass man nicht alles wortwörtlich nehmen darf, was die Reklame verspricht. Nur die wenigsten von uns sind so schön wie George Clooney oder Heidi Klum. Trotzdem stört es uns nicht, wenn in der Werbung Menschen auftauchen, die besser aussehen als wir. Im Gegenteil: Wir erwarten es sogar. Es zählt der schöne Schein. Wir wollen auf glamouröse Weise betrogen werden. Die Redaktion der Frauenzeitschrift »Brigitte« hat auf ihren Modeseiten drei Jahre lang versucht, ohne professionelle Models auszukommen. Ganz normale Frauen sollten die Kleidung präsentieren, denn die Leserin möchte »keine Kleiderständer und Hungerhaken sehen, sondern sich mit echten Frauen identifizieren«, so der damalige Chefredakteur Andreas Lebert. Doch es hat nicht funktioniert. Die »Brigitte«-Leserinnen wollten erst recht keine normalen Frauen sehen, so aufwendig sie auch herausgeputzt waren. Seit Ende 2012 setzt »Brigitte« deshalb wieder auf Profi-Models.

Es ist auch ein Irrtum zu glauben, wir Verbraucher würden von Warnhinweisen abgeschreckt. Kein Spielsüchtiger wird geläutert die Lotto-Annahmestelle verlassen, weil dort ein Warnhinweis der Bundeszentrale für gesundheitliche Aufklärung an der Wand hängt. Welcher Politiker ist ernsthaft der Ansicht, dass sich Raucher von Fotos abschrecken lassen, nachdem sie alle anderen Warnhinweise erfolgreich ignorieren?

Wissenschaftler am Institut für Theorie und Praxis der Kommunikation an der Universität der Künste Berlin haben untersucht, wie Menschen auf Schockkampagnen reagieren. In einem zum Kinosaal umgebauten Labor führten sie Anti-Tabak-Filme vor. Sie maßen die Herzfrequenz der Probanden und deren elektro-dermatische Aktivität, beobachteten Augen- und Körperbewegungen und führten anschließend ein ausführliches Gespräch. Dabei kam heraus, dass die Raucher unter den Testteilnehmern völlig unbeeindruckt waren. Sie relativierten und leugneten die gezeigten Warnhinweise und werteten die Filme herab.

Es kommt sogar vor, dass Schockkampagnen das Gegenteil des Erwünschten bewirken. Anstatt abzuschrecken, ziehen sie uns magisch an. Die verbotenen Früchte kommen uns besonders süß vor. Der Warnhinweis »Die nun folgende Sendung ist für Zuschauer unter 16 Jahren nicht geeignet« verbessert die Quote im Spätprogramm. Der *Parental Advisory*-Sticker auf einem Musikalbum steigert die CD-Verkäufe.

Es drängt sich der Verdacht auf, dass Politiker mit Werberestriktionen in Wahrheit ganz andere Ziele verfolgen als den Schutz des Verbrauchers. Werbeverbote sind politische Statements. Es handelt sich um Kulturkritik, glaubt der Berliner Kommunikationswissenschaftler Jürgen Schulz. Dass auf den Leuchtreklametafeln der Firma Ströer in Friedrichshain-Kreuzberg nach dem Verbot von Zigaretten- und Alkohol-Werbung jetzt auch keine Geschlechterstereotype – was immer damit gemeint sein mag – gezeigt werden dürfen, wird das Verbrauchsverhalten der Menschen vor Ort kaum verändern. Doch darum geht es den verantwortlichen Politikern im Bezirksrathaus auch nicht. Ihnen kommt es darauf an, ein feministisches und konsumkritisches Symbol zu setzen.

Der Schutz des mündigen Verbrauchers vor dem Staat

Verbraucherpolitiker sehen ihre Aufgabe bislang darin, den unmündigen Verbraucher vor der bösen Wirtschaft zu schützen. Es ist höchste Zeit, dass die Verbraucherpolitik ihren Zuständigkeitsbereich erweitert. Es gehört auch zu ihren Aufgaben, den mündigen Verbraucher vor einem übergriffigen Staat zu schützen.

Vieles, was im Namen des Verbraucherschutzes daherkommt, dient in Wahrheit der Sanktionierung politisch unerwünschter Einkaufs- und Verhaltensgewohnheiten: Aus Otto Normalverbraucher soll gefälligst Otto Moralverbraucher werden. In einem Strategiepapier der EU-Kommission ist davon die Rede, die Gewohnheiten bei Konsum und Produktion müssten »geändert werden«. Das Ziel sei der »Umbau der Gesellschaft«. Die Konsumenten werden für unfähig gehalten, nachhaltige, ökologisch korrekte und finanziell vorteilhafte Einkaufsentscheidungen zu treffen, weshalb der Staat ihnen die Entscheidung gleich ganz aus der Hand nehmen will. Genehmes Konsumverhalten wird per Gesetz erzwungen.

Doch der Verbraucher ist kein Hanswurst. Wer die Konsumenten manipuliert, verändert letztlich den ganzen Markt. »Die wahren Herrscher im kapitalistischen System der Marktwirtschaft sind die Verbraucher«, schrieb der Ökonom Ludwig von

Mises: »Sie entscheiden – indem sie kaufen oder von einem Kauf absehen –, wer Kapital besitzen und wer die Fabriken leiten soll. Sie legen fest, was und in welcher Menge und Qualität produziert werden soll. Ihre Ansichten bestimmen Gewinn oder Verlust des Unternehmers. Sie machen Arme reich und Reiche arm. Sie sind keine einfachen Bosse. Sie sind voller Launen und wunderlicher Einfälle, wechselhaft und unberechenbar. Sie kümmern sich kein bisschen um frühere Verdienste. Und nichts bedeutet ihnen mehr als eigene Zufriedenheit.«

Es braucht schon sehr gute Gründe, die Bürger zum Kauf von Produkten zu drängen, die sie sich selbst nicht ausgesucht hätten. Wer den Markt verändert, sollte sich über die Gemeinwohldienlichkeit seiner Entscheidung sicher sein. Bloße Vermutungen reichen hier nicht. Energiesparlampe und Biosprit zeigen, dass es die Politiker und Bürokraten eben oft nicht besser wissen als wir.

Die Frage, welches Verbraucherbild vorherrscht, ist für die Praxis von großer Bedeutung. Es macht einen erheblichen Unterschied, ob eine Gesellschaft vom »aufmerksamen und verständigen Verbraucher« ausgeht, wie es der Europäische Gerichtshof in der Regel immer noch tut, oder ob sie, wie der zuständige Bundesminister in Deutschland, auf den »verletzlichen Verbraucher« abstellt.

Eine Gesetzgebung, die den hilfs- und betreuungsbedürftigen Verbraucher zur Norm erklärt, führt zu mehr Bürokratie, höheren Preisen, weniger Wettbewerb, weniger Auswahl und schließlich zur selbsterfüllenden Prophezeiung. Ein Verbraucherschutzminister, der sich vom Leitbild des mündigen Verbrauchers verabschiedet, will uns für dümmer verkaufen, als wir sind.

Helikoptereltern im Nannystaat

In der Nachbarschaft hat ein neuer Spielplatz eröffnet. Die Kinder aus dem Viertel freuen sich sehr. Im Interesse der Sicherheit müssen sie sich allerdings an ein paar Regeln halten. Ballspielen: verboten. Kinder unter sechs Jahre: verboten. Kinder über 14 Jahre: verboten. Spielen vor 8 Uhr: verboten. Spielen zwischen 13 und 15 Uhr: verboten. Spielen nach 20 Uhr: verboten. Das Benutzen der Spielgeräte auf eine nicht zulässige Weise: verboten. Fahrrad fahren: verboten. Roller fahren: verboten. Skateboard fahren: verboten. Aber sonst, liebe Mädchen und Jungen, spielt schön und amüsiert euch gut!

Nun sind Kinder daran gewöhnt, von tyrannischen Diktatoren in ihren Persönlichkeitsrechten beschnitten zu werden; sie nennen sie »Papa« und »Mama«. Doch während frühere Generationen nach den Hausaufgaben nach draußen gelassen wurden, um wenigstens den Nachmittag in Freiheit zu verbringen, haben viele Kinder von heute gar keinen Auslauf mehr. Außer, wir überbesorgten Eltern gehen mit. Auf dem Spielplatz belegen wir die Sitzbank gleich neben ihrer Buddelkiste. Bevor wir sie auf die Schaukel lassen, kontrollieren wir, ob Seile und Sitzbrett auch wirklich stabil genug sind.

Der Bewegungsradius unserer Kinder schrumpft auf die Größe ihrer Kinderzimmer. Von den Sieben- bis Zehnjährigen geht nur jeder Zweite allein zur Schule; Anfang der siebziger Jahre waren es noch 90 Prozent. Es gibt in der Altersgruppe zwischen zwei und fünf Jahren mehr Kinder, die ein Smartphone bedienen können, als es Schwimmer oder Fahrradfahrer gibt. »Prinzessinnen-Syndrom«, nennt es Josef Kraus, der Vorsitzende des Lehrerverbandes, wenn in seiner Schule eine verzweifelte Siebtklässlerin zum Handy greift, um Mama anzurufen, sie möge doch bitte die Trinkflasche vorbeibringen, sie habe Durst.

Fragen Sie sich selbst: Wann haben Sie Ihr Kind zum ersten Mal ohne Begleitung zum Sporttraining gehen lassen? Durfte es schon mal alleine zum Bäcker, Brötchen einkaufen? Ertragen Sie es, wenn Ihr Kind mit Freunden auf dem Spielplatz um die Ecke ist, und Sie stellen fest, dass es sein Handy zu Hause vergessen hat? Und wieso hat Ihr Kind überhaupt schon ein Handy?

Der Journalist Marc Baumann hat für eine Geschichte im Magazin der »Süddeutschen Zeitung« einen Tag lang jedes Wort aufgenommen, das er zu seiner kleinen Tochter sagte. Das klang dann so:»Nein, es ist noch keine Aufstehzeit.«»Halt, das ist zu viel Marmelade.«»Stopp, schaukel nicht so wild.« Fast 50 Neins kamen im Laufe des Tages zusammen,»ein ganzes Tonband voller Verbote«, wie Baumann beim Abhören mit Erschrecken feststellte.

Doch wir können unsere Kinder nicht gegen alle Risiken abschirmen – und wir sollten es auch gar nicht erst versuchen. Gute Eltern zeichnen sich nicht dadurch aus, dass sie ihre Kinder keinen Moment aus den Augen lassen, sondern dadurch, dass sie ihren Kindern den Weg in die Selbstständigkeit eröffnen. Glauben Sie wirklich, Sie könnten Ihr Kind vor einem Sturz bewahren, wenn Sie sich auf dem Spielplatz ständig in seiner Nähe aufhalten? Das Gegenteil ist der Fall, wie ich aus jahrelanger Erfahrung zu berichten weiß. Kein noch so aufmerksamer Vater ist in der Lage, jeden Fehltritt eines Dreijährigen aufzufangen. Und so purzelt der Kleine dann ungebremst vom Klettergerüst, weil er ja nicht gelernt hat, sich selbst irgendwo festzuhalten.

Auch für Kinder gilt: Zu viel Sicherheit erzeugt Gefahr. Der Risikoforscher David Ball von der Middlesex University in London hat herausgefunden, dass die Verletzungsgefahr an Klettergeräten steigt, sobald darunter ein weicher, sturzdämpfender Bodenbelag verlegt wird. Armbrüche nehmen um etwa 20 Prozent zu.»Die wahrscheinlichste Erklärung dafür ist, dass Kinder die Dämpfung der Böden überschätzen und deshalb unvorsichtiger werden«, so Ball.

Doch was ist der Grund dafür, dass wir unseren Kindern immer weniger zutrauen? Ist es unsere Abstiegsangst in Zeiten der Globalisierung, warum wir unsere Kinder lieber zum Englischkurs schicken als zum Klettern in den Park? Führt der allgemeine Geburtenrückgang dazu, dass wir jedes Kind am liebsten in einem Safe einschließen würden?

Mein Verdacht ist, dass die Neigung des Staates, möglichst alle Lebensbereiche zu kontrollieren, auf uns Eltern abfärbt. Der Staat traut den Eltern nichts zu, die Eltern trauen den Kindern nichts zu und die Kinder misstrauen sich schließlich selbst. Immer häufiger vermitteln die Behörden den Eindruck, die Eltern seien mit der Erziehung ihrer Kinder überfordert. Übergewicht, Untergewicht, Schulversagen, mangelndes Selbstbewusstsein: Welchen Makel ein Kind auch haben mag, stets haftet den Eltern der Vorwurf an, pädagogische Versager zu sein.

Wie in vielen Kommunen bekommen junge Berliner Eltern kurz nach der Geburt ihres Kindes Besuch vom Amt. Ein Vertreter der Jugendschutzbehörde will sich überzeugen, dass alles in Ordnung ist. Es gehe nicht um Kontrolle, so die Behörde. Man wolle den Eltern »ein Angebot machen«. Nach meiner Erfahrung sollten Sie als junge Eltern das »Angebot« allerdings tunlichst annehmen. Sie machen sich sonst verdächtig. Haben Sie etwas zu verbergen? Sind Sie überfordert? Ist Ihr Kind auch wirklich angemessen untergebracht? Sie werden bemerken, wie Ihr Besuch mit geübtem Auge die Wohnumstände taxiert. Räumen Sie also besser vorher auf!

Allenfalls gut gemeint ist in einigen Fällen die Eingangsuntersuchung beim Amtsarzt, etwa ein Jahr vor der Einschulung. Das betroffene Kind wird nicht nur vermessen und gewogen, sondern auch mit Aufgaben konfrontiert (»Sag mal was«). Doch was im günstigen Fall dazu führt, dass Defizite erkannt und möglichst noch vor Schulbeginn ausgeglichen werden können, entwickelt sich im ungünstigen Fall zum traumatisierenden Erlebnis für das Kind. Elternvertreter und die Gewerkschaft Erziehung und Wissenschaft berichten, wie Fünfjährige als »zurückgeblieben« eingestuft wurden, nur weil sie vor lauter Angst kein Wort herausbrachten. Im Berliner Bezirk Pankow erlebte eine Bundestagsabgeordnete, wie ihr normalerweise sehr aufgeweckter Sohn im Verhör durch die rüde Amtsperson dermaßen eingeschüchtert war, dass er verstummte und schließlich sogar mit den Tränen kämpfte. Dass der Junge einen türkischen Vornamen hat, wurde vom Amt offenbar nicht zu seinem Vorteil ausgelegt.

Als Nächstes steht die Frage im Raum, ob Eltern überhaupt geeignet sind, ihre Kinder anständig zu erziehen, oder ob sich nicht besser gleich der Staat um den Nachwuchs kümmern soll. Die CDU-Bundestagsabgeordnete Christina Schwarzer schlägt bereits eine Art Elternführerschein vor. Werden bei der Schuleingangsuntersuchung Defizite bei einem Kind festgestellt, sollten die Eltern zur pädagogischen Nachschulung verpflichtet werden, so Schwarzers Vorschlag. Werden die Lehrer in der Schule unsere Kinder eines Tages abfragen, wessen Eltern zu Hause heimlich geraucht haben?

Das Kindeswohl ist zur regulatorischen Waffe geworden. Werbeverbote, Tabakverbote, Internetsperren: Alles wird damit begründet, dass Kinder geschützt werden müssten. Weil unsere Kinder einen Fahrradhelm tragen sollten, so eine populäre Forderung, müssten auch Erwachsene aus Gründen der Glaubwürdigkeit einen Helm aufziehen. Und weil unsere Kinder nicht zwischen Wahrheit und Dichtung unterscheiden könnten, soll für Alkohol oder Zigaretten in der Öffentlichkeit am besten gar nicht mehr geworben werden.

Doch ein Gesetzgeber, der den Verstand von Kindern und Pubertierenden zum Maßstab für tolerables Verhalten erklärte, hätte viel zu tun. Kinder sind keine Erwachsenen, und es ist ihnen durchaus zuzumuten, dass man sie dementsprechend anders behandelt. Sie dürfen ja auch kein Bier trinken, Horrorfilme gucken, Pornokinos besuchen oder Politiker wählen, die ihnen Vorschriften machen, wie sie sich zu verhalten haben.

Dienst nach Vorschrift

Den illegalen Sitzball aus meinem Büro habe ich natürlich weggeschafft. Mit der deutschen Arbeitsstättenverordnung sollte man sich besser nicht anlegen, denn ihr Arm ist stark. Sie regelt, wie es in Büros, Werkstätten, Fabriken und Umkleideräumen auszusehen hat. Womöglich ließen Deutschlands Chefs ihre Beschäftigten sonst in lichtlosen und dauerfeuchten Kellerräumen schuften (was freilich auch ein Verstoß gegen die Baustellenverordnung, die Betriebssicherheitsverordnung, die Bildschirmarbeitsverordnung, die Lärm- und Vibrations-Arbeitsschutzverordnung, die Lastenhandhabungsverordnung und die PSA-Benutzungsverordnung wäre). Sogar die Frage, wie die Toilette im Pausenraum beschaffen sein muss, ist genau geregelt: Die Beleuchtung muss mindestens 100 Lux, die Raumtemperatur mindestens 21 Grad Celsius und die Belüftung mindestens 15 Kubikmeter Frischluft pro Stunde betragen.

Vor einiger Zeit habe ich einen neuen Windpark in der Nordsee besichtigt. Die Windräder waren noch nicht an das Stromnetz angeschlossen, doch das Arbeitsschutzgesetz war vor Ort bereits in Kraft. Die zuständigen Berufsgenossenschaften haben eine 94 Seiten lange Liste für die vorschriftsmäßige Ausstattung von Offshore-Anlagen erarbeitet. Darin steht, dass jede Windkraftanlage mit einem wasserdicht verpackten Verbandskasten, haltbaren Keksen, Schlafsäcken, Decken und einem Kartenspiel ausgestattet sein muss. Wenn Wartungsmonteure wegen schlechter Witterung mal über Nacht bleiben müssen, können sie sich die Zeit mit einer Runde Mau-Mau vertreiben.

Nun wünscht sich niemand Zustände wie in asiatischen Textilfabriken. Doch wie so oft schießen die deutschen Behörden in ihrer Gründlichkeit übers Ziel hinaus. Einige Vorschriften zur Arbeits- und Berufswelt sind skurril bis lebensfremd. Tagesmütter und -väter müssen seit einiger Zeit »helle Schutzkleidung« tragen, wenn sie das Essen für ihre Schützlinge zubereiten. Die Flensburger Arbeitsschutzbehörde wollte einen Fotografen zwingen, ein Fenster in seine Dunkelkammer einzubauen. Bei den Dreharbeiten zur hochgelobten Mafia-Serie »Im Angesicht des Verbrechens« geriet Regisseur Dominik Graf ins Visier des Berliner Landesamts für Arbeitsschutz, Gesundheitsschutz und technische Sicherheit (LAGetSi). Man warf ihm vor, die gesetzlichen Arbeitszeiten zu missachten. Tatsächlich hatte Graf an einigen Tagen bis zu 16 Stunden lang gedreht, auch aus Kostengründen. Die Behörde setzte durch, dass am Set pünktlich Feierabend gemacht wurde. Die Produktionsfirma ging wenig später in die Insolvenz.

Vielen Beschäftigten im Öffentlichen Dienst wird vorgeschrieben, dass sie alle sechs Stunden 30 Minuten Zwangspause einlegen müssen, maximal zehn Stunden am Stück im Büro sein dürfen und um spätestens 19.30 Uhr nach Hause zu gehen haben. Eine Stempeluhr kontrolliert, ob sie sich an die Vorgaben halten. Da es aber auch im Öffentlichen Dienst Phasen gibt, in denen sehr viel Arbeit anfällt, müssen die Betroffenen die Zeiterfassung austricksen. Sie stempeln sich aus, arbeiten aber trotzdem weiter. Auf diese Weise wird ihnen die Zeit nicht angerechnet. Bezahlt wird sie aber leider auch nicht.

Seit einigen Jahren versucht das Bundesforschungsministerium, Spitzenwissenschaftler zurück an deutsche Hochschulen zu holen. Etwa 100 Millionen Euro Fördergelder sind bereits in sogenannte Humboldt-Professuren geflossen. Mit dem Geld werden den Forschern Bedingungen geboten, die sie sonst nur an Elite-Universitäten in den USA vorfinden: gutausgestattete

Labors, qualifizierte Mitarbeiter, Extra-Gehalt. Etwa 30 Spitzen-forscher sind dem Ruf nach Deutschland gefolgt; das Projekt gilt als Erfolg. Eine Sache allerdings nervt die Wissenschaftler: die Hochschulbürokratie. »Es dauert einige Zeit, bis man das System verstanden hat«, sagte die Infektionsforscherin Emmanuelle Charpentier der »Süddeutschen Zeitung«. »Ich habe dann eine Sekretärin und eine Projektmanagerin eingestellt, um mir die meisten Verwaltungsaufgaben vom Hals zu halten. Es gibt so viele Papiere, die man jeden Tag im Labor ausfüllen muss.«

In Teilen der Politik scheint sich die Ansicht durchgesetzt zu haben, Arbeit sei etwas, wovor die Bürger möglichst geschützt werden sollten. Es gibt sogar eine eigene DIN-Vorschrift (DIN EN ISO 10075-1), die genau definiert, was die Gründe für eine psychische Belastung am Arbeitsplatz sein können, nämlich »Lärm«, »Konkurrenzdruck«, »isoliertes Arbeiten« sowie »fehlende Ganzheitlichkeit der Aufgaben«. Das Arbeitsministerium, vielleicht sollte es sich in »Arbeits- und Freizeitministerium« umbenennen, bereitet eine Anti-Stress-Verordnung vor, die Überstunden begrenzt. Die Idee stammt von der früheren Arbeitsministerin Ursula von der Leyen, Deutschlands Hohepriesterin der Work-Life-Balance.

Wer ein gewisses Lebensalter erreicht hat, soll nach dem Willen des Staates am besten ganz zu Hause bleiben. Öffentlich Bedienstete werden zwangspensioniert, niedergelassene Ärzte mit 67 aus der Praxis gedrängt, mögen sie noch so fit sein. Ein abhängig beschäftigter Arbeiter oder Angestellter darf zwar theoretisch auch nach dem Erreichen des Rentenalters noch arbeiten, sollte sich aber auf einen länglichen Schriftwechsel mit der Sozialversicherung gefasst machen, auch wenn die Große Koalition hier Besserung in Aussicht stellt. Sein Arbeitgeber muss auch weiter Beiträge in die Arbeitslosen- und sogar in die Rentenversicherung einzahlen, obwohl der arbeitende Rentner nichts davon hat. Arbeitslos kann er ja nicht mehr werden, und seine Rente steigt auch nicht mehr – eine absurde Situation.

Dabei zeigt die rasant steigende Zahl der Minijobber, dass viele Ältere ihre Arbeit nicht als Zumutung empfinden, sondern als Bereicherung. Jeder Fünfte über 60 kann sich vorstellen, länger zu arbeiten, als es das gesetzliche Renteneintrittsalter vorsieht, so eine Umfrage des Instituts für Demoskopie Allensbach. Der Demografieforscher James Vaupel fordert: »Das Rentenalter muss flexibel sein, und es muss steigen.« Vaupel selbst ist Jahrgang 1945, also längst über das Renteneintrittsalter hinaus. Er muss jederzeit damit rechnen, dass ihm die Leitung des Max-Planck-Instituts für Demografische Forschung in Rostock weggenommen wird. Dabei möchte er gerne weiterforschen. Vaupel plant, an eine Forschungseinrichtung in Dänemark zu wechseln; hier gibt es keine starren Altersgrenzen.

Und natürlich sind auch Unternehmer nicht frei in der Art ihrer Berufsausübung, etwa im Handwerk. Die vom damaligen Wirtschaftsminister Wolfgang Clement 2004 betriebene Abschaffung des Meisterzwangs ist leider auf halber Strecke steckengeblieben. Wer als Friseur, Bäcker, Maler, Lackierer, Tischler oder Maurer eine Firma gründen will, kommt um den Großen Befähigungsnachweis, wie der Meisterbrief auch genannt wird, auch heute nicht herum. 41 Berufe sind noch immer vom Meisterzwang geschützt, darunter Steinmetze, Glasbläser und Stukkateure. Die haarsträubende Begründung lautet, es handele sich um »gefahrengeneigte Tätigkeiten« oder Bereiche, in denen die Kunden besonders geschützt werden müssten. Clements Amtsnachfolger haben sich an das Thema nicht herangetraut, auch nicht die FDP-Politiker, die sonntags gerne von mehr Wettbewerb redeten, bevor sie am Montag vor der Handwerkslobby in die Knie gingen.

Spaßbremse Bürokratie

Sollte sich jemand wundern, wo 2014 der Berliner Karnevalszug abgeblieben ist: Er steht auf einem Schrottplatz im Landkreis Oberhavel in Brandenburg. Der Wagen vom 1. Karnevalsstammtisch Wilmersdorf O.U.T. ist bereits zerlegt; die Reste aus Sperrholz und Pappmaché liegen auf einem Trümmerhaufen. Vom Prinzenwagen des Festkomitees Berliner Karneval sind immerhin noch die Aufbauten vorhanden. Doch die Treppe ist morsch und das Oberdeck wackelt. Regenwasser hat die Farbe abgewaschen. Moos und Schimmel wuchern auf der Balustrade. »Allet Schrott«, berlinert Edmund Braun alias Karnevalsprinz Eddi I., ein 67-jähriger Gas- und Heizungsinstallateur. Eigentlich sollte die Session 2013 / 2014 der Höhepunkt seines Karnevalistenlebens sein. Stattdessen steht Eddie I. vor den Trümmern seiner Narrenexistenz: der Prinz von der traurigen Gestalt, der nie durch die Straßen ziehen und Blumen und Bonbons werfen durfte. »Dit is' allet janz, janz schlimm«, sagt er.

Tatsächlich hat es der Berliner Karneval in Berlin trotz einiger traditionsreicher Faschingsvereine nie leicht gehabt. Wer sich am Rosenmontag im Kostüm auf die Straße traut, erntet – anders als in Köln, Düsseldorf oder Mainz – erstaunte Blicke. Manche halten den speziellen Alt-Berliner Humor mit seiner Mischung aus Grobheit, Besserwisserei und mürrischem Genörgel für ungeeignet, eine heitere Stimmung zu transportieren. Trotzdem hatten es die Karnevalisten seit der Jahrtausendwende geschafft, eine jährliche Parade abzuhalten, bei der immerhin bis zu eine Million Menschen am Straßenrand standen. Mit dem Regierungsumzug waren rheinische Frohnaturen nach Berlin umgesiedelt, die sich nicht lange bitten ließen zu schunkeln und zu bützen.

Doch die Karnevalisten hatten ihre Rechnung ohne eine weitere regionale Spezialität gemacht: die preußische Bürokratie. Von Jahr zu Jahr sahen sich die Organisatoren des Karnevalszuges mit neuen, zunehmend strengeren Auflagen der Verwaltung konfrontiert. Mal mussten zusätzliche Security-Kräfte engagiert werden, um die Wagen abzusichern. Mal wurde der ganze Zug umgeleitet, um zu verhindern, dass »im Einwirkungsbereich der Zugstrecke Betätigungen vorgenommen werden, die religiöse Veranstaltungen stören«, wie es im Behördenbescheid hieß. Konfettiregen war eh verboten. Und damit keiner der Narren aus Versehen ein Blümchen zertrat, verlangte die Grünflächenbehörde, dass jeder Pflanzenkübel entlang der Wegstrecke von einem Aufpasser zu bewachen sei.

Und dann kam auch noch die Senatsverwaltung für Stadtentwicklung und Umwelt mit ihren Ausführungsvorschriften zum Landes-Immissionsschutzgesetz ins Spiel. Die Behörde legte fest, dass die Karnevalisten nur noch mit einer Lautstärke von maximal 75 Dezibel durch die Straßen ziehen dürften. Das entspricht einem Geräuschpegel zwischen Staubsauger und normalem Straßenverkehr. Bei Musik in dieser Lautstärke muss man schon genau hinhören, um den Takt mitzukriegen.

Die Organisatoren des Umzuges waren entsetzt. Flüsterkarneval bei 75 Dezibel: Wie soll denn da gute Stimmung aufkommen? Nicht nur, dass sie weitere 3500 Euro für das normgerechte Einpegeln, Limitieren und Verplomben ihrer mobilen Musikanlagen bezahlen mussten. Es wurde auch nicht mehr geschunkelt; die Musik war zu leise. Und so kam ein Teufelskreis in Gang: Das Regionalfernsehen wollte eine Parade ohne gutgelauntes Feier-Publikum nicht mehr live übertragen. Ohne TV-Übertragung zogen sich wichtige Sponsoren zurück. Ohne Sponsoren fehlte das Geld. Und weil die Karnevalisten sich außerstande sahen, weitere 40 000 Euro Kosten aus eigener Tasche zuzuschießen, blieb ihnen am Ende keine andere Wahl, als den Zug abzusagen.

Man könnte die traurige Geschichte von Prinz Eddie I. für eine Berliner Bürokratenposse halten. Doch es geht um ein Problem, mit dem viele Vereine und Veranstalter zu kämpfen haben. In ganz Deutschland fallen Traditionen und Brauchtumsveranstaltungen der Bürokratie und ihren überzogenen Auflagen zum Opfer. Jahrhundertelang fanden etwa im Tübinger Schlosshof große Veranstaltungen und Konzerte statt; der Platz reicht für 6000 Leute, nie gab es Probleme. Doch wegen neuer Brandschutzregeln dürfen jetzt nur noch 300 Menschen hinein. Die für 2013 geplanten Festspiele mussten abgesagt werden; Tübingens grüner Oberbürgermeister Boris Palmer (»Kies brennt nicht«) protestierte vergeblich.

Oster- und Sankt-Martins-Feuer sind in vielen Gemeinden inzwischen verboten; es bestehe Brand- und Feinstaubgefahr. Die Brauchtumsfeuerverordnungen der Kommunen gestatten höchstens noch ein kleines Feuerchen auf einer abgesicherten Fläche von maximal einem Quadratmeter, eine Höchstbrenndauer von zwei Stunden und das alles nur in der Zeit vor 22 Uhr.

Viele Kommunen haben auch die Hygienevorschriften verschärft; deshalb gibt es auf Straßen-, Vereins- und Schulfesten keinen selbstgemachten Kartoffelsalat mehr: Salmonellengefahr. Wer zum Kindergeburtstag im Kindergarten einen selbstgebackenen Kuchen mitbringt, macht sich verdächtig: Will er etwa die Kinder vergiften? In einigen Kindertagesstätten steht sogar das Ausblasen und Anmalen von Ostereiern auf dem Index; selbst bereits ausgepustete Eier dürfen nicht mitgebracht werden. »Die Schalen könnten verunreinigt sein«, heißt es etwa beim Caritasverband Hannover, der mehrere Betreuungseinrichtungen betreibt. Dass es unter dieser Sicherheits- und Hygienehysterie kaum noch möglich ist, Feiern in Kindergärten, Schulen oder Vereinen privat zu organisieren oder Brauchtum zu pflegen, dass unter diesen Bedingungen ein geselliges Gemeindeleben leidet, ist den Bürokraten offenbar egal. Pfarr- und Schulfeste müssen notfalls abgesagt werden.

Auch im bayerischen Penzberg fiel 2013 der Faschingsumzug aus. Erst hatte das zuständige Landratsamt den Einsatz von Pferden verboten: zu gefährlich. Dann untersagte es den Gebrauch einer Kanone, mit der in Penzberg traditionell Sägemehl in die Luft gefeuert wurde: zu riskant. Und schließlich sollten auch keine Bonbons und Blumen mehr geworfen werden: es bestehe Verletzungsgefahr. Die Penzberger entschieden daraufhin, den Umzug abzusagen; aus Sicht der Behörde die beste Lösung: Alle Sicherheitsauflagen werden so konsequent eingehalten.

Das gute Leben und seine Feinde:
Der Enthaltsamkeitsstaat

Die Suchterfinder und der vergesellschaftete Mensch. Recht auf Rauch, Recht auf Rausch! Das Große Fasten. Horst Seehofer, George Clooney und ich. Das Märchen von den dicken Deutschen. Das Märchen von der gesunden Ernährung. Nocebo-Effekte. Deutschland: ein Krankenzimmer.

Rauchen ist ungesund. Ich schreibe das, damit keine Missverständnisse aufkommen. Nichts liegt mir ferner, als die Gefahren des Rauchens zu verharmlosen. Ich weiß, wovon ich rede; ich habe selbst jahrelang geraucht.

Also, liebe Leserin und lieber Leser, bitte denken Sie daran: Rauchen fügt Ihnen und den Menschen in Ihrer Umgebung erheblichen Schaden zu. Rauchen kann tödlich sein. Raucher sterben früher. Rauchen in der Schwangerschaft schadet Ihrem Kind. Rauchen lässt Ihre Haut altern. Rauchen kann zu Durchblutungsstörungen führen und verursacht Impotenz. Zigaretten enthalten Benzol, Nitrosamine, Formaldehyd und Blausäure. Rauchen macht sehr schnell abhängig: Fangen Sie gar nicht erst an! Wer das Rauchen aufgibt, verringert das Risiko tödlicher Herz- und Lungenerkrankungen. Hier finden Sie Hilfe, wenn Sie das Rauchen aufgeben möchten: Tel. 06221 – 42 42 00. Oder befragen Sie Ihren Arzt oder Apotheker.

So. Und sollten Sie trotzdem Lust auf eine Zigarette haben, dann stecken Sie sich bitte eine an. Wer weiß, wie lange man Sie noch lässt.

Denn die Ära des Tabakkonsums geht zu Ende. Der Staat hat dem Raucher den Krieg erklärt: Schon seit dem 1. September 2007 darf in öffentlichen Gebäuden wie dem Bundestag nicht mehr geraucht werden. Man merkte es daran, dass im Berliner Regierungsviertel vor den Abgeordnetengebäuden plötzlich überall Kippen auf dem Boden herumlagen. Bahnhöfe, Flughäfen und Restaurants folgten. Als letztes Raucherrefugium hielt sich die sogenannte getränkeorientierte Einraumgastwirtschaft mit beschränktem Imbiss-Angebot. Doch inzwischen werden auch an Eckkneipen die Maßstäbe eines Luftkurortes angelegt.

Die SPD-Politikerin Sabine Bätzing-Lichtenthäler, Ex-Drogenbeauftragte der Bundesregierung, wollte das Rauchen beim Autofahren verbieten. Der Grünen-Fraktion in Bremen geht das Rauchen bei Privatpartys und geschlossenen Gesellschaften zu weit: Auch hier müsse ein Verbot her. In Düsseldorf wird ein rauchender Rentner nach mehr als 40 Jahren aus seiner Wohnung geworfen, weil er zu selten gelüftet und über den Hausflur seine Nachbarn mit schlechter Luft belästigt habe. Womöglich riskieren rauchende Eltern, in Zukunft wegen Kindesmisshandlung belangt zu werden.

Barbara Steffens, grüne Gesundheitsministerin von Nordrhein-Westfalen, setzt sich dafür ein, sogar Elektrozigaretten als apothekenpflichtiges Arzneimittel zu klassifizieren, um sie aus dem Handel zu verbannen. Sie gab ein Gutachten in Auftrag. Zu ihrem Bedauern kam heraus, dass es derzeit keine Beweise für die Schädlichkeit des Elektrorauchens gebe. Steffens ließ das Gutachten deshalb in der Schublade verschwinden; erst eine Anfrage der Piraten-Fraktion im Landtag Ende 2012 zwang sie dazu, die missliebige Studie doch noch zu veröffentlichen.

Tabakwerbung ist bereits im Fernsehen, im Radio, in Printmedien, im Internet und vor 18 Uhr auch im Kino verboten. 2016 treten EU-weit die nächsten Verschärfungen in Kraft. Zwei Drittel der Zigarettenschachtel müssen dann mit Warnhinweisen und Schockfotos von Geschwüren und Raucherlungen bedruckt sein. Den Herstellern wird es untersagt, Rauchen in einen »positiven Zusammenhang« zu stellen, was immer damit gemeint sein mag. Ein Verbot aller Markenlogos steht im Raum. Zigaretten würden dann nur noch in Einheitsverpackungen verkauft.

Altbundeskanzler Helmut Schmidt bunkert bereits einen 200-Stangen-Notvorrat seiner Lieblingssorte »Reyno Menthol«, denn: Aromen wie Menthol im Tabak darf es künftig nicht mehr geben. Der EU-Gesundheitskommissar will, dass es beim Inhalieren tüchtig im Hals kratzt: »Tabak soll nach Tabak aussehen und schmecken.« Sogar Schokozigaretten, Lakritzpfeifchen und Marzipanzigarren kommen auf den Index, denn »imitierte Tabakerzeugnisse«, so der Kommissar, »bieten einen potentiellen Einstieg in den Konsum«. Nur der Schnupftabak, je nach Region auch Schmalzler, Löwen- oder Gletscherprise genannt, darf einstweilen weiter verkauft werden. Es haben sich auch noch keine Passivschnupfler bei der EU-Kommission beschwert.

Raucher gelten als Luftverpester, Umweltvergifter und Krankenkassenschädlinge. Wer raucht, beweist Willensschwäche und unsoziales Verhalten, ist ein Mörder und Selbstmörder und darf nicht hoffen, dass ihm die Gesellschaft auch nur einen Funken Respekt entgegenbringt. Wer sich mit Zigarette auf eine einsame Parkbank setzt, erntet weithin strenge Blicke, Hüsteln und demonstratives Handgefächel.

Anti-Raucher-Vereine rufen dazu auf, jeden Verstoß gegen das Rauchverbot anzuzeigen. Die Initiative »Pro Rauchfrei« hält auf ihrer Internetseite ein passendes Formular bereit. Man muss nur noch eintragen, wer (»Gaststätte, Firma, Verein, Behörde oder Organisation?«), wo (»Adresse«) und wann (»Tatzeitpunkt«) geraucht hat, schon ist die Anzeige fertig und kann ohne weitere Verzögerung bei der zuständigen Ordnungsbehörde eingereicht werden.

Die Nichtraucher-Initiative München, die im Jahr 2010 den bayerischen Volksentscheid für ein Rauchverbot in Kneipen und Bierzelten mit organisierte, hat auf 48 Seiten einen detaillierten Stufenplan ausgearbeitet, wie man einen rauchenden Nachbarn erfolgreich verklagt: Erst Trennwände zur Terrasse oder zum Balkon des Nachbarn einziehen, dann Rauch- und Lüftzeiten festlegen, schließlich Anzeige erheben. Ernst-Günther Krause, Vorsitzender der Nichtraucher-Initiative, will das Rauchen auch außerhalb geschlossener Räume verbieten. Mit einem Kohlenmonoxid-Messgerät in der Hand pirscht er durch Biergärten und Parkanlagen, um Beweise für die Gefahr des Passivrauchens unter freiem Himmel zu sammeln.

Und was gab es für einen Aufschrei, als sich der Berliner Ärztekammerpräsident Günther Jonitz 2011 in einem Zeitungsinterview dafür aussprach, das Rauchverbot in Krankenhäusern zu lockern! Jonitz hatte gesagt, er halte es für menschenunwürdig, rauchende Patienten im tiefsten Winter mit Rollator und Infusionsbeutel vor die Tür zu schicken. Der »fundamentalistische Versuch der Zwangsentwöhnung« scheitere an der Realität, sagte Jonitz; er plädiere aus Gründen der Humanität für die Einrichtung von Raucherzimmern.

Oha, da bebte aber die Leserbriefseite! Jonitz wurde als »Tabaklobbyist«, als »Süchtiger« und als »gemeingefährliche Person« beschimpft. »Wer solchen Schwachsinn äußert, hat sich akademisch diskreditiert und darf nicht erwarten, dass man seinen Doktortitel ernst nimmt«, schrieb der Vorsitzende von »Pro Rauchfrei«, Siegfried Ermer.

Einmal im Jahr trifft sich Ermer mit den anderen »Pro Rauchfrei«-Mitgliedern, um die nächsten Schritte seiner Kampagne festzulegen. Gemessen daran, wie viel Aufmerksamkeit die Initiative in den Medien erregt, handelt es sich um einen eher kleinen Kreis von Aktivisten. Das Bundestreffen 2013 mit nicht mal zwei Dutzend Mitgliedern fand im Pfarrsaal der St. Burkard-Gemeinde in Würzburg statt.

Dafür tritt der harte Kern der Rauchgegner umso kompromissloser auf. Als der Bayerische Rundfunk bei der TV-Übertragung einer Faschingsveranstaltung aus dem fränkischen Veitshöchheim eine bunt kostümierte Frau ins Bild rückte, die eine Zigarette in der Hand zu halten schien, wurde Ermer gleich aktiv. Er erstattete Anzeige gegen Unbekannt und schrieb auf seiner Homepage die Frau aus dem Fernsehen gegen 100 Euro Belohnung zur Fahndung aus. Tatsächlich war die vermeintliche Raucherin rasch gefunden. Es handelte sich um eine Mitarbeiterin des Bayerischen Rundfunks, die sich im Look der siebziger Jahre als Hippiemädchen verkleidet hatte. Ihre Zigarette stellte sich als Scherzartikel aus Holz und Glitzerpapier heraus. Doch »Pro Rauchfrei«-Aktivist Ermer findet, es sei unerheblich, ob es sich um eine echte Zigarette oder eine Attrappe gehandelt hat. Auch Scheinraucher dürften im Fernsehen nicht gezeigt werden; gerade ein öffentlich-rechtlicher Sender wie der Bayerische Rundfunk habe hier eine Vorbildfunktion.

Die moralische Strenge gegenüber Rauchern ist kein deutsches Phänomen. Die Weltgesundheitsorganisation WHO stellt schon seit 2005 niemanden mehr ein, der »in irgendeiner Form« Tabak konsumiert, wie es in Stellenanzeigen heißt. In kalifornischen Restaurants waren Zigaretten schon verboten, als in deutschen Lokalen noch hemmungslos gequalmt wurde. In einigen Gemeinden Kaliforniens darf heute nur noch in freistehenden Einfamilienhäusern geraucht werden. Selbst in den Todeszellen einiger US-Gefängnisse gibt es zur Henkersmahlzeit keine letzte Zigarette mehr, offenbar herrscht die Sorge vor, der Todeskandidat könnte auf den letzten Drücker seine Gesundheit aufs Spiel setzen.

Noch vor einer Generation gaben sich die Coolen und Klugen gern dadurch zu erkennen, dass sie eine Zigarette im Mundwinkel hielten. Besonders emanzipierte Frauen rauchten sogar Pfeife. Bundeskanzler Gerhard Schröder warf sich mit Zigarre in Pose. Heute bringt die Plattenfirma EMI eine neue Version des Beatles-Albums »Capitol Albums Volume 2« mit einem überarbeiteten Cover auf den Markt. Beim Original aus dem Jahr 1964 hielten John, Paul und Ringo Zigaretten in der Hand; fünfzig

Jahre später sind diese auf mysteriöse Weise verschwunden. Ein ähnliches Photoshop-Wunder wiederfuhr Paul McCartney auf dem berühmten »Abbey Road«-Cover. Im Original läuft er mit Zigarette über den Zebrastreifen, in der zensierten Version ist er Nichtraucher.

Kein Politiker lässt sich noch freiwillig mit Zigarette fotografieren. Kaum ein Journalist zündet sich im ARD-Presseclub am Sonntagvormittag noch eine Zigarette an, obwohl der Westdeutsche Rundfunk eine Ausnahmegenehmigung besitzt und daher im TV-Studio noch geraucht werden dürfte, als nostalgische Reminiszenz an die tabak- und alkoholgeschwängerte Vorgängersendung »Der internationale Frühschoppen«. Lieber springen die Journalisten kurz vor Sendebeginn auf den zugigen Balkon, um schnell noch an einer Kippe zu ziehen.

Ich will nicht missverstanden werden: Die Freiheit des Rauchers endet, wo die Freiheit des Nichtrauchers beginnt. Es ist richtig, dass in Ämtern, öffentlichen Einrichtungen, Bussen, Bahnhöfen, Großraumbüros, Universitäten oder wo immer sich Raucher und Nichtraucher in geschlossenen Räumen zwangsläufig begegnen, nicht geraucht werden darf. Keinem Nichtraucher ist zuzumuten, dass ihm fremde Leute ihren Zigarettenqualm ins Gesicht pusten. Auch der besondere Schutz von Kindern und Jugendlichen ist gerechtfertigt, wenngleich man auf die Schockwirkung von Anti-Raucher-Kampagnen auf Jugendliche besser keine allzu großen Hoffnungen setzen sollte.

Doch die Anti-Raucher-Politik in Berlin und Brüssel hat jedes akzeptable Maß überschritten. Schockfotos auf Zigarettenschachteln und Mentholverbot im Tabak zielen nicht darauf ab, den Nichtraucher vor dem Raucher zu schützen (was, um es noch einmal ganz deutlich zu sagen, vollkommen in Ordnung wäre), sondern den Raucher vor sich selbst. Sie sind ein Angriff auf die Freiheit des Bürgers, der hier systematisch bevormundet und für dumm verkauft werden soll, und zwar nicht nur als Raucher.

Angenommen, es wäre richtig, Rauchern das Rauchen zu verleiden, um sie vor sich selbst zu schützen: Wieso beim Verbot von Mentholzigaretten aufhören? Warum nicht gleich Tabak überhaupt? Sind fetthaltige, zuckerreiche oder allzu vitaminarme Lebensmittel nicht genauso schädlich? Schluss mit der Süßigkeitenreklame! Und wie kann es eigentlich sein, dass Fahrradfahrer noch immer keinen Helm tragen müssen? Dass es Kopfhörer ohne Lautstärkebegrenzer gibt? Socken ohne Stoppernoppen? Und wenn wir schon mal dabei sind: Wo bleibt die Sorge um die Reinheit und Unversehrtheit unseres Verstandes? Sind Seele und Geist etwa weniger wichtig als unsere körperliche Verfassung? Wer den Menschen in seiner Gesamtheit verbessern will, darf bei der körperlichen Gesundheit nicht haltmachen. Wie lange noch will die Politik tatenlos zusehen, wie sinnfreie Fernsehsendungen die Bürger davon abhalten, ihren Feierabend mit einem lehrreichen Buch zu verbringen? Ganz zu schweigen vom Dudelfunk im Radio, vom pädagogisch fragwürdigen Plastikspielzeug? Wo bleibt die gesetzliche Holzspielzeugquote für alle europäischen Kindertageseinrichtungen? Wo so etwas enden kann, sollten gerade wir Deutschen wissen. Es ist noch nicht so lange her, dass Adolf Hitler, ein ehemaliger Postkartenmaler, der die Zulassungsprüfung für die Wiener Kunstakademie nicht bestanden hatte, zwischen völkisch-wertvoller und jüdisch-entarteter Kunst unterscheiden durfte.

Die Gesundheitspolitiker fahren im Kampf gegen das Rauchen nicht nur moralische, sondern auch finanzielle Argumente auf. Raucher, so behaupten sie, stellen eine Belastung der Versichertengemeinschaft dar. Raucher verursachten vermeidbare Behandlungskosten und trieben unnötigerweise die Krankenkassenbeiträge nach oben: Der Raucher steht als »Sozialschädling« am Pranger. Auch das hat in Deutschland üble Tradition. Bei den Nationalsozialisten galt Rauchen als »jüdisches Laster« und Tabak als ein schleichendes »Rassengift«. Adolf Hitler (»Die deutsche Frau raucht nicht«), ehedem selbst starker Raucher, förderte die Gründung eines »Wissenschaftlichen Instituts zur Erforschung der Tabakgefahren« in Jena. Es gab die ersten Rauchverbote bei der Reichsbahn und in Postämtern und den Appell an die Volksgenossen, die Wehr- und Leistungsfähigkeit hochzuhalten. »Du hast die Pflicht, gesund zu sein«, lautete der Titel einer Propagandaschrift: Tabak mindere die sexuelle Leistungsfähigkeit und führe zu kriminellem Verhalten.

Tatsächlich macht Rauchen krank. Zigaretten sind dermaßen gesundheitsschädlich, dass sie die Lebenserwartung von Gewohnheitsrauchern nachweislich um etwa fünf bis sieben Jahre verkürzen. Damit freilich wird das Argument, Raucher stellten eine finanzielle Belastung für unser Solidarsystem dar, erheblich entkräftet. Denn auch das lässt sich belegen: Raucher entlasten das Gesundheitswesen und die sozialen Sicherungssysteme. Sie sind demnach, rein finanziell, ein Segen für jedes Sozialsystem.

Eine Studie des niederländischen Instituts für öffentliche Gesundheit und Umwelt im Auftrag des niederländischen Gesundheitsministeriums kam zu dem Ergebnis, dass der durchschnittliche Raucher bis zu seinem Tod mit etwa 77 Jahren rund 220 000 Euro Behandlungskosten verursacht. Ein nichtrauchender, nichtübergewichtiger Mensch hingegen stirbt mit 84 Jahren und kostet insgesamt 281 000 Euro, also gut 60 000 Euro mehr. Studien aus den USA, der Schweiz und anderen Ländern kommen zu ähnlichen Resultaten. Der Tabakkonzern Philip Morris (»Marlboro«), was auch immer ihn geritten haben mag, finanzierte 2001 eine Studie in der Tschechischen Republik, in der die Kosten des Rauchens (Raucherkrankheiten, Arbeitsausfälle, Wohnungsbrände etc.) und die gesellschaftlichen Einsparungen (vermiedene Behandlungskosten, verkürzter Rentenbezug, weniger Pflegeleistungen etc.) gegenübergestellt wurden. Das Ergebnis fiel deutlich aus: Raucher sterben früher, damit sind sie für die Gesellschaft ein gutes Geschäft. Sollte es eines letzten Beweises für die Tödlichkeit des Rauchens bedurft haben – ausgerechnet der Tabakkonzern Philip Morris hatte ihn mit dieser Studie erbracht.

Um das Rauchverbot auch noch in Zigarrenlounges durchzusetzen (der Raucheranteil unter den Gästen dürfte hier bei nahe 100 Prozent liegen), greift die Politik auf das deutsche Arbeitsschutzrecht zurück. Den Bar- und Servicekräften könne ein verqualmter Arbeitsplatz nicht zugemutet werden, heißt es. Manch Kellner wird sich über die Fürsorglichkeit gewundert haben. Weder die schlechte Bezahlung noch die langen Arbeitszeiten in der Gastronomie hatten die Regierung je interessiert. Doch als es darum ging, einen Vorwand für ein Rauchverbot in Kneipen zu finden, entdeckte die Politik plötzlich ihr Herz fürs Thekenpersonal. Tatsächlich haben Gastronomiekräfte ein höheres Krankheitsrisiko als andere Arbeitnehmer. Eine 2009 veröffentlichte Studie des Nordischen Projekts zur Erforschung von berufsbedingtem Krebs (NOCCA) wertete die Gesundheits- und Berufsdaten von 15 Millionen Menschen aus den fünf Ländern Dänemark, Island, Finnland, Norwegen und Schweden von 1960 bis 1990 aus: Kellner landen demnach bei Lungen- und bei Leberkrebs auf Platz 1 der gefährdeten Berufe, knapp gefolgt von Bergleuten und Mitarbeitern der Tabakindustrie. Das geringste Risiko tragen Landwirte und Fischer.

Doch wer zwingt einen Barkeeper dazu, in einer Bar zu arbeiten, in der die Gäste rauchen dürfen? Gehört es für den Beschäftigten einer Zigarrenlounge nicht zum unvermeidlichen Berufsrisiko, dass er im Qualm steht? Andere Berufstätige haben es dafür in ihren Jobs mit anderen spezifischen Risiken zu tun: Ein Tierwärter kann gebissen, ein Feuerwehrmann versengt und ein Soldat erschossen werden. Börsenmakler leben in größerer Gefahr, einen Herzinfarkt zu bekommen. Bei Fischern und Landwirten wiederum tritt laut NOCCA-Studie häufig Lippenkrebs auf, weil sie bei ihrer Arbeit stärkerer Sonneneinstrahlung ausgesetzt sind. Ganz zu schweigen von allen Nachtarbeitern und Schichtdienstleistenden, die überdurchschnittlich häufig unter Depressionen leiden.

Es gibt viele Menschen, darunter übrigens auch Raucher, die es gut finden, dass in Kneipen und Restaurants nicht mehr geraucht wird. Das Essen schmeckt ihnen besser. Sie schätzen es, dass ihre Kleidung nicht vollgequalmt wird, ihre Augen nicht tränen und sie sich hinterher nicht mehr ihre verräucherten Haare waschen müssen, bevor sie ins Bett gehen. Dagegen ist nichts zu sagen. Doch es gibt eben auch Menschen, darunter übrigens auch Nichtraucher, die es bedauern, dass in Kneipen und Restaurants nicht mehr geraucht wird. Das Bier schmeckt ihnen schlechter. Sie finden es ungemütlich, bei jedem Wetter vor die Tür gehen zu müssen. Ihnen missfällt das Rein- und Rausgerenne der anderen Gäste. Sie bedauern, dass eine Feiergesellschaft jetzt immer in zwei Lager zerfällt (wobei auffällt, dass die Partystimmung draußen bei den Rauchern häufig besser ist als drinnen bei den Nichtrauchern). Tatsächlich hat sich das Kneipensterben infolge des Rauchverbots beschleunigt. Viele Raucher trinken ihr Bier lieber zu Hause oder auf der Straße.

Überall Süchtige

Das Ziel der Anti-Tabak-Politiker ist, den Raucher zum Süchtigen abzustempeln. Als Nikotinabhängiger verfüge dieser nicht über einen freien Willen, sondern sei Sklave seiner Sucht. Das Nikotin halte ihn fest im Griff. Er schaffe es einfach nicht, mit dem Rauchen aufzuhören. Womöglich ist er durch den Tabakqualm so benebelt, dass er den Ernst seiner Lage nur bruchstückhaft erkennt.

Die Politik tut nun so, als hätte sie der Raucher in seiner Ohnmacht um Hilfe gerufen. Indem sie dem Raucher das Rauchen vermiest, hilft sie ihm, sich aus seiner Sucht zu befreien. Das Rauchverbot wird zum therapeutischen Akt, zur Befreiungstat. Der Staat: dein Retter in der Not.

Das Suchtargument der Gesundheitspolitik ist deshalb so perfide, weil es auf die Würde des Betroffenen zielt. Der Raucher wird für unzurechnungsfähig erklärt. Indem der Staat beim Raucher eine Suchtkrankheit diagnostiziert, verschafft er sich freien Zutritt zu dessen Privatsphäre: ein ungeheuerliches, respektloses und letztlich totalitäres Verhalten. Vor einem Staat, der sich mit solchen Methoden in das Leben seiner Bürger einmischt, ist nichts mehr sicher.

Denn wieder muss man sich fragen: Warum beim Rauchverbot aufhören? Längst haben verbotswütige Politiker erkannt, wie leicht sich das Suchtargument auf andere Bereiche des Lebens übertragen lässt: Ernährung, Konsum, Sexualtrieb: Was immer Spaß, Nervenkitzel oder Entspannung verspricht, gerät plötzlich unter Drogenverdacht. Für den medizinisch-bürokratischen Komplex tun sich neue Geschäftsfelder auf. In der sozialmedizinischen Debatte wimmelt es deshalb von neuen Abhängigkeiten, von der Internet- über die Kauf- bis zur Pornosucht. Ist überhaupt noch irgendwer normal?

Die mediale Aufmerksamkeit gilt derzeit besonders der angeblichen»Droge Zucker«, beziehungsweise der»gefährlichen Sucht nach Süßem«, wie es auf einem SPIEGEL-Titelbild hieß. Zwar fehlen Zucker alle charakteristischen Eigenschaften, die normalerweise zu einer Droge gehören, vom Kontrollverlust des Abhängigen bis zur abstumpfenden Wirkung. Anders als bei Heroin oder Kokain hat man auch noch von keinem Fall gehört, bei dem ein Zuckerkonsument sein soziales Umfeld verlor und auf die schiefe Bahn geriet, weil er sich seine Droge beschaffen musste. Und schließlich dürfte eine Diät, die vollständig auf die Droge Zucker verzichtet, schneller ins Grab führen als eine gelegentliche Überdosis.

Das menschliche Verlangen nach Zucker wird hier kurzerhand gleichgesetzt mit stofflicher Abhängigkeit. Nach dieser Logik ist es freilich nur eine Frage der Zeit, bis wir alle zu Sauerstoff-Junkies erklärt werden – eine Gesellschaft auf dem Weg in die Drogenklapse.

Der amerikanische Ökonom Jonathan Gruber, der zu den gesundheitspolitischen Beratern von Präsident Obama zählt, hat sich einen anderen Trick einfallen lassen, um Rauchverbote zum Schutze des Rauchers vor sich selbst zu legitimieren. Er geht davon aus, dass es uns zweimal gibt: einmal als Gegenwarts-Ich und einmal als Zukunfts-Ich. Die beiden verstehen sich nicht besonders gut. Das Gegenwarts-Ich stellt pausenlos verrückte, gefährliche und verantwortungslose Dinge an, über die das Zukunfts-Ich rückblickend nur fassungslos den Kopf schütteln kann, etwa: Rauchen. Was würde das Zukunfts-Ich nicht alles tun, die Fehler des Gegenwarts-Ichs ungeschehen zu machen! Doch, leider: Es kommt zu spät. Und so muss das Zukunfts-Ich die Suppe auslöffeln, die ihm das Gegenwarts-Ich eingebrockt hat.

Ein fürsorglicher Staat, so lautet nun Grubers Theorie, erkennt dieses Problem. Seine Aufgabe ist es, dem Zukunfts-Ich zu seinem Recht gegenüber dem Gegenwarts-Ich zu verhelfen, notfalls auch gegen dessen Widerstand. Der Staat tritt als Anwalt des – künftigen – Lungenkrebspatienten auf, der es – im Nachhinein – bedauert, so viele Zigaretten geraucht zu haben. Im Gegensatz zum mental beschränkten Bürger bringt der fürsorgliche Staat nämlich das Kunststück fertig, aus einer imaginierten Zukunft auf das Gegenwarts-Ich zurückzublicken. Er nimmt dabei dieselbe Haltung ein, die strenge Eltern gegenüber ihren Kindern an den Tag legen, wenn es um die Klavierstunde geht: »Eines Tages wirst du mir dankbar dafür sein, dass ich dich zum Üben gezwungen haben.«

So weit die Theorie. Aber welche Interessen wiegen schwerer, die des Gegenwarts-Ichs oder die des Zukunfts-Ichs? Selbst im dramatischen Fall des Lungenkrebskranken ist diese Frage nicht pauschal zu beantworten. Womöglich hat ihm das Rauchen so viel bedeutet, dass er, könnte er die Zeit zurückdrehen, trotzdem wieder zur Zigarette greifen würde. Oder es stellte sich heraus, dass sein Lungenkrebs auf andere Faktoren als das Rauchen zurückgeht, etwa eine Feinstaubbelastung am Arbeitsplatz. Und was ist eigentlich von einem Staat zu halten, der nicht nur zu wissen glaubt, was gut für uns ist, sondern darüber hinaus behauptet, er könne unsere Zukunft vorhersagen?

Recht auf Rauch

Die Regierung hat es erstaunlich leicht gehabt, das Rauchverbot durchzusetzen. Nichtraucherschutz ist ein Gewinnerthema, Freiheit für Raucher nicht. Jede Mini-Kürzung bei Solarsubventionen oder Ärztehonoraren bringt im Regierungsviertel Demonstranten auf die Straße, aber beim Rauchverbot gab es keine nennenswerten Proteste. Und obwohl immerhin jeder dritte Erwachsene zumindest gelegentlich zur Zigarette greift, hat sich keine politische Partei auf die Seite der Raucher gestellt.

Doch die Anti-Tabak-Gesetze reichen in ihrer Bedeutung weit über das Thema Rauchen hinaus. Sie offenbaren, welch trübes Menschenbild in Berlin, Brüssel und Straßburg vorherrscht. Die Pathologisierung des Rauchers verheißt nichts Gutes für das »gemeinsame Europa«, von dem in den Sonntagsreden die Rede ist. Bereits in der vergangenen Legislaturperiode hat sich eine Arbeitsgruppe des EU-Parlaments mit der Frage beschäftigt, wie die Tabakregeln auf andere Produkte wie Alkohol und Lebensmittel übertragen werden könnten. Beim nächsten Mal könnte es auch den Computerspielern oder Snowboardern an den Kragen gehen. Legen nicht auch sie ein verantwortungsloses Verhalten an den Tag? Sind sie nicht auch Getriebene einer Sucht – nach Adrenalin und dem schnellen Kick?

Es ist absurd, einem rauchenden Wirt zu verbieten, seinem rauchenden Gast ein Glas Bier zu zapfen. Niemand zwingt einen Nichtraucher dazu, eine Kneipe zu betreten, in der gequalmt wird. »Der Gesetzgeber kann nicht im Verbotswege das gesellige Beisammensein und Feiern bei Tabak, Speise und Trank völlig aus dem öffentlichen Raum verbannen. Eine solche kompromisslose Untersagung wäre unverhältnismäßig und trüge die Gefahr paternalistischer Bevormundung«, schrieb der Bundesverfassungsrichter Johannes Masing in seinem Sondervotum bei der Karlsruher Entscheidung zum Rauchverbot im Jahr 2008. Leider war er mit dieser Meinung in der Minderheit.

Der Staat hat es gefälligst den Gastronomen zu überlassen, ob sie ihren Gästen das Rauchen erlauben oder nicht. Keine Sorge: Es wird keiner zu kurz kommen. Die Gäste entscheiden darüber, wo sie einkehren wollen. Sie bestimmen, wo sich welches gastronomische Konzept durchsetzt. Und sollte sich dabei herausstellen, dass die Tage der Raucherkneipe tatsächlich gezählt sind, weil niemand mehr im Qualm sitzen möchte, wäre das auch in Ordnung. Dann haben es die Verbraucher eben so entschieden.

In einer Gesellschaft, die zu 65 Prozent aus Nichtrauchern besteht, braucht es keinen staatlichen Zwang, um für diese Bevölkerungsgruppe Freizeitangebote durchzusetzen. Schon in den achtziger Jahren des vergangenen Jahrhunderts durfte in den meisten Kinosälen nicht mehr geraucht werden. Nicht die Regierung, sondern die Kinobetreiber selbst hatten sich für ein Rauchverbot entschieden, und die Besucher akzeptierten es ohne Murren. Genauso halten es heute die meisten Besitzer von Friseursalons und Kosmetikstudios. Als sogenannte Handwerksbetriebe mit Publikumsverkehr fallen sie nicht unter das Rauchverbot; eine Regelungslücke, die der sonst so gründliche Gesetzgeber übersehen hat. Friseure könnten ihren Kunden deshalb das Rauchen gestatten. Doch sie tun es in der Regel nicht.

Der »Bereich Schönheit«, heißt es beim Friseur- und Kosmetik-
verband lapidar, »passt einfach nicht zum Zigarettenqualm«.
Es gibt Menschen, die der Ansicht sind, dass Zigaretten ihr
Leben qualitativ verbessern. Das ist ihr gutes Recht. Zur Freiheit
gehört, sich gegen eine gesunde Lebensführung zu entscheiden,
auch wenn es unvernünftig erscheint. Der Bürger ist nicht verpflichtet, sich den Vorstellungen des Staates von einem gelin-
genden Leben zu unterwerfen. Es gibt ein Recht auf Gesundheit,
aber keine Pflicht zur Gesundheit. Solange wir keinem anderen
Schaden zufügen, dürfen wir gute und medizinisch wertvolle
Ratschläge ignorieren. Das mag nicht klug von uns sein, manchmal gefährlich und mitunter sogar selbstzerstörerisch. Aber die
Freiheit, über unser eigenes Schicksal selbst entscheiden zu dürfen, ist der wesentliche Unterschied zwischen uns und einem
Schimpansen.

Die Grenzen der Prohibition

Das Wirtschaftsmagazin »The Economist« erklärte Uruguay
2013 zum »Land des Jahres«, denn es hat sich zu einem bemer-
kenswerten Experiment entschieden. Uruguay will das erste
Land der Welt werden, in dem Marihuana unter staatlicher
Kontrolle angebaut, verkauft und konsumiert wird. Wer mindestens 18 Jahre alt und in Uruguay gemeldet ist, kann sich als
Konsument registrieren lassen und die Droge in lizenzierten
Apotheken erwerben. Die Höchstmenge beträgt 40 Gramm pro
Person und Monat; das sollte reichen, um sich ordentlich zuzu-
dröhnen. Uruguays Präsident José Mujica, der beteuert, selbst
noch nie an einem Joint gezogen zu haben, spricht von einem
»gesellschaftlichen Experiment«.

Es soll nicht darum gehen, Uruguay in ein Kifferparadies
zu verwandeln. Hinter dem Experiment steckt vielmehr die
Erkenntnis, dass der gesellschaftliche Schaden, den Drogen

anrichten, wesentlich damit zusammenhängt, dass Drogen illegal sind. Wären sie legal, gäbe es diese Probleme so nicht. »Ich habe Angst vor dem Drogenhandel, nicht vor den Drogen«, sagt Präsident Mujica.

Geht Uruguays Plan auf, zerstört die Legalisierung das Geschäftsmodell der Drogenbosse, die den Stoff bislang mit märchenhaften Gewinnspannen von mehreren Tausend Prozent verkaufen. Die Macht der Kartelle würde gebrochen. Für den Staat täte sich eine zusätzliche Steuerquelle auf, während die Milliardenbeträge, die Polizei und Justiz zurzeit für die Strafverfolgung von Drogenkonsumenten ausgeben, für andere, sinnvollere Zwecke zur Verfügung stünden. Daher auch das Lob des wirtschaftsfreundlichen »Economist«: Uruguay will der Drogenmafia nicht länger mit Prohibition, sondern mit Marktkräften beikommen.

Nun kann man Zweifel haben, ob die Legalisierung von Marihuana ausreicht, um der Drogenmafia das Wasser abzugraben, schließlich gibt es ja noch Heroin, Kokain und zahlreiche weitere Drogen, die auch in Uruguay weiterhin verboten sein sollen. Doch das Cannabis-Experiment ist immerhin ein erster Schritt hin zu einer rationaleren Drogenpolitik. So wie heute geht es jedenfalls nicht weiter. Der bisher verfolgte Plan, Drogenkonsum durch Verbote und mit den Mitteln des Polizei- und Ordnungsrechts zu bekämpfen, ist gescheitert.

Was hat die Politik nicht alles versucht! Vor gut 100 Jahren trafen sich die damals führenden Weltmächte in Shanghai und Den Haag zu Konferenzen über ein weltweites Opiumverbot. 1961 einigten sich die Vereinten Nationen auf ein »Einheitsabkommen über die Betäubungsmittel«. Am 17. Juli 1971 erklärte der damalige US-Präsident Richard Nixon Drogen zu Amerikas Staatsfeind Nummer 1 und eröffnete den »war on drugs«, für den die USA seither etwa eine Billion Dollar ausgegeben haben.

Trotz alledem: Das Drogengeschäft floriert. Die Verbotsstrategie hat die illegalen Märkte geschaffen, anstatt sie zu bekämpfen. Etwa 40 000 Tonnen Marihuana, 800 Tonnen Kokain und 500 Tonnen Heroin werden jährlich auf dem Weltmarkt verkauft. Die Zahl der Konsumenten liegt seit Jahren konstant bei etwa 200 Millionen Menschen. Der Umsatz beträgt etwa 500 Milliarden Dollar, ein internationales Geschäftsfeld von der Größe des halben legalen Weltpharmamarktes. Mit dem Unterschied, dass es nicht in Apotheken und Drogerien, sondern in dunklen Ecken abgewickelt wird.

Die Staaten Mittelamerikas, insbesondere Mexiko und Kolumbien, haben sich im Kampf gegen die Drogen politisch, wirtschaftlich und gesellschaftlich aufgerieben. Im mexikanischen Drogenkrieg, der »Mutter aller Schlachten«, wie es Mexikos Expräsident Vincente Fox nannte, starben bislang 60 000 Menschen. Die Warlords in Afghanistan kaufen ihre Waffen mit Drogengeld, ebenso die islamistischen Terrornetzwerke in Westafrika. »Der Krieg gegen Drogen hat nur den Drogenhändlern die Möglichkeit gegeben, sehr viel Geld zu verdienen«, sagt der frühere UN-Generalsekretär Kofi Annan. »Gleichzeitig hat er das Leben vieler junger Menschen zerstört, die verhaftet wurden, weil sie ein halbes Gramm irgendeiner Substanz bei sich hatten.« Junkies auf der ganzen Welt klauen und prostituieren sich, um ihre Sucht finanzieren zu können. Die Gefängnisse sind voller Menschen, deren Vergehen darin besteht, einmal zu oft beim Kiffen erwischt worden zu sein.

Die Geschichte zeigt, dass Drogenverbote das gesellschaftliche Elend, das sie eigentlich bekämpfen sollen, in Wahrheit erst hervorrufen. Das organisierte Verbrechen in Amerika verdankt seine Existenz zum Gutteil der Prohibition in den zwanziger Jahren des vergangenen Jahrhunderts. Am 16. Januar 1920 trat in den USA der 18. Verfassungszusatz in Kraft, der den Verkauf von Whiskey, Gin, Wein und Bier unter Strafe stellte. Es war ein Sieg der von christlichen Frauen angeführten Abstinenzlerbewegung. Doch halb Amerika unterlief das Verbot. In jeder

Stadt entstanden Schänken, die ihren kriminellen Betreibern hohe Gewinne bescherten. Allein in New York soll es Ende der zwanziger Jahre mehr als 32 000 dieser illegalen Kneipen gegeben haben. Weil Schnapsflaschen handlicher abgefüllt, transportiert und versteckt werden konnten als Bier und Wein, wurde etwa doppelt so viel harter Alkohol getrunken wie in der Zeit vor der Prohibition. Die Qualität war allerdings lausig. Der hochprozentige Fusel, geschmacklich nur auf Eis oder im Mix mit anderen Getränken zu ertragen, führte zu Erblindung und Lähmung. Zigtausende starben an Alkoholvergiftung.

Millionen bis dahin unbescholtene Amerikaner wurden zu Komplizen des organisierten Verbrechens. Die Kriminalitätsrate explodierte; die Zahl der Morde in den großen Städten stieg in den zwanziger Jahren um 78 Prozent. Nach beinahe 14 Jahren, am 5. Dezember 1933, beendeten die USA das missratene Experiment und schafften das Alkoholverbot wieder ab. Präsident Franklin D. Roosevelt soll sich der Legende nach zur Feier ein kaltes Bier genehmigt haben. Doch es war zu spät, um den Siegeszug der Mafia zu stoppen. Gangsterbosse wie Meyer Lansky und Frank Costello hatten ihr Verbrecherimperium durch das Alkoholgeschäft bereits auf ein solides Fundament gestellt. Sie machten jetzt mit Prostitution, Glücksspiel und dem Verkauf anderer Drogen weiter.

In Schweden und Norwegen ist der Verkauf von Bier, Wein und Schnaps noch heute stark reglementiert und mit hohen Steuern belegt. Auch diese Länder haben mit ihrer prohibitiven Alkoholpolitik keine Erfahrungen gemacht, um die man sie beneiden müsste. Die Skandinavier haben sich nicht zu Abstinenzlern entwickelt, im Gegenteil. Zur Not wird schwarz gebrannt und Rasierwasser gesoffen. Einem Sturzbetrunkenen auf offener Straße zu begegnen, kommt im prohibitiven Schweden häufiger vor als im weinseligen Italien (skandinavische, britische und deutsche Urlaubsreisende nicht mitgezählt).

Die Politik sollte deshalb nicht länger den Eindruck erwecken, als ließen sich die Drogenprobleme lösen, indem man Drogen verbietet. Die Politik des Verbietens und Bestrafens sei »gescheitert, sozialschädlich und unökonomisch«, erklärten kürzlich 122 deutsche Strafrechtsprofessoren und der frühere Verfassungsrichter Jürgen Kühling. Die Prohibition fördere die Kriminalität und treibe Drogenkonsumenten in kriminelle Karrieren. Unterm Strich habe die Drogenpolitik mehr Probleme erzeugt als der Drogenkonsum selbst, so die Rechtsexperten.

Man kann, mit Recht, der Ansicht sein, dass harte Drogen wie Heroin zu gefährlich sind, um sie völlig freizugeben. Eine Alternative könnte sein, sie über Apotheken zu verkaufen. Der illegale Handel würde dadurch vermutlich nicht völlig ausgetrocknet, aber doch merklich geschwächt.

Cannabiskonsum ist in Deutschland illegal, auch wenn der Besitz geringer Mengen je nach Bundesland strafrechtlich oft nicht mehr verfolgt wird. Berlin zieht die Grenze bei 15 Gramm, Nordrhein-Westfalen bei 10 Gramm und Bayern bei 6 Gramm. Wer also mit Cannabis im Gepäck mit dem Zug von München nach Berlin reist, ist gut beraten, sich lieber beim Aus- statt beim Einsteigen erwischen zu lassen. Doch ob jemand gerne kifft und Haschkekse backt, ist ganz allein seine Sache. Er schadet niemandem außer sich selbst, und das ist sein gutes Recht. Das Strafgesetzbuch ist dazu da, Verbrechen zu bekämpfen; aber es gibt kein Verbrechen gegen sich selbst. Es ist grotesk, dass erwachsene Menschen, die gerne einen Joint rauchen würden, durch halbdunkle Parks schleichen müssen, um einen Dealer zu finden.

Promilleverbot

Alkoholismus ist eine ernste Krankheit und ein gravierendes gesellschaftliches Problem. Die Drogenbeauftragte der Bundesregierung schätzt, dass es etwa 1,8 Millionen Alkoholiker in

Deutschland gibt. Das Robert Koch-Institut taxierte die gesamt-
gesellschaftlichen Kosten des Alkoholmissbrauchs bereits 2003
auf über 20 Milliarden Euro. Es verbietet sich, das Problem Alkoholismus in irgendeiner Form zu relativieren.

Doch der Umstand, dass es maßlose Säufer gibt, bringt einige
Politiker dazu, bei der Regulierung des Alkoholkonsums selbst
jedes vernünftige Maß zu verlieren. Wegen einiger Kampftrin-
ker darf an allen Tankstellen Baden-Württembergs nachts kein
Tropfen Alkohol mehr verkauft werden. Um die trinkenden
Tippelbrüder vom Bahnhof zu vertreiben, darf sich nun auch
der Handwerker auf der Fahrt in den Feierabend keine Flasche
Bier mehr aufmachen. Und nur weil ein paar Randalierer nicht
wissen, wo ihr Limit ist, wird auch das Gläschen Prosecco für die
harmlose Kegelvereinsrunde auf Reisen verboten. Hält das die
Randalierer vom Saufen ab? Natürlich nicht. Im Zweifel haben
sie sich schon zu Hause in Stimmung gebracht.

Die Innenministerkonferenz der Bundesländer will die Promillegrenze für Fahrradfahrer weiter herabsetzen. Derzeit müssen
Radfahrer ab 1,6 Promille mit dem Verlust ihres Führerscheins
rechnen. Künftig soll die Grenze bei 1,1 Promille liegen. Ein kühl
kalkulierender Zecher könnte sich nach dem Kneipenbummel
also wieder ins Auto statt aufs Fahrrad setzen, nach dem Motto:
Wenn eh beides verboten ist, hat man es im Auto wenigstens
warm.

Die Grünen in Friedrichshain-Kreuzberg schrieben in ihr
Wahlprogramm: »Komasaufen ist eine tödliche Angelegenheit,
kein Volkssport! Wir setzen uns für die Abschaffung der jährlich
stattfindenden Biermeile im Bezirk ein.« Dazu muss man wissen:
Die Berliner Biermeile ist ein jährliches Volksfest, bei dem in
der Nähe des Alexanderplatzes ein fast drei Kilometer langer
Abschnitt der Karl-Marx-Allee für drei Tage für den Durchgangs-
verkehr gesperrt und in einen Biergarten verwandelt wird. Es
präsentieren sich Brauereien aus der ganzen Welt. Das Bier wird

in kleinen Gläsern ausgeschenkt, damit die Gäste verschiedene Sorten probieren können. Trotz des großen Andrangs von insgesamt etwa 800 000 Besuchern handelt es sich um eine ausgesprochen friedliche Veranstaltung (zumal im Vergleich zu den Krawallen am 1. Mai, deren Abschaffung die Berliner Grünen aber seltsamerweise noch nie gefordert haben). Der Polizeibericht für die Biermeile des Jahres 2012 verzeichnete zehn Fälle von leichter Körperverletzung, vier Beleidigungen, einen Diebstahl und eine Sachbeschädigung.

Baden-Württembergs grüner Ministerpräsident Winfried Kretschmann sähe es gern, wenn draußen in der Öffentlichkeit kein Alkohol mehr getrunken werden dürfte. In der Kneipe gälte dann Rauch- und auf der Straße Alkoholverbot; es sieht sicher lustig aus, wenn Stuttgarter Kneipenbesucher demnächst auf der Türschwelle balancieren, die Zigarette in der einen Hand, das Bierglas in der anderen. Aber ist es wirklich so schlimm, wenn sich die Menschen an lauen Sommerabenden mit einer Flasche Wein ans Neckarufer setzen? Als Freiburg 2007 ein Alkoholverbot auf öffentlichen Plätzen einführte, schritt noch der baden-württembergische Verwaltungsgerichtshof ein. »Für einen See wird auch kein Badeverbot erlassen, nur weil Nichtschwimmer darin ertrunken sind«, so die Richter.

Auch wenn die politischen Debatten den gegenteiligen Eindruck vermitteln: Der Alkoholkonsum steigt nicht, sondern sinkt, und zwar kontinuierlich und seit Jahren. Im Jahr 2000 lag der Pro-Kopf-Verbrauch bei 10,5 Litern reinem Alkohol, 2012 waren es 9,6 Liter, 2013 noch 9,5 Liter. Im Berufsleben ist Alkohol bereits verpönt. In allen mir bekannten Redaktionen wird während der Arbeitszeit schon seit Jahren nur Kaffee und Wasser getrunken. Allenfalls in Bayern gibt's mittags noch ein Glas Bier zum Essen.

Auch der Alkoholmissbrauch von Kindern, Jugendlichen und jungen Erwachsenen geht tendenziell zurück, trotz etwa 26 000

Alkoholvergiftungen im Jahr. Der Anteil der 12- bis 25-Jährigen, die mindestens einmal pro Woche Alkohol trinken, hat sich seit Mitte der siebziger Jahre etwa halbiert. Laut der Bundeszentrale für gesundheitliche Aufklärung gaben 2007 noch etwa 50 Prozent der 16- und 17-Jährigen an, mindestens einmal im Monat mehr als fünf alkoholische Getränke zu trinken. 2011 waren es nur noch etwa 33 Prozent. Anders als früher sind viele Jugendliche abstinent. 30 Prozent geben an, noch nie Alkohol getrunken zu haben. Vor zehn Jahren waren es nur 13 Prozent.

Alkoholismus ist eine schwere Krankheit. Doch Alkoholiker trinken nicht, um sich zu berauschen, sondern, im Gegenteil, um nüchtern zu sein. Kein Alkoholiker wird sich vom Trinken abhalten lassen, nur weil der Staat modische Alkopops verbietet, Trinkverbotszonen einrichtet oder die Verkaufszeiten für Bier an Tankstellen begrenzt. Darunter leidet nur die Mehrheit der Bürger, die nicht dem Alkohol verfallen ist. Die meisten Menschen wissen, wo ihr Limit ist, und halten sich in der Regel auch daran. Und wenn sie doch mal über die Stränge schlagen, geht das den Staat nichts an.

Das große Fasten

Seit die Menschen in der westlichen Welt genug zu essen haben, machen sie Diät, um abzunehmen. Die Methoden freilich wechseln wie die Frühjahrsmode. Ständig tauchen neue Wunderkuren auf, die sich wenig später als nutzlos, kontraproduktiv oder sogar gesundheitsgefährdend herausstellen. Auf Atkins folgt Glyx folgt Low Carb folgt Paläo folgt Schlank im Schlaf. Es gibt zwanghafte Besseresser, die in Depression versinken, wenn sie versehentlich in ein Stück Pizza gebissen haben. Zucker und Fett sind für sie wie Giftmüll. Wer eine größere Runde zum Essen einladen will, sollte daher früh mit der Menüplanung beginnen, um allen Ansprüchen gerecht werden zu können. Der eine Gast isst womöglich nur Bio, der nächste Trennkost und der dritte will kein Salz. Wenn dann auch noch einer mit Laktoseintoleranz oder Zöliakie am Tisch sitzt, verlegt man sich besser aufs Trinken.

Was sich zuletzt dramatisch verändert hat, ist der gesamtgesellschaftliche Kontext der Nahrungsaufnahme. Die ethischen Aspekte des Essens beziehungsweise seiner Verweigerung gehören zu den großen Themen unserer Zeit. Wir führen Glaubenskriege um die richtige Art zu essen. In Deutschlands bürgerlicher Mitte hat das Studium von Ernährungsratgebern die Lektüre der Heiligen Schrift ersetzt. Kein Wunder, dass Koch- und Diätbücher das Wort Bibel jetzt schon im Namen führen, ob »Kleine Veganer-Bibel«, »Food Bibel« oder »Weber's Grill-Bibel«. Im Zweifel geht auch Wilhelm Busch, der schrieb: »Wer vielleicht zur guten Tat / keine rechte Neigung hat / dem wird Fasten und Kastein / immerhin erfrischend sein.«

Während es früher ausreichte, ein paar Kilo abzunehmen, soll heute mit der richtigen Diät mindestens noch die Tierwelt gerettet, die regionale Landwirtschaft gestärkt und der Klimawandel gebremst werden. Essen ist zur Ersatzreligion geworden, der Körper zum Tempel und das Rezept zum Gotteslob. Der Philosophisch-Theologischen Hochschule Münster wurde bereits ein »Institut für Theologische Zoologie« angegliedert, wo unter anderem die Frage geklärt werden soll, warum wir einige Tierarten mit Futter verwöhnen und andere zu Futter verarbeiten.

Die religiös aufgeladene Speise landet dann auf den Tellern der Politik. Der von der Bundesregierung eingesetzte Sachverständigenrat für Umweltfragen, das Umweltbundesamt und die Bundeszentrale für politische Bildung fordern eine Strafsteuer auf Fett und ungesättigte Fettsäuren, um den Verzehr von Wurst, Fleisch und Butter einzudämmen. Klimaschützer machen tierische Lebensmittel für den hohen CO_2-Ausstoß in der Landwirtschaft und damit für den Treibhauseffekt wesentlich mitverantwortlich. Zu den meistdiskutierten Themen des vergangenen Bundestagswahlkampfs gehörte die Einführung eines Veggiedays. Die Grünen hatten in ihrem Programm vorgeschlagen, dass Kantinen an einem Tag in der Woche nur noch fleischlose Gerichte anbieten sollen. Tatsächlich hat sich der Veggieday in vielen Kantinen und Mensen längst durchgesetzt. In etwa 30 Einrichtungen des Deutschen Jugendherbergswerks kommt donnerstags kein Fleisch auf den Tisch, ebenso bei der Agentur für Arbeit in Hannover, in der Kantine des Bremer Rathauses sowie in der Mensa »Prinz Karl« in Tübingen. In der Mensa »Veggie No.1« an der Freien Universität Berlin ist sogar jeden Tag ein Veggieday; das schmeckt nicht schlecht, ist aber recht teuer und macht offenbar auch nicht immer alle satt, weshalb eine »Liste gegen die Veggie-Mensa« ins Studierendenparlament gewählt wurde. Um das Wahlplakat der Veggie-Gegner hatte es zuvor heftigen Streit gegeben: Jesus, Willy Brandt, Nelson Mandela und Adolf Hitler in einer Reihe, darüber der Satz: »Finde den Vegetarier!«

Besonders deutlich wird der politische Bedeutungszuwachs der Nahrungsmittelfrage jedes Jahr im Januar, wenn in Berlin die »Grüne Woche« beginnt. Die ehemalige Fress-Messe hat sich zu einem politischen Spitzen-Event entwickelt. 2014 kamen mehr als 70 Landwirtschaftsminister aus der ganzen Welt nach Berlin, um etwa über Tierhaltung, Anbaumethoden und Ernährung zu diskutieren. »Die Messe ist nicht mehr wiederzuerkennen«, sagt Messechef Christian Göke über die Entwicklung. »Was es früher gar nicht gab, war der politische Überbau.«

Die Vorschriftendichte für Landwirte, Tierzüchter und Lebensmittelproduzenten nimmt rasant zu. Der niedersächsische Landwirtschaftsminister Christian Meyer (Bündnis 90 / Die Grünen) will etwa »Agrarfabriken« bekämpfen. Das Kupieren von Schweineschwänzen will er ebenso verbieten wie eine zu nitratreiche Herbstdüngung. Nordrhein-Westfalen untersagt das Töten von wirtschaftlich nicht nutzbaren männlichen Küken in der Eierproduktion; bislang landeten diese gleich nach dem Schlüpfen im Schredder, übrigens auch auf Biohöfen.

Und die Gesundheitspolitik nimmt nach Nikotin und Alkohol jetzt den gesamten Lebenswandel ins Visier: Was isst der Bürger und wie viel? Nimmt er die Treppe oder den Aufzug? Treibt er Sport? Falls nein: Warum nicht?

Dicke gelten nicht mehr als gemütlich, sondern als gefährdet. Ihr Übergewicht signalisiert Maßlosigkeit, Müßiggang und steigende Gesundheitskosten. Wer im Job ernst genommen werden möchte, darf keinen unfitten Eindruck machen. Sport ist kein Spaß, sondern dient der Maximierung von Leistungs- und Arbeitskraft. Drahtige Männer und Frauen mit Fitness-Trackern am Arm bevölkern die Chefetagen. Früher wurde höchstens mal eine Runde auf dem Golfplatz gedreht, heute tritt der Vorstand geschlossen zum Halbmarathon an.

Es ist normal geworden, Doppelkinn und Hüftring aus ärztlicher und sozialtherapeutischer Perspektive zu betrachten. Was einen so großen gesellschaftlichen Schaden anrichtet, darf nicht länger als individuelles Problem abgetan werden. Der CSU-Gesundheitspolitiker Wolfgang Zöller, von 2009 bis 2013 Patientenbeauftragter der Bundesregierung, vertrat bereits die Ansicht, übergewichtige Diät- und Präventionsverweigerer, die bewusst ihre Gesundheit aufs Spiel setzten, sollten einen Teil ihrer ärztlichen Behandlungskosten zur Strafe künftig selbst zahlen. Übergewichtige Lehramtsanwärter und andere Staatsdiener werden in vielen Bundesländern nicht mehr verbeamtet; wenn der Staat schon nicht schlank ist, sollen es wenigstens seine Beamte sein. Die Chancen für Übergewichtige, eine Berufsunfähigkeitsversicherung abschließen zu können, sind praktisch gleich null. Kaum ein Versicherungskonzern will sich mit ihnen belasten.

Als handele es sich um eine hochansteckende Krankheit oder eine Naturkatastrophe verkündet die Bundesregierung einen »Nationalen Aktionsplan« gegen Übergewicht. Der SPD-Gesundheitsexperte Edgar Franke will die Mehrwertsteuer auf kalorienreiche und ballaststoffarme Lebensmittel erhöhen. Sehnige Talkshow-Experten von Foodwatch fordern eine Sondersteuer auf Zucker, um Kinder davon abzuhalten, sich Schokoriegel und Gummibärchen in den Mund zu stopfen. Die Krankenkassen stecken übergewichtige Jugendliche in Bootcamps und Diätprogramme mit Namen wie »Obeldicks«, »Donald Dick« oder »Moby Dick«. Auch die Bundeswehr-Generalität fürchtet um die Wehrfähigkeit der Truppe: Deutschlands Jugend verfette; woher soll bloß das Personal für die schweißtreibenden Auslandseinsätze kommen? Spätestens an diesem Punkt wird aus einer Tüte Chips ein gesamtgesellschaftliches Problem, um das sich die Politik kümmern muss. Grüne Kohlrabi-Apostel verbünden sich mit spießigen Familienpolitikern, die dem Leitbild der kochenden Hausfrau nachtrauern. Vielleicht erleben wir ja bald eine Renaissance der Reichskartoffelstelle, die vor 100 Jahren jedem Bürger eine gesetzlich festgelegte Ration an gesunden Grundnahrungsmitteln zuteilte.

Gesundheitspolitikern, Kassenfunktionären und *Public Health*-Experten ist es gelungen, den Bürgern ein chronisch schlechtes Gewissen einzuimpfen. Wir walken und joggen durch den Park, als ob der Tod uns dicht auf den Fersen wäre. Wir zählen die Kalorien auf unserem Frühstücksbrot. Unsere neue Digitalwaage zeigt grammgenau an, was wir gestern gegessen haben; sogar der Körperfettanteil wird präzise ermittelt. Wer alles richtig machen will, braucht zwei Liter Flüssigkeit, fünfmal Obst, acht Stunden Schlaf und mindestens 3000 Schritte extra am Tag.

Der normierte Körper

Ob Sie zu dick sind, erfahren Sie bei einem Selbsttest auf der Homepage des Bundesgesundheitsministeriums. »Sich selbst richtig einzuschätzen ist nicht immer einfach«, heißt es dort. »Um einen realistischen Eindruck davon zu bekommen, kann hier der eigene Body-Mass-Index (BMI) berechnet werden.« Der BMI wird nach folgender Formel berechnet: Das Körpergewicht (in Kilogramm) wird durch die Körpergröße (in Metern) zum Quadrat geteilt. Die Formel stammt vom belgischen Mathematiker Adolphe Quetelet, der im 19. Jahrhundert die erste Volkszählung seines Landes organisierte. Doch erst im Juni 1997 einigte sich die Weltgesundheitsorganisation WHO bei einer Konferenz in Genf darauf, die Bevölkerung in verbindliche BMI-Gewichtsklassen einzuteilen.

Sollte bei Ihnen im Selbsttest ein Wert zwischen 18,5 und 24,9 herauskommen, ist alles in Ordnung: Sie liegen im Normalbereich. Ein BMI zwischen 25 und 30 hingegen bedeutet Übergewicht. Ist Ihr BMI über 30, sind Sie adipös, also fettleibig. Bei einem Wert über 40 sind Sie extrem adipös. Bei einer Körpergröße von 1,70 Metern dürften Sie demnach höchstens 72,25 Kilogramm wiegen, um gerade noch als normal zu gelten. Bei 1,80 Meter wären maximal 81 Kilogramm erlaubt.

Für jemanden mit 2,01 Metern Länge liegt die Grenze bei 101 Kilogramm, was in meinem Fall leider bedeutet: Ich bin viel zu dick. Ich komme bei 2,01 Metern Länge auf 113 Kilogramm Gewicht – macht einen BMI von 28. Das ist deutlich im übergewichtigen Bereich mit Tendenz zur Fettleibigkeit. Und tatsächlich kommt es mir so vor, als hätte ich in letzter Zeit zugenommen. Meine alten Anzüge sitzen recht knapp, besonders am Hosenbund.

Interessant wird es, wenn ich mich mit anderen Männern vergleiche. Bayerns Ministerpräsident Horst Seehofer, 1,93 Meter groß und nach eigenen Angaben 99 Kilo schwer, hat demnach einen BMI von 26,6: ganz gut. Der Schauspieler George Clooney hingegen, 1,80 Meter, 90 Kilogramm, kommt genau wie ich auf einen BMI von 28, ist also übergewichtig. Und Diskus-Olympiasieger Robert Harting, 2,01 Meter, 126 Kilo, hat ein echtes Adipositasproblem. Sein BMI vom 31,2 liegt deutlich im Bereich der Fettleibigkeit. Also lautet die Reihenfolge: Horst Seehofer vor George Clooney / Alexander Neubacher vor Robert Harting. Man ahnt: Hier geht's nicht mit rechten Dingen zu.

Tatsächlich hat das BMI-Konzept strukturelle Schwächen. Ob ein Körper aus Fit- oder aus Fettmasse besteht, spielt beim BMI keine Rolle. Sportgestählte Modellathleten landen deshalb häufig in derselben Klasse wie ein extrem übergewichtiger Sportmuffel. Muskelpakete wie Robert Harting, Arnold Schwarzenegger oder Sylvester Stallone gelten sogar als fettleibig. Und schließlich sagt der BMI nichts darüber aus, wie sich das Fett am Körper verteilt. Schmiegen sich die Fettpolster, medizinisch unproblematisch, an Po und Beine? Oder ist der Bauch zu dick, was ein größeres medizinisches Problem darstellte?

Vor allem aber gibt es kaum eine seriöse Studie, die belegen könnte, dass ein Body-Mass-Index zwischen 25 und 30 überhaupt schlecht für die Gesundheit wäre. Im Gegenteil: Moderates Übergewicht ist gesund. Kurz vor der Jahrtausendwende fiel Nierenärzten der University of California bei der Dialyse auf, dass ihre schlanken Patienten viel anfälliger waren und schneller starben als die Patienten mit Übergewicht. Sie berichteten Kollegen davon und erfuhren, dass in anderen medizinischen Fachbereichen ähnliche Erfahrungen gemacht wurden, etwa bei Patienten mit Herzinfarkt, Schlaganfall oder Rheuma. Das amerikanische National Cancer Institute (NCI) und die Centers for Disease Control (CDC) fanden anhand der Gesundheitsdaten von über zwei Millionen US-Bürgern aus fast 100 Einzelstudien heraus, dass Menschen mit einem BMI zwischen 25 und 30 länger leben als Menschen mit einem BMI zwischen 18,5 und 25. Nicht einmal die Adipösen haben eine geringere Lebenserwartung als die angeblich Normalgewichtigen.

Die Deutsche Gesellschaft für Ernährungsmedizin DGEM hält inzwischen einen Body-Mass-Index von über 25 für »wünschenswert« und rät insbesondere Menschen ab 65 Jahren dringend, sie sollten sich »Murmeltierpolster zulegen«. Erst ab einem BMI von 29 steige das Gesundheitsrisiko an. Doch selbst dann solle man von radikalen Fastenkuren Abstand nehmen, denn diese erhöhten das Risiko, an einer Herz-Kreislauf-Krankheit zu sterben. Der Berliner Charité-Wissenschaftler Wolfram Döhner fand heraus, dass dicke und sogar fettleibige Menschen größere Chancen als sogenannte Normalgewichtige haben, einen Schlaganfall zu überleben. Und auch bei Nieren-Patienten gilt: Je dicker, desto zäher.

Verfettet Deutschland?

Ende April 2007 schockierte eine Adipositas-Studie der »International Association for the Study of Obesity« (IASO) die Öffentlichkeit: Deutschland verfettet! 75 Prozent der Männer und 59 Prozent der Frauen seien übergewichtig oder sogar krankhaft fettsüchtig, ein im internationalen Vergleich katastrophaler Wert. »Die Deutschen sind die dicksten Europäer«, schrieb die »Süddeutsche Zeitung«, »Der dicke Deutsche« titelte der »Tagesspiegel«. Auf SPIEGEL Online war zu lesen: »Deutsche haben in Moppel-Liga den Bauch vorn«. Die Politik reagierte schnell. Binnen weniger Tage legten das Gesundheits- und das Verbraucherschutzministerium Eckpunkte für einen Aktionsplan vor.

Verfettet Deutschland? Bis heute wird die Story in vielen Medien verbreitet. Doch in Wahrheit ist die IASO-Studie, die im April 2007 die Öffentlichkeit schockierte, kaum das Papier wert, auf dem sie gedruckt wurde. Die dort verwendeten Zahlen für Frankreich stammten aus dem Jahr 2006, die für Dänemark aus 1992 und die aus Malta aus 1984. Mal handelte es sich

um Umfragewerte, mal um Mess- und mal um Schätzresultate.
Die Deutschland-Zahlen der Studie waren zum Beispiel einer
Umfrage der Bertelsmann-Stiftung aus dem Jahr 2003 entnom-
men, bei der allerdings nur Menschen im Alter zwischen 25 und
69 Jahren berücksichtigt worden waren. Die Daten seien deshalb
auch »nicht aussagekräftig«, urteilt das Robert Koch-Institut.
Die Behauptung, die Deutschen seien das dickste Volk Europas, ist Quatsch. Die Deutschen sind im Vergleich zu den Menschen in anderen europäischen Staaten sogar eher schlank. Laut
Organisation für wirtschaftliche Zusammenarbeit und Entwicklung (OECD) liegt der Anteil sogenannter »fettleibiger« Menschen (also mit einem BMI von 30 und mehr) in Deutschland bei
14,7 Prozent – und damit hinter Großbritannien (24,8 Prozent),
Luxemburg (23,5 Prozent), Island (21 Prozent), Ungarn (20 Prozent), Griechenland (17,3 Prozent), der Slowakei (16,9 Prozent),
Türkei (16,9 Prozent), Spanien (16,6 Prozent) und Portugal (15,4
Prozent). Österreicher (12,4) und Schweizer (8,1 Prozent) schneiden freilich noch besser ab.

Von einer »Übergewichtsepidemie«, die der SPIEGEL bereits
1976 über Deutschland hereinbrechen sah, kann auch bei unseren Kindern keine Rede sein. Die Zahl der übergewichtigen und
fettsüchtigen Kinder und Jugendlichen zwischen 5 bis 17 Jahren geht seit mehreren Jahren zurück. Schon seit der Jahrtausendwende stellen Ärzte bei der Schuluntersuchung fest, dass
Deutschlands Schulanfänger schlanker werden, insbesondere
in Bayern, Brandenburg, Berlin, Hessen und Nordrhein-Westfalen. »Für nahezu alle Bundesländer kann ein Rückgang der
Prävalenzzahlen für Übergewicht und Adipositas beobachtet
werden«, berichtete die Deutsche Gesellschaft für Kinder- und
Jugendmedizin, nachdem sie die Daten von 607 444 Erstkläss-
lern des Jahres 2008 im Detail ausgewertet hatte. Nur in Baden-
Württemberg und Rheinland-Pfalz war der Anteil der übergewichtigen Kinder leicht gestiegen.

Die Wahrheit ist: In den letzten 10000 Jahren Menschheitsgeschichte hat sich keine Generation so gesund ernährt wie wir und unsere Kinder. Das Risiko, sich mit vergammelten Lebensmitteln den Magen zu verderben, ist dank moderner Konservierungsmittel und lückenloser Kühlketten auf ein Minimum gesunken. Zu jeder Jahreszeit gibt es frisches Obst und Gemüse in einer Qualität, von der unsere Großeltern nur träumen konnten. Vor allem aber muss kaum noch jemand in Deutschland Hunger leiden: Die Preise für Lebensmittel sinken kontinuierlich. In den fünfziger Jahren des vergangenen Jahrhunderts gab eine durchschnittliche Familie noch etwa 50 Prozent ihres Einkommens für Nahrung aus. 1996 waren es noch knapp 22 Prozent. Und 2012 sogar nur noch 12,4 Prozent.

Die überwiegende Zahl der Kinder und Jugendlichen ernährt sich nicht von Fast Food, mögen fürsorgliche Gesundheitspolitiker auch das Gegenteil behaupten. Die These von der verfettenden Jugend hält einer Überprüfung nicht stand. Das Robert Koch-Institut hat 2013 in seiner großen »Studie zur Gesundheit von Kindern und Jugendlichen in Deutschland« (»Kiggs-Studie«) ermittelt, dass 81 Prozent aller Jungen und 90 Prozent aller Mädchen seltener als einmal pro Woche Pommes, Currywurst, Hamburger oder einen Döner vom Imbissstand essen. Der Zuckerverbrauch pro Kopf ist seit Jahrzehnten etwa gleich, der durchschnittliche Fettverzehr sinkt sogar. Wohingegen der Obstkonsum in allen Altersgruppen um etwa zwei Kilo pro Kopf und Jahr wächst.

Die Diätlobby

Wie kommt eine bekannte internationale wissenschaftliche Dachgesellschaft wie die IASO dazu, einen grob irreführenden Body-Mass-Index zu propagieren, Abermillionen Menschen als Fettsäcke zu diffamieren und einer hysterisierten Öffentlichkeit das Märchen von den dicken Deutschen aufzutischen? Nun, womöglich hat es damit zu tun, dass sich die IASO zu einem Gutteil aus Spenden der Diätindustrie finanziert. Die großen Hersteller von Appetitzüglern und angeblichen Abnehmpillen, von Abbott und Roche über Sanofi und GlaxoSmithKline bis Johnson & Johnson und Novo Nordisk, trugen mit ihren Zuwendungen erheblich zum IASO-Jahresetat bei.

In den USA laufen die Geschäfte der Branche gut. Der Umsatz mit Diätprodukten lag zuletzt bei etwa 40 Milliarden US-Dollar im Jahr. In Deutschland hingegen sind es bislang nur etwa zwei Milliarden Euro Jahresumsatz; es ist also noch Luft nach oben. Zumal viele Pharmakonzerne mit ihren Präparaten Pech hatten. Die US-Firma Wyeth, die später von Pfizer übernommen wurde, musste ihr Schlankheitsmittel »Fen-Phen« zurückziehen: Es stellte sich heraus, dass das Präparat die Herzklappen schädigt. Ähnlich bei Bayer: Nach mehr als 50 Todesfällen verschwand der Blutfettsenker Lipobay aus dem Handel. Der Hersteller Abbott hat seinen Diätwirkstoff Sibutramin vom Markt genommen. Der deutsch-französische Pharmariese Sanofi stoppte den Verkauf seines Schlankheitsmittels Acomplia, Begründung: Die Einnahme vergrößere die Suizidgefahr.

Ein Schlankheitsmittel, das in Deutschland noch nicht vom Markt genommen werden musste, ist »Xenical« von Roche. Es wirkt nicht im Gehirn, sondern im Darm, wo es die Fettverdauung unterbinden soll. Hersteller Roche strengt sich sehr an, damit das Präparat ein wirtschaftlicher Erfolg wird. So finanzierte das Unternehmen zum Beispiel einen Preis für Journalisten, die das Thema Übergewicht in ihrer Berichterstattung aufgreifen: ein Schelm, der Böses dabei denkt. Überreicht wurde dieser »Roche International Award for Obesity Journalism« schon mal von Philip James, dem Chef der angeblich unabhängigen Adipositasgesellschaft IASO. Ein Interessenkonflikt? Die Beteiligten bestreiten das. Dass IASO-Chef James den Roche-Wirkstoff

Orlistat als »gut verträglich« und »vielversprechend« gelobt hat, wird das Unternehmen jedenfalls gefreut haben, zumal einige Patienten eher über unangenehme Nebenwirkungen wie öligen Stuhlgang und Durchfall klagen.

Der deutsche IASO-Vertreter Alfred Wirth, Kardiologieprofessor und Expräsident der Deutschen Adipositas-Gesellschaft, sprach allerdings offen davon, dass bei der IASO-Studie nicht korrekt gearbeitet wurde: »Das war politisch gewollt, um die Deutschen zu schubsen«, so Wirth. Fettleibigkeit sollte endlich als Krankheit anerkannt werden.

Ernährungsmythen

Die Büßerlogik beim Essen sieht so heute aus: Was gut schmeckt, muss schlecht sein; was fade schmeckt, gut. Sonst wäre es ja keine Leistung, auf etwas zu verzichten.

Doch in Wahrheit ist die Unterscheidung in »gesunde« und »ungesunde« Lebensmittel wissenschaftlich auch nicht valider als die Unterscheidung zwischen »halal« und »haram« nach islamischem Recht beziehungsweise »koscher« und »trefe« im Judentum. Letztlich handelt es sich um eine Glaubensfrage. Und auch der Zeitgeist spielt eine Rolle. Es ist noch nicht so lange her, dass Ärzte zum tüchtigen Verzehr von Butter, viel rotem Fleisch und einem Gläschen Klosterfrau Melissengeist ermunterten. Meine drahtige Oma Traute, sie wurde immerhin über 86 Jahre alt, stärkte sich gerne mit Buttercremetorte und Frankfurter Kranz, wäre aber nie auf die Idee gekommen, ihrem empfindsamen Magen ein Glas kaltes Mineralwasser zuzumuten, womöglich gar in Verbindung mit Steinobst.

Die Ökotrophologie, also die Lehre von der Ernährung, steht hier erst am Anfang. Mal heißt es, Wirsing helfe gegen Bandscheibenschäden. Mal sollen Himbeeren das Krebsrisiko verringern. Avocados werden einerseits als heimliche Dickmacher geächtet, andererseits als wertvolle Vitamin-D-Lieferanten gepriesen. Und erst der Tomatensaft: Die einen trinken ihn, weil er Schlaganfällen vorbeugt (Wirkstoff: Lycopin). Die anderen meiden ihn, weil er Prostatakrebs verursacht (Giftstoff: Lycopin). Gesundheitsbewusste Menschen essen Schokolode nicht, weil sie ihnen schmeckt, sondern weil sie »Antioxidantien« gegen »freie Radikale« enthalten soll. Zwei bis vier Tassen Kaffee am Tag sind gut gegen Herz-Kreislauf-Erkrankungen und bringen beim Mann die Spermien auf Trab, Vitamin C steigert die Abwehrkräfte, Kalzium macht die Knochen hart und Spinat ist gut fürs Blut – je nach Studie kann es aber auch andersherum sein. »Die Ernährungswissenschaften sind in einer bemitleidenswerten Lage«, sagt Gerd Antes, Direktor des Deutschen Cochrane Zentrums am Institut für Medizinische Biometrie und Medizinische Informatik des Universitätsklinikums Freiburg, das die Qualität wissenschaftlicher Studien bewertet.

Einer strengen wissenschaftlichen Überprüfung halten die in hoher Frequenz veröffentlichten Ernährungstipps nicht stand. Der Epidemiologe John Ioannidis von der Stanford Universität in Kalifornien hat mit seinen Kollegen mehrere Hundert wissenschaftliche Studien zum Zusammenhang zwischen Ernährung und Gesundheit untersucht – mit verheerenden Resultaten. Über die Hälfte der Arbeiten beruhten demnach auf ungenügenden, schlampig erhobenen oder sogar falschen Daten. »Egal ob weniger Fett, weniger Salz, mehr Ballaststoffe, mehr Obst und Gemüse, mehr Getreide: alle gutgemeinten Ratschläge der Ernährungsexperten haben sich auf dem Prüfstand der Wissenschaft als wertlos erwiesen«, schreibt auch der Lebensmittelchemiker und Fachbuchautor Udo Pollmer.

Wurde uns nicht erzählt, die in Sahne und Butter enthaltenen gesättigten Fettsäuren seien ungesund, wohingegen pflanzliche Öle wegen ihrer ungesättigten Fettsäuren ganz besonders gut fürs Herz seien? Und erst die besonders wertvollen Omega-

3-Fettsäuren! Hunderttausende schlucken regelmäßig in Kapseln gepresstes Fischöl, seit eine Studie aus den siebziger Jahren behauptete, dass Eskimos ihr langes und gesundes Leben wesentlich dem Verzehr von rohem Fisch verdankten.

Doch nun kommt bei einer Meta-Analyse der Universität Cambridge plötzlich heraus, dass es für die Gesundheit überhaupt keinen Unterschied macht, ob Sie Ihr Fett in Form von Rapsöl oder von Schweineschwarten zu sich nehmen. Es ist auch egal, ob Sie sich Margarine oder Butter auf den Toast streichen! Wichtig ist nur, dass Sie es nicht übertreiben. Und was den Omega-3-Fischkapsel-Hokuspokus betrifft: Die Studie, wonach Eskimos gesünder leben, beruhte auf den Ernährungsdaten von genau sieben (!) Testpersonen. In Wahrheit kommen Herzkrankheiten in der Arktis genauso oft vor wie in Europa und in den USA. Die Lebenserwartung am Nordpol liegt sogar zehn Jahre darunter.

Erinnern Sie sich noch an die Empfehlung, zum Kaffee immer ein Glas Wasser zu trinken? Um den Flüssigkeitsverlust auszugleichen, wie es hieß. Bis Wissenschaftler auf die naheliegende Idee kamen, bei einer größeren Gruppe von Probanden einfach mal nachzumessen: Wie viel Flüssigkeit geht oben rein, wie viel Flüssigkeit kommt unten raus? Ergebnis: Ob man Kaffee trinkt oder Wasser oder irgendein anderes Getränk, macht für den Flüssigkeitshaushalt unseres Körpers keinen Unterschied.

Die Liste der Ernährungsmärchen ließe sich endlos fortsetzen. Cholesterin im Essen galt jahrelang als Arterienkiller – wohl zu Unrecht, wie man heute weiß. Alle sparen am Salz: Dabei gibt es keine Studie, die belegt, dass sehr salzarme Kost wirklich einen gesundheitlichen Vorteil mit sich bringt. Rotes Fleisch ist schädlich? Vielleicht, vielleicht aber auch nicht.

Um Eisenmangel vorzubeugen, zwangen Eltern ihre Kinder jahrelang, große Portionen Spinat zu verdrücken. Dann kam heraus, dass Spinat gar nicht viel Eisen enthält. Der Anteil liegt bei 26 Milligramm pro Kilo; da können – liebe Kinder: aufgepasst! – Schokolade und Leberwürste mit deutlich besseren Eisenwerten glänzen. Der Mythos vom gesunden Spinat geht teils auf die Comicfigur Popeye und teils auf einen britischen Lebensmittelanalytiker zurück, dem bei der Berechnung versehentlich die Kommastelle verrutschte.

Mit Lebensmitteln, die angeblich gesund machen, lassen sich Milliarden verdienen. Und so nehmen immer wieder auch Lobbyisten Einfluss auf die Frage, welche Lebensmittel als gut gelten und welche nicht. Das »New England Journal of Medicine«, ein führendes Ärztefachblatt, berichtete vor einiger Zeit, dass Walnüsse sowohl den Blutdruck als auch den Cholesterinspiegel senken könnten. Dadurch verringere sich das Risiko eines Herzinfarkts. Viele Medien griffen das Thema auf. Der Absatz von Walnüssen wird nicht gelitten haben.

Doch wer sich die Studie im Detail ansah, stieß auf Merkwürdigkeiten. So hatten gerade einmal 18 Teilnehmer an der Untersuchung teilgenommen – eigentlich viel zu wenig, um valide Erkenntnisse zu liefern. Wohingegen die Menge an Walnüssen, die bei der Studie verzehrt wurden, unrealistisch hoch war: Sie deckte 20 Prozent des täglichen Kalorienbedarfs. Und dann kam auch noch heraus, dass die Untersuchung von der »California Walnut Commission« unterstützt worden war, einer amerikanischen Vermarktergemeinschaft, die sich über das positive Forschungsergebnis sehr gefreut haben dürfte.

In Wahrheit ist es für Ernährungswissenschaftler schwer, die Vor- und Nachteile einzelner Lebensmittel überhaupt seriös zu bestimmen. Es gibt, von wenigen Ausnahmen abgesehen, kaum einen wissenschaftlichen Beleg, dass irgendeine Diät gesund macht oder irgendein Lebensmittel krank. Der Effekt von Ernährungsgewohnheiten auf Morbidität und Lebenserwartung lässt sich kaum isoliert von anderen Effekten betrachten. »Beobachtungsstudien sind anfällig für viele Störgrößen, sodass am Ende keine wissenschaftlich vertretbare Erklärung für die beobachteten Zusammenhänge möglich ist«, sagt die Gesundheitsforscherin Gabriele Meyer vom Universitätsklinikum Halle an der Saale. Warum werden die Menschen in Japan alt? Die übliche Erklärung lautet: Weil sie mehr Fisch essen als andere Völker. Doch die Japaner haben jahrzehntelang auch mehr geraucht die meisten anderen Völker. Und sie waren, auch das ist ein Alleinstellungsmerkmal, der Strahlung von zwei Atombomben ausgesetzt. Wer vermag hier überhaupt noch seriös zwischen Zufall und Zusammenhang, Kausalität und Konnexität, Wirkung und Gegenwirkung zu unterscheiden?

Der vergesellschaftete Körper

»Dein Körper gehört deiner Nation, du bist ihr dafür verantwortlich!«, hieß es in der Nazi-Fibel »Gesund durch richtige Ernährung«. Das in Millionenauflage publizierte Büchlein richtete sich vor allem an die Kinder in der Hitlerjugend. Es galt, den Nachwuchs auf militärische Einsätze vorzubereiten. Deutsche Jungen und Mädchen hätten die Pflicht, durch ein »naturgemäßes Leben« ihre Wehr- und Leistungsfähigkeit zu steigern. Mit Hilfe von Vollkornbrot, Rohkost, wenig Fleisch und der Vermeidung »leerer Kalorien« sollten sie sich zu tüchtigen Volksgenossen entwickeln. Wer sich weigerte, galt als Volksschädling. »Ernährung ist keine Privatsache!«, hieß es in der Fibel: »Es geht also nicht an, dass ihr nur nach dem Geschmack euer Essen auswählt, sondern ihr müsst wissen, was euch gesund und kräftig macht.«

Vor allem Sojabohnen hatten es den naturtrüben Nationalsozialisten angetan. Der Agrarhistoriker Joachim Drews (»Die ›Nazi-Bohne‹: Anbau, Verwendung und Auswirkung der Sojabohne im Deutschen Reich und Südosteuropa 1933–1945«) beschreibt, wie die Sojaforschung von den Nationalsozialisten mit Macht vorangetrieben wurde. Im Zuge eines »Soja-Projekts« bei der I. G. Farben wurden nicht nur die Anbaumethoden verbessert, sondern auch die ersten Bratlinge und Würstchen mit Soja für die Wehrmacht entwickelt, als kostengünstiges Substitut für teures Importfleisch. Biologisch, regional, vegetarisch: das Sojaschnitzel war die ideale Nazi-Kost. Auch der von den heutigen Grünen geforderte »Veggieday«, von den Nazis noch »Eintopfsonntag« genannt, hat hier seine historischen Wurzeln. In Herbst und Winter sollten alle guten Deutschen einmal im Monat auf den gewohnten Sonntagsbraten verzichten.

Offensichtlich neigen totalitäre Regime dazu, den Körper des Bürgers als Kollektiveigentum zu betrachten. Umso drängender stellt sich angesichts dieser düsteren Vergangenheit die Frage, wie wir Bundesbürger uns heute vor den Übergriffen des Staates schützen können. Dass die Bundesregierung verkündete, im Zuge einer »nationalen Eiweiß-Strategie« den Sojaanbau in Deutschland wieder fördern zu wollen, wird man ihr nicht zum Vorwurf machen. Doch spätestens mit dem Verbot der Mentholzigaretten zum Schutze des Rauchers vor sich selbst hat die Politik die Grenze unserer Privatsphäre verletzt. Gesundheitsschädliches Verhalten ist jetzt keine Privatangelegenheit mehr. Wer auf Limo mit Zucker, Butter mit Fett und Buletten mit Fleisch nicht verzichten will, so wird suggeriert, schade potentiell der Versichertengemeinschaft. Kurzatmigkeit und Übergewicht beweisen demnach persönliches Fehlverhalten, für das die gesundheitsbewusste Gesellschaft keine uneingeschränkte Verantwortung mehr übernehmen will.

Der CSU-Bundestagsabgeordnete Johannes Singhammer schlug vor, übergewichtige Bürger mit verminderten Krankenkassenbeiträgen zum Abnehmen zu motivieren; das klang noch freundlich. Doch in der nächsten Stufe könnte aus dem Bonusprogramm ein Malusprogramm werden, in dem angebliche Krankenkassenschädlinge dann gezwungen werden, ihre Behandlungskosten teilweise selbst zu zahlen. Im rationierten Gesundheitswesen von Großbritannien ist es schon so weit. Raucher müssen hier damit rechnen, nach der Amputation eines Raucherbeins keinen Zuschuss für eine Prothese zu erhalten. Alkoholikern wird eine Lebertransplantation verwehrt. Wer zu dick ist, bekommt keine künstliche Hüfte mehr.

In Deutschland hatte der inzwischen verstorbene frühere Ärzte-Präsident Jörg-Dietrich Hoppe schon 2009 den Vorschlag gemacht, Patienten in eine »Behandlungsrangfolge« zu bringen, sie zu »priorisieren«. Krankheiten, die auf eine unvernünftige Lebensweise zurückzuführen seien, sollten »unten in der Rangfolge angesiedelt sein«, so Hoppe: »Wir würden sie, wenn man so möchte, wegpriorisieren.« Ähnlich tickt offenbar der CDU-Gesundheitspolitiker Jens Spahn, stellvertretender Vorsitzender der CDU / CSU-Fraktion im Bundestag. Wenn er in Diskussionen auf Leute treffe, die sich als Raucher oder sogar Kiffer zu erkennen geben, kenne er kein Pardon, dann hole er »den Hammer raus«, sagt Spahn: »Wenn einer der Ansicht ist, es sei seine Sache, ob er kifft, dann sage ich: Dann zahl' aber bitte auch für deinen Entzug, für deine Gesundheitsbehandlung und für deine Arbeitslosigkeit.« Tatsächlich haben Langzeitarbeitslose schon heute keinen Anspruch mehr auf Alkohol oder auf Zigaretten. 2010 kürzte die damalige Sozialministerin Ursula von der Leyen den Bedarfssatz für Hartz-IV-Empfänger um 7,52 Euro im Monat für Bier, Schnaps oder Wein und um weitere 11,58 Euro für Tabak oder Zigaretten.

Als Nächstes könnten dann Fallschirmspringer und sogenannte Risikosportler mit Strafzuschlägen bei der Krankenkasse belegt werden. »Wir müssen überlegen, ob Menschen mit riskanten Lebens- und Verhaltensweisen, die sich negativ auf ihren Gesundheitszustand auswirken beziehungsweise auswirken können, finanziell stärker bei der Finanzierung des Gesundheitswesens herangezogen werden«, schrieb bereits in der vergangenen Legislaturperiode der CDU-Politiker Willi Zylajew.

Bringt man diese Gedanken konsequent zu Ende, würden im Gesundheitswesen künftig nur noch wenige Patienten kostenlos behandelt. Es dürfte für uns nämlich schwierig sein, alle Risikofaktoren zu vermeiden. Jedes Glas Wein wäre theoretisch eines zu viel; schon eine einzige Zigarette könnte womöglich zum Lungenkrebs führen. Und was genau ist eigentlich eine »Risikosportart«? Zählen Fußball und Handball dazu? Spielt das Alter eine Rolle? Gehen nicht auch Jogger und Spaziergänger ein erhebliches Risiko ein, etwa, wenn sie auf holprigen Waldwegen unterwegs sind? Am Ende ist auch ein Gesundheitsstaat ein totaler Staat.

Die Ärzte müssten in einem solchen Szenario wohl in die Rolle der Gesundheitspolizei schlüpfen, Schweigepflicht hin, hippokratischer Eid her. Bevor sie bei einem verknacksten Knöchel Erste Hilfe leisten, wäre zunächst zu klären, ob den Patienten eine Mitschuld trifft: Hat er sich leichtfertig oder fahrlässig in Gefahr gebracht? War er untrainiert? Hatte er die falschen Schuhe an?

Für- und Vorsorge

Der britische Psychopharmakologe David Warburton von der Universität Reading glaubt, dass die beste Präventionsstrategie darin besteht, einfach weniger über Prävention zu reden: »Die ständige Sorge, ob wir uns richtig ernähren, schlägt wahrscheinlich mehr auf die Gesundheit als Cholesterin, Fett, Alkohol, Koffein oder Nikotin«, so sein Credo. Doch die Bundesregierung geht einen anderen Weg. Sie möchte ein Präventionsgesetz auf den Weg bringen. »Es geht um die Förderung des gesundheitsbewussten Verhaltens eines jeden Einzelnen«, sagt Gesundheitsminister Hermann Gröhe (CDU), und zwar »in allen Lebensbereichen – von der Kita über die Schule und den Arbeitsplatz bis hinein in die Altenpflege«. Etwa sieben Euro extra pro Mitglied sollen die Krankenkassen künftig statt für die Behandlung von Krankheiten für deren Vermeidung ausgeben und diesen Betrag dann jedes Jahr um etwa einen weiteren Euro aufstocken.

Die Regierung glaubt, dass sich im deutschen Medizinwesen viel Geld sparen ließe, würden die Bürger besser auf ihre Gesundheit achtgeben. Und tatsächlich führen wir ja schon heute ein Leben zwischen Vorbeugen und Nachsorgen. Politiker, Krankenkassen und Arbeitsmediziner weisen uns ständig darauf hin, was wir tun und lassen müssen, um unsere Leistungsfähigkeit bis ins hohe Alter zu erhalten. Die Krankenkassen finanzieren Koch- und Sportkurse, bezahlen die Rauchentwöhnung; sie ermahnen uns, zur Vorsorge zu gehen: Wenn wir schon sterben müssen, dann gefälligst bei bester Gesundheit.

Die weithin verbreitete Annahme lautet: Wer etwas für seine Gesundheit tut, entlastet die Solidargemeinschaft. Doch das ist falsch. Einige Vorsorge- und Vorbeugemaßnahmen können Krankheiten abwenden und unser Leben verlängern. Doch rein finanziell betrachtet tragen sie, von einigen Impfungen abgesehen, nicht dazu bei, das Gesundheitswesen und die Solidargemeinschaft der Beitragszahler zu entlasten. Hunderte wissenschaftliche Studien zum Thema Prävention sind in den vergangenen Jahren international publiziert worden. Stets ergab sich das gleiche Bild: Je mehr Prävention, desto höher sind die Kosten des Gesundheitssystems (siehe Tabelle).

Das hat einen einfachen Grund. Die höchsten Behandlungskosten fallen, unabhängig vom Alter, in den letzten beiden Lebensjahren an. Besonders teuer ist das letzte Jahr: Etwa 80 Prozent der stationären Leistungen, die ein Mensch im Laufe seines Lebens in Anspruch nimmt, konzentrieren sich auf die zwölf Monate vor seinem Tod. Selbst jene glücklichen Menschen, die seit ihrer Geburt kein Krankenhaus von innen gesehen haben, fallen zum Ende ihres Lebens der teuren Apparatemedizin anheim. »Wie gesund man auch lebt, krank werden und sterben müssen wir trotzdem«, sagt der Dortmunder Statistikexperte Walter Krämer. »Stirbt man nicht an Krebs A, dann an Krebs B, und ein durch regelmäßige Blutdruckkontrolle abgewendeter

**Durchschnittliche Gesundheitskosten
(vom 20. Geburtstag bis Lebensende)**

	Raucher	Übergewichtiger	Schlanker Nichtraucher
Lebenserwartung	77,4 Jahre	79,9 Jahre	84,4 Jahre
Koronare Herzkrankheit	14 000 Euro	14 000 Euro	12 000 Euro
Schlaganfall	12 000 Euro	11 000 Euro	13 000 Euro
Atemwegserkrankung	5 000 Euro	1000 Euro	1000 Euro
Diabetes	2000 Euro	9000 Euro	2000 Euro
Muskel-Skelett-Erkrankungen	8000 Euro	15 000 Euro	12 000 Euro
Lungenkrebs	3000 Euro	–	–
Andere Krebskrankheiten	5000 Euro	5000 Euro	5000 Euro
Sonstige Behandlungskosten	172 000 Euro	195 000 Euro	236 000 Euro
Gesamtkosten	220 000 Euro	250 000 Euro	281 000 Euro

Quelle: van Baal u. a.: »Lifetime Medical Costs of Obesity: Prevention No Cure for Increasing Health Expenditure«, PLoS Med 5(2), 2008.

Schlaganfall macht oft nur Platz für eine hundertmal teurere Herzoperation.«

So zynisch es klingen mag: Für die Sozialkassen gibt es keinen teureren Versicherten als den nichtrauchenden, sportlichen, alkoholabstinenten, ernährungsbewussten Kohlrabi-Apostel. Seine hohe Lebenserwartung wird zum Fluch für die Rentenkasse: Der zählebige Beitragszahler kassiert mehr, als er eingezahlt hat. Seine körperliche Fitness bewahrt ihn aber nicht unbedingt davor, dement zu werden: Dann muss auch noch die Pflegeversicherung ran. Und auch er verbringt mit einiger Wahrscheinlichkeit die letzten Wochen seines Lebens in der intensivmedizinischen Obhut eines Krankenhauses, wo bis zum letzten Atemzug um sein Leben gerungen wird.

Und das ist ja auch gut so! Es ist schön, wenn wir möglichst alt werden. Wir alle sollten uns von Herzen über die Segnungen des medizinischen Fortschritts freuen, auch wenn er Geld kostet. Es gehört zu den Vorzügen des deutschen Gesundheitswesens, dass an der medizinischen Versorgung eines Patienten nicht gespart wird, nur weil dieser zum Beispiel schon über 90 Jahre alt ist. Dafür ist der Sozialstaat da! Ich wäre strikt dagegen, das Solidarprinzip über Bord zu werfen.

Doch die Politik sollte sich klarmachen, dass umgekehrt jemand, der raucht, trinkt, schlemmt oder faulenzt, keine finanzielle Belastung für die Solidargemeinschaft darstellt, sondern, im Gegenteil, eine finanzielle Entlastung. Raucher, Trinker und Übergewichtige verursachen keine externen Kosten, für die man sie zur Rechenschaft ziehen müsste. Damit freilich kippt das Argument, der Staat müsse gesundheitsschädliches Verhalten sanktionieren, um finanziellen Schaden von der Gemeinschaft abzuwenden. Präventionsverweigerer sind eben keine Sozialkassenschädlinge. Es gibt keinen Grund, sie aufgrund gesellschaftlicher Folgekosten zu maßregeln oder moralisch unter Druck zu setzen, wie es in politischen Diskussionen zum Thema Rauchverbot, Fettsteuer oder Präventionsgesetz häufig der Fall ist. Würde sich der Versicherungsbeitrag für Rente, Pflege und Gesundheit am individuellen Risiko des einzelnen Versicherten orientieren, bekäme ein kettenrauchender, übergewichtiger Trinker Rabatt. Besonders gesundheitsbewusste Versicherte hingegen müssten einen Aufschlag zahlen.

Deutschland: ein Krankenzimmer

In einem bestimmten Alter, Frauen zwischen 20 und 22, Männer zwischen 45 und 47, soll möglichst jedes Mitglied einer gesetzlichen Krankenkasse zum Arzt, um sich wegen der Früherkennung von Brustkrebs, Darmkrebs oder Gebärmutterhalskrebs beraten zu lassen. Der Termin wird in einem Präventionspass dokumentiert. Ein lückenlos ausgefüllter Pass wiederum war bis vor kurzem die Voraussetzung dafür, dass Sie im Falle einer Erkrankung nur maximal ein Prozent Ihres Haushaltseinkommens für Zuzahlungen ausgeben müssen. Hatten Sie wegen eines geschwänzten Termins hingegen eine Lücke im Pass, sollten Sie später bis zu zwei Prozent Ihres Einkommens an Zuzahlungen leisten. So regelte es die sogenannte Chroniker-Richtlinie, die im Januar 2008 unter der damaligen SPD-Gesundheitsministerin Ulla Schmidt in Kraft trat.

Eine Strafe für Präventionsverweigerer – das klingt zunächst gerecht. Warum sollte die Versichertengemeinschaft unbegrenzt für die Unvernunft, Schlampigkeit und Drückebergerei Einzelner in Haftung genommen werden? Braucht es nicht ohnehin mehr Eigenvorsorge im deutschen Gesundheitswesen, wenn die Kosten unter Kontrolle bleiben sollen? Zumal es aus medizinischer Sicht hochvernünftig erscheint, regelmäßig zur Vorsorge zu gehen. Warum sonst würden Prominente wie Günter Netzer und Maria Furtwängler für Darmspiegelungen werben, die Modedesignerin Jette Joop die Schutzimpfung gegen Gebärmutterhalskrebs propagieren, Gesundheitsminister zum Brustkrebs-Screening aufrufen und die Torwartlegende Sepp Maier zum Test auf Prostatakrebs?

Bei genauer Betrachtung jedoch stellt sich heraus, dass der staatliche Vorsorgezwang seine Ziele verfehlt. Er erhöht die Zahl der Erkrankungen, anstatt sie zu heilen. Er produziert zusätzliche Kosten, anstatt sie zu senken. Er schürt unnötige Ängste, anstatt die Versicherten zu beruhigen. Der Vorsorgezwang macht die Bürger nicht gesund, sondern krank.

Der Irrtum fängt schon damit an zu glauben, eine Krebsuntersuchung beuge Krebs vor. Das ist falsch, denn eine Erkrankung lässt sich durch eine Untersuchung nicht verhindern, sondern höchstens früher entdecken. Es handelt sich also nicht um Prävention, sondern bestenfalls um Früherkennung, Mediziner sprechen deshalb von »Screening«.

Welchen medizinischen Nutzen Screenings haben, ist für einige Krebserkrankungen gut dokumentiert. Bei zahlreichen internationalen Vergleichsstudien zum Thema Brustkrebs zum Beispiel kam heraus: Wenn 1000 Frauen zehn Jahre regelmäßig am Mammografie-Screening teilnehmen, sterben am Ende drei Frauen an Brustkrebs. Ohne Screening wären vier Frauen gestorben. Das Screening hat also einer von 1000 Frauen das Leben gerettet. Gleichzeitig aber erhalten fünf der 1000 Frauen, die zum Screening gehen, eine Brustkrebsbehandlung, obwohl sie gar keinen Brustkrebs haben: Diagnosefehler. Und bei etwa 100 der 1000 Frauen im Screening-Programm gibt es im Laufe von zehn Jahren mindestens einen Fehlalarm, der für die Betroffenen mit unnötigen Untersuchungen, Gewebeproben und vielen schlaflosen Nächten verbunden ist.

Hat sich der Screening-Aufwand also gelohnt? Wohl kaum. Zumal die Gesamtsterblichkeit in der Screening-Gruppe im untersuchten Zeitraum gleich bleibt. Für die eine Frau, die infolge des Screenings vor dem Tod durch Brustkrebs gerettet wurde, starb eine andere Frau, womöglich an einer Infektion infolge einer überflüssigen Brustamputation. »Es gibt immer einzelne Frauen, die vom Screening profitieren«, sagt die Gesundheitswissenschaftlerin Ingrid Mühlhauser von der Universität Hamburg. »Aber wir fügen viel zu vielen Frauen Schaden zu, um einer Frau zu helfen.«

Mühlhauser hat in einem SPIEGEL-Interview einmal erklärt, warum sie selbst auch nie auf die Idee käme, bei einem Darmkrebs-Screening mitzumachen: »Gelegentlich durchstößt der Arzt bei der Untersuchung unabsichtlich den Darm, es kann zu schweren Blutungen und im Extremfall auch zu Todesfällen kommen. Zudem sind die Vorbereitung für manche Menschen sehr belastend: Der Darm muss gut gereinigt werden, dazu muss man Abführmittel schlucken, was gerade Personen mit Herz-Kreislauf-Erkrankungen schwächen kann. Während der Untersuchung nimmt man dann üblicherweise schmerzstillende oder beruhigende Medikamente, und wenn man anschließend auf die Straße geht, kann es auch in der Nachfolge noch zu Herz-Kreislauf-Komplikationen kommen oder zu Stürzen.«

Es ist grotesk, dass der Gesetzgeber die Bürger motiviert, sich Untersuchungen zu unterziehen, die ihnen schaden. Von einer »Katastrophe« spricht gar der Bremer Gesundheitsökonom Gerd Glaeske: »Das meiste Früherkennungsgeschehen ist äußerst zweifelhaft.« Es sei falsch, dass die Versicherten auch noch finanziell abgestraft werden, wenn sie einen Termin versäumten. Die Regelung wurde deshalb im April 2013 aufgehoben.

Für die Krankenversicherten wäre es in vielen Fällen gesünder, die vom Staat vorgesehenen Beratungstermine zum Thema Vorsorge zu schwänzen. Und auch für das Gesundheitssystem wäre es ein Segen, wenn die Ärzte wieder mehr Zeit mit echten Kranken verbringen könnten, anstatt ganz Deutschland ins Wartezimmer zu zitieren und wertvolle Arbeitszeit mit der Massenverunsicherung beschwerdefreier Menschen zu vergeuden. Statt Zwang bräuchte es hier Mut zur Lücke – im Gesetz und im Präventionsprotokoll.

Nocebo-Effekt

Es ist wie verhext: Je intensiver wir über unsere Gesundheit nachdenken, desto kränker fühlen wir uns. Kaum haben wir einen Artikel über Bandscheibenvorfälle gelesen, zwickt's auch schon im Rücken. Versuchen Sie mal, die Kopfhaut Ihres Kindes auf Läusebefall zu untersuchen, ohne sich ständig selbst am Kopf zu kratzen: Es wird Ihnen kaum gelingen. Einige Ärzte geben ihren Patienten deshalb auch den Rat, den Beipackzettel aus der Arzneimittelschachtel ungelesen in den Müll zu werfen. Er diene ohnehin nur der Rechtssicherheit der Hersteller, die sich gegen Klagen absichern wollten.

Die Patienten jedoch nehmen den Beipackzettel allzu oft wörtlich. Und so besteht die Gefahr, dass sie allein durch die Lektüre der möglichen Risiken und Nebenwirkungen einen echten Krankheitsschub erleiden. Pharmakologen haben in Studien herausgefunden, dass zum Beispiel bei der Einnahme von Betablockern viele Patienten über Nebenwirkungen klagten, ohne dass es dafür einen medizinischen Grund gab. Betablocker sind eigentlich gut verträglich. Doch kaum hatten die Patienten die Beipackzettel studiert, wurden sie auch schon von den dort erwähnten Begleiterscheinungen gequält.

Mediziner nennen das den Nocebo-Effekt. So wie positive Gedanken die Heilung begünstigen, tragen negative Gedanken zur Verschlechterung des Gesundheitszustands bei, nach dem Motto: Wer's glaubt, wird krank. Die Neurologin Ulrike Bingel vom Universitätsklinikum Hamburg-Eppendorf schlägt deshalb vor, Beipackzettel anders zu formulieren. Risiken und Nebenwirkungen sollten nicht länger in den Vordergrund gestellt werden, wenn dadurch der Heilerfolg gefährdet wird.

Der Nocebo-Effekt ist der böse Zwilling des Placebo-Effekts; mit dem Unterschied, dass sich die positive Wirkung von Placebos im Laufe der Zeit abnutzt, während sich die negative Wirkung von Nocebos sogar noch verstärkt. Es fällt zum Beispiel auf, dass die Zahl der Menschen mit Glutenunverträglichkeit förmlich explodiert, seit bekannt wurde, dass auch Prominente wie Miley Cyrus, Lady Gaga und Victoria Beckham unter Zöliakie leiden – oder es sich zumindest einbilden. Weil außerdem

viele Lebensmittelhersteller inzwischen mit dem Verpackungs-
aufdruck »glutenfrei« werben, hat sich in der Bevölkerung der
Eindruck verfestigt, dass es sich bei Gluten um etwas sehr Schäd-
liches handeln muss. Warum sonst sollten es die Hersteller überhaupt erwähnen? Doch das ist Unfug. Gluten ist kein Gift. Und
Zöliakie ist keine Massenkrankheit. Etwa 999 von 1000 Menschen können so viel Brot, Kuchen, Nudeln, Müsli und Knödel
essen, wie sie wollen: Am Gluten wird es jedenfalls nicht liegen,
wenn ihnen davon schlecht wird.

Oder das Beispiel »Elektrosmog«: Der Mainzer Psychologe
Michael Witthöft und sein Kollege James Rubin vom Londoner
King's College haben bei einem Experiment herausgefunden,
dass sich die Angst vor elektromagnetischer Strahlung zu einer
Akuterkrankung mit realen Symptomen ausweiten kann, auch
wenn es gar keine Strahlung gibt. Die Wissenschaftler teilten
knapp 150 Versuchspersonen in zwei etwa gleich große Gruppen
ein. Der ersten Gruppe zeigten sie einen Film, in dem auf dra-
matische Weise vor den angeblichen Gesundheitsgefahren von
Mobilfunk- und WLAN-Signalen gewarnt wurde. Der zweiten
Gruppe wurde ein sachlicher Beitrag der BBC vorgeführt, in dem
es über das Thema Datensicherheit von Handy- und Internet-
verbindungen ging. Anschließend wurde allen Probanden eine
Art Antenne am Kopf befestigt, die wiederum mit einem blin-
kenden Funkgerät in Verbindung stand. So wurde es jedenfalls
den Versuchsteilnehmern erklärt. In Wahrheit handelte sich um
eine Attrappe. Zwischen dem angeblichen Funkgerät und der
Antenne bestand keine Verbindung. Es wurden nicht einmal
Strahlen ausgesendet.

Trotzdem klagten die Teilnehmer der ersten Gruppe, die den
reißerischen Film gesehen hatten, über ernste Beschwerden.
Hände zitterten, Füße kribbelten, einige klagten über Schwindel,
andere krümmten sich vor Magenschmerzen. Zwei Teilnehmer
mussten das Experiment vorzeitig abbrechen. Ihre eingebildeten

Schmerzen waren einfach zu stark. Die Teilnehmer aus der zweiten Gruppe hingegen hatten all diese Probleme nicht.

In der medizinischen Fachwelt hat der Nocebo-Effekt in den letzten Jahren viel Beachtung gefunden. Man fand heraus, dass Ärzte allein durch Sprache und Mimik den Erfolg einer Therapie beeinflussen, und zwar positiv wie negativ. Freundliche Anteilnahme verbessert die Heilungschancen, düsteres, pessimistisches Auftreten verschlechtert sie. Das Berliner Gesundheitsamt hat bereits eine »Umweltambulanz« eingerichtet, um Menschen mit irrationalen Umweltängsten Hilfe anzubieten. Die Ärzte geben sich größte Mühe, die Sorgen ihrer Patienten ernst zu nehmen, auch wenn sie hinter vorgehaltener Hand schon mal vom »Schadstoff der Woche« sprechen, wenn nach einem TV-Beitrag über Bisphenol A und krebserregendes Druckerpapier das ganze Wartezimmer voller Ökochonder ist.

Die spannende Frage lautet nun: Wenn schon Warnhinweise auf Beipackzetteln von Arzneien dazu führen, dass Menschen krank werden – welche Gefahren gehen dann von einer Politik aus, die am liebsten das ganze Leben der Bürger mit einer Art Beipackzettel versehen würde? Welcher Nocebo-Effekt stellt sich ein, wenn Lebensmittelpackungen mit Allergiewarnungen vollgeklebt werden müssen? Welche psychologischen Folgen hat es, wenn alle Menschen mit einem Body-Mass-Index größer als 30 als »krankhaft fettsüchtig« bezeichnet werden und dem Bürger bei jeder Gelegenheit ein »Vorsicht, Gefahr!«-Schild vor die Nase gehalten wird? Könnte es sein, dass der Gesundheitsstaat die vielen gesundheitlichen Probleme, vor denen er die Bürger ständig warnt, in Wahrheit selbst mit erzeugt?

Schon jetzt hat unsere Dauerbefassung mit Körper und Geist Gebrechen zu Tage gefördert, für die es vor einigen Jahren noch nicht mal einen Namen gab. Dem Schüchternen wird jetzt eine »soziale Phobie« bescheinigt, dem Zappeligen eine »Aufmerksamkeitsdefizitstörung«. Wer früher einfach nur einen schlechten Tag hatte, leidet heute womöglich an »Disruptive Mood Dysregulation Order«. Heißhunger firmiert unter der Krankheitsbezeichnung »Binge-Eating-Disorder«. Sobald eine Krankheit einen Namen hat, gibt es auch Menschen, die an ihr leiden. Das Wissen über all die Möglichkeiten, krank zu sein, scheint uns zunehmend kränker zu machen. Obgleich unsere Umwelt immer sauberer wird, leiden immer mehr Menschen an Allergien. Besonders sensible Menschen weigern sich, eine Briefmarke anzulecken, aus Sorge, sie könnten sich mit Chemikalien vergiften. Andere sehen aus allen Ritzen giftige Dämpfe aufsteigen, aus dem Teppich, der Lederjacke, dem Spielzeug. Eine halbe Million Bürger fühlen sich als Opfer von Elektrosmog und hochfrequenter Handystrahlung; dass die Messgeräte keine Strahlen finden können, tröstet sie nicht. Millionen beschwerdefreie Menschen schlucken täglich Pillen gegen Schlaganfall, Herzinfarkt und Magengeschwür – aus reiner Vorsorge. »Die objektiv messbaren Gesundheitsparameter haben sich in den vergangenen Jahren verbessert, aber die subjektive Wahrnehmung der Gesundheit vieler Menschen hat sich in der gleichen Zeit verschlechtert«, schreibt der Marburger Psychologe Winfried Rief im Fachmagazin »Journal of Psychosomatic Research«. »Dass gelegentliche körperliche Beschwerden normal sind, akzeptieren wir nicht.«

Die Grenz- und Schwellenwerte, ab denen Arzneimittel zum Einsatz kommen, sinken. Was früher zum Beispiel als Trauer durchging, gilt heute als Depression. Ein Mensch, der den Tod eines engen Familienangehörigen nach etwa zwei Wochen noch nicht überwunden hat, gilt nach neuester Lehrmeinung bereits als potentiell »depressiv«, eine schwerwiegende Diagnose, die mit der Verabreichung starker Psychopharmaka verbunden ist. Vor 2013 waren Ärzte gehalten, mindestens zwei Monate zu warten, bevor sie dem Trauernden eine Depression bescheinigten. Und vor 1994 hielten es Psychiater für normal, wenn es bis zu einem Jahr dauerte, bis ein Mensch den Tod eines nahen

Angehörigen verkraftet hatte. Der amerikanische Psychiater Allen Frances schreibt über die Inflation psychiatrischer Diagnosen: »Wer nicht den Zustand vollkommenen Glücks erreicht, wer kein sorgenfreies Leben führt, gerät leicht in den Verdacht einer psychischen Störung. Unsere Ziele sind zu hoch gesteckt und unsere Erwartungen unrealistisch.« Kein Wunder, dass die Arzneimittelausgaben der gesetzlichen Krankenversicherung trotz zahlreicher Preismoratorien und Kostendämpfungsgesetze binnen zehn Jahren von 22 Milliarden Euro auf über 30 Milliarden Euro gestiegen sind.

Der Krankenkassenbürger wird von zwei Entwicklungen unter Druck gesetzt: Kollektivierung und Sanitarismus einerseits, Selbstoptimierung und Healthismus andererseits. Zum einen wächst der Druck der Versichertengemeinschaft auf Sieche, Lahme, Dicke und andere angebliche Kostentreiber. Die gesetzliche Krankenkasse reagiert zunehmend unwirsch auf Mitglieder, die ihre Vorsorgetermine schwänzen. AOK und Co. sind der Ansicht, der Einzelne sei moralisch und finanziell verpflichtet, seinen Körper und Geist so gut wie möglich in Schuss zu halten, um Schaden von der Versichertengemeinschaft abzuwenden.

Zum anderen hat die neurotische Befassung mit der eigenen Gesundheit, in Fachkreisen »Healthismus« genannt, in Kombination mit dem Beratungsterror der Krankenkassen einen neuen Typ Hypochonder hervorgebracht, den medizinischen Selbstoptimierer. Er betrachtet Gesundheit als etwas, das sich nach Bedarf produzieren und steigern lässt. Sein Bonusheft beim Zahnarzt ist ebenso lückenlos geführt wie der Kalender mit den Vorsorgeterminen. Man erkennt ihn am Schritt-, Kalorienverbrauchs- und Herzfrequenzmesser am Handgelenk und an der Smartphone-App, mit der er jede Joggingstrecke automatisch bei Facebook hochlädt. Es gibt sogar Internet-Foren, in denen Fitnessjünger über ihren morgendlichen Stuhlgang debattieren. Doch leider: Je mehr solche zwanghaften Gesundheitsapostel ihre statistische Lebenserwartung steigern, desto größer wird ihre Sorge vor einem frühzeitigen Ableben.

Kein Wunder, dass Deutschland bei internationalen Vergleichsstudien zum Thema Gesundheit schlecht abschneidet, und zwar vor allem dann, wenn die Daten auf Umfragen und Selbsteinschätzungen beruhen. Eine große europäische Untersuchung (»Survey of Health, Ageing and Retirement in Europe«, SHARE) kam zu dem Ergebnis, dass etwa 50 Prozent der Schweden und Dänen bei »vollkommener« oder »sehr guter« Gesundheit sind, aber nur etwa 20 Prozent der Deutschen. Wie kann das sein? Gibt Deutschland pro Kopf nicht viel mehr Geld für den Erhalt der Gesundheit seiner Bürger aus?

Der Gesundheitsökonom Hendrik Jürges von der Bergischen Universität Wuppertal ist dem Rätsel für das Deutsche Institut für Wirtschaftsforschung auf den Grund gegangen. Er fand heraus: Die Deutschen sind objektiv gar nicht kränker als die Skandinavier. Sie fühlen sich aber so. Was andere Nationen für einen Schnupfen halten, gilt hier als Vorstufe zur Lungenentzündung. »Deutsche neigen dazu, ihren Gesundheitszustand zu niedrig einzuschätzen«, so Jürges.

Das staatliche Robert Koch-Institut vermutet, dass die deutsche »Gesundheitskultur« – man möchte offenbar nicht gleich von Hypochondrie sprechen – auch für den Anstieg der Diabetes-Zahlen mitverantwortlich sein könnte. Bereits leicht erhöhte Blutzuckerwerte lösen inzwischen die Behandlungskette aus. 1980 galt beim Blutzucker ein Wert von bis zu 144 Milligramm pro Deziliter Blut (im nüchternen Zustand) als unbedenklich. Heute geht schon bei 126 Millilitern der Alarm los. Mit jeder Verschiebung des Grenzwerts nach unten wächst automatisch die Zahl jener, die als krank gelten. Das Fachmagazin »British Medical Journal« machte 2013 in einer Artikelserie darauf aufmerksam, wie die exzessive Auslegung des Krankheitsbegriffs dazu führt, dass immer mehr gesunde Menschen mit Medikamenten versorgt werden, deren Nebenwirkungen einen möglichen Nutzen bei Weitem übersteigen.

Hinzu kommt dann noch eine Besonderheit der deutschen Gesundheitsbürokratie, der sogenannte »morbiditätsorientierte Risikostrukturausgleich«, von Fachleuten »Morbi-RSA« genannt. Dieser Ausgleichstopf soll Krankenkassen entschädigen, wenn sie sich um besonders viele kranke Versicherte kümmern. Für einen normalgesunden 52-jährigen Mann zum Beispiel bekommt die Krankenkasse aus dem Topf 1062 Euro pro Jahr. Handelt es sich jedoch um einen Diabetiker mit Nierenproblemen, kassiert sie etwa 2000 Euro mehr. Auf diese Weise setzt das System Anreize, möglichst viele Versicherte zu chronisch Kranken zu erklären – und sei es nur auf dem Papier. Einige Krankenkassen zahlten Ärzten für die entsprechenden Diagnosen sogar eine Art Fangprämie, um möglichst viel Geld aus den Untiefen des Morbi-RSA herauszuholen.

Und so macht der Gesundheitsstaat seine Bürger am Ende kränker, als sie sind, getreu der alten Ärzteweisheit: Kein Mensch ist gesund. Er ist allenfalls noch nicht gründlich untersucht.

Dinkeldeutschland: Der Sittlichkeitsstaat

Ein Klo für Kreuzberg. Viva la vulva: Sein Name ist Sie. Sex-
verbote. Darf man Neger sagen? Das Opfer-Business. Todsünden
im neuen Gewand. Compliance und Tugendfuror. Neues vom
Ökofimmel. Die Grünen, eine Verbotspartei?

Es gibt Dinge in unserem Alltag, die erstaunlicherweise
keinen Namen haben: die ringförmig angeordneten Fest-
haltezähnchen in der CD-Hülle, die mittleren drei Zehen
an unseren Füßen, die Plastikenden des Schnürsenkels. Wenn
»satt« das Gegenteil von »hungrig« ist, was ist dann das Gegenteil von »durstig«? Und wie heißt eigentlich das Innere der Klopapierrolle? Die Gesellschaft für deutsche Sprache und ähnliche
Vereine geben sich Mühe, die Lücken zu schließen. Das längliche
Dingsbums an der Supermarktkasse heißt neuerdings »Waren-
trennstab«, »Kundentrennholz« oder »Kassentoblerone«.

Gleichzeitig kommt es vor, dass Begriffe aus dem Alltags-
gebrauch getilgt werden sollen, weil man sie für politisch
unkorrekt hält. Die Nationale Armutskonferenz, ein Zusammen-
schluss von Gewerkschaften, Selbsthilfeorganisationen und den
Spitzenverbänden der Freien Wohlfahrtspflege, hat eine Liste
»sozialer Unwörter« erstellt. Sie umfasst 23 Begriffe, die nicht
mehr verwendet werden sollten: »Alleinerziehend« und »arbeitslos« stehen ebenso auf dem Index wie »sozial schwach« und
»bildungsfern«. Auch die »Person mit Migrationshintergrund«
ist demnach verboten, dabei hatten sich viele doch gerade erst
an die Bezeichnung gewöhnt.

Das Wort »arbeitslos« steht deshalb auf der Liste, weil es sug-
geriere, dass die betreffende Person nichts zu tun habe, so die
Armutskonferenz. Nun ja, mag sich mancher denken: So ist es

bedauerlicherweise ja auch. Doch die Urheber der Liste sehen hier einen Fall von Diskriminierung, denn es werde »nahegelegt, dass Erwerbslose sich nicht ehrenamtlich engagieren«. Das Wort »alleinerziehend« wiederum sei verletzend, weil die beklagenswerte Tatsache, dass ein Elternteil die ganze Erziehungslast tragen muss, »nichts über mangelnde soziale Einbettung oder gar Erziehungsqualität« aussage. Und statt »bildungsfern« solle man lieber die Formulierung »vom Bildungswesen nicht erreicht« verwenden, denn das mache deutlich, dass nicht der Betroffene für seine Misere verantwortlich ist, sondern das System.

Über die Frage, was man noch sagen darf und was nicht, wird also heftig gestritten. Zwei Lager, nennen wir sie die »Korrektoren« und die »Konservatoren«, stehen sich hier unversöhnlich gegenüber. Die Korrektoren wollen alle Formulierungen ausmerzen, die subjektiv als anstößig oder verletzend empfunden werden könnten. Die Konservatoren wollen jedes Wort erhalten, auch wenn es nach objektiven Maßstäben anstößig und verletzend ist. Der Umstand, dass sich Sprache weder lenken noch konservieren lässt, macht es nicht leicht, sich reinen Herzens für die eine oder die andere Seite zu entscheiden.

Bemerkenswert ist, dass beide Seiten die Rolle des Beleidigten für sich beanspruchen. Die Korrektoren wittern überall sprachliche Gewalt. Die Konservatoren sehen sich ständig als Opfer von Zensur. Beiden Seiten dient das geborgte Elend als solides Fundament für das eigene Geschäftsmodell.

Als der Buchautor Thilo Sarrazin im Februar 2014 auf Einladung des Debattenmagazins »Cicero« im Berliner Brecht-Theater über sein Buch »Der neue Tugendterror« diskutieren wollte, schlugen einige Randalierer so lange Krach, bis die Veranstaltung abgebrochen werden musste. Theaterintendant Claus Peymann, wahrlich kein Sarrazin-Freund, sprach hinterher von »undemokratischem, nazihaftem Gepöbel«. Sarrazin freilich hätte sich eine bessere Bestätigung seiner These von den »Gren-

zen der Meinungsfreiheit in Deutschland« gar nicht wünschen
können. Und so dürften am Ende alle Beteiligten, die Sarrazin-
Gegner und die Sarrazin-Freunde, Korrektoren und Konservatoren, zufrieden nach Hause gegangen sein.

Ein Klo für Kreuzberg

Ortstermin im Rathaus des Berliner Bezirks Friedrichshain-
Kreuzberg; es tagt der »Bezirksausschuss für Frauen, Gleichstellung und Queer«. Die Vertreter der Piraten-Partei, sie nennen
sich selbst die »Transsexuellen Eichhörnchen«, haben beantragt,
dass Menschen, die nicht wissen, welches Geschlecht sie haben,
ein eigenes Klo bekommen sollen. Bündnis 90/Die Grünen, SPD
und Linke sind auch dafür: Mindestens ein Rathaus-WC soll jetzt
in eine Unisex-Toilette umgewandelt werden.

Aber welches? Die zuständige Baubehörde hat einen Plan vorbereitet. Es geht um die Frauentoilette im dritten Stock; das sei
die unkomplizierteste und billigste Lösung. Im Prinzip würde
es reichen, die Schilder auszuwechseln. Doch die Abgeordneten
sind dagegen. Sie hätten es lieber, wenn ein Männerklo geopfert
würde, am besten im Erdgeschoss, wegen des Publikumsver-
kehrs. Andererseits: Wo sollen dann die Männer hin? Etwa aufs
Frauenklo? Und so dreht sich die Diskussion nun um die Frage,
ob es statt eines Umbaus nicht doch nötig wäre, eine ganz neue,
zusätzliche Toilette zu bauen, um allen Ansprüchen gerecht zu
werden: Regulierungswahn im Alternativmilieu.

Nun ist eine Unisextoilette an sich nichts Besonderes. Die aller-
meisten von Ihnen werden, so wie wir, eine zu Hause haben. Doch
im Kreuzberger Rathaus geht es um mehr. Das Unisexklo soll
dabei helfen, die stereotypen Geschlechterrollen zu überwinden.
Die Politiker sehen sich als Pioniere des Gender Mainstreamings.
Sie haben den Berliner Alternativbezirk zum staatsfeministischen
Versuchslabor gemacht. Neugebaute Straßen und Plätze müssen

in Friedrichshain-Kreuzberg nach Frauen benannt werden, bis auf dem Stadtplan eine Quote von 50 Prozent erreicht ist (für Rudi Dutschke wurde eine Ausnahme gemacht). Wo es an verdienten Frauen mangelt, werden kreative Lösungen gefunden, etwa beim neuen Platz vor dem Jüdischen Museum, der jetzt »Fromet-und-Moses-Mendelssohn-Platz« heißt. Fromet war übrigens die Ehefrau.

Im Bezirksrathaus von Friedrichshain-Kreuzberg tauchte auch der erste Genderstar in Behördenschreiben und Amtsbezeichnungen auf. Das Sternchenzeichen* verbindet die männliche mit der weiblichen Schreibweise und stellt eine Weiterentwicklung des sogenannten Binnen-I dar. In Friedrichshain-Kreuzberg gab es schon eine »Bürger*innen-Sprechstunde«, eine »Mitarbeiter*innen-Vertretung« und ein »Einwohner*innenmeldeamt«, als andere Behörden noch glaubten, sie könnten sich mit dem Binnen-I (»BürgerInnenmeisterInnen«) aus der Affäre ziehen. Zwischen Genderstar und Binnen-I besteht aber ein gewaltiger Unterschied. Das Binnen-I sorgt zwar orthografisch für die Gleichstellung von Mann und Frau, es ignoriert jedoch, dass es Menschen gibt, die sich nicht im »binären Geschlechtersystem« einordnen können oder wollen, wie es in der Szene heißt. Manche stören sich auch an der phallischen Form des Binnen-I. Der Genderstar hingegen schließt auch alle sogenannten LSBTIQ-Menschen ein, also jene, die sich als lesbisch, schwul, transsexuell, transident, transgender, intersexuell oder queer einordnen würden, wenn, ja, wenn es nur nicht so verwirrend wäre.

Dankenswerterweise hat die »AG Feministisch Sprachhandeln« der Humboldt-Universität zu Berlin eine 60-seitige Broschüre erstellt, die den aktuellen Stand beim Thema Sprache aufbereitet. Es gibt demnach mehrere Wege, sich diskriminierungsfrei auszudrücken. Eine Möglichkeit ist die sogenannte x-Form. Sie soll immer dann zum Einsatz kommen, wenn die Frage des Geschlechts in einem Kontext keine Rolle spielt oder spielen soll, wie das folgende, der Broschüre entnommene Beispiel zeigt:

»Dix Studierx hat in xs Vortrag darauf aufmerksam gemacht, dass es unglaublich ist, wie die Universität strukturiert ist, dass es nur so wenige Schwarze/PoC Professxs gibt.« Das PoC steht übrigens für »Person of Colour«, laut Broschüre ein »Bündnisbegriff, der Verbindungslinien zwischen Menschen herstellt, die Rassismuserfahrungen machen«.

Eine andere Möglichkeit ist der Unterstrich, den es wiederum in zwei Varianten gibt. Der statische Unterstrich trennt die männliche und die weibliche Form, Beispiel: »Student_in«. Der dynamische Unterstrich hingegen kann an jede beliebige Stelle gesetzt werden, Beispiel: »Stu_dentin« oder »Stude_ntin«. Er soll deutlich machen, dass es zwischen der männlichen und der weiblichen Form eine nicht eindeutig zu verortende Lücke gibt, die sich mal mehr auf der männlichen und mal mehr auf der weiblichen Seite befinden kann:

»We_lche Mita_rbeiterin will denn i_hre nächste Fortbildung zu antidiskriminierender Lehre machen? Sie_r soll sich melden. Der Kurs ist bald voll.«

Am originellsten dürfte die sogenannte a-Form sein. Sie greife die »Idee von einer herausfordernden, stärkeren Frauisierung von Sprache auf, um mit männlich geprägten Assoziationen zu brechen«, heißt es in der Broschüre:

»Unsa Lautsprecha ist permanent auf Demos unterwegs. Ea erfreut sich hoher Beliebtheit.«

Auf Seite 168 sehen Sie alle wichtigen Formen im Überblick.

Die Gendersprache ist, wenn auch noch nicht in den Herzen der Menschen, so doch wenigstens in den Köpfen der Bürokraten angekommen. An vielen Hochschulen werden Studierende bereits verpflichtet, Seminar- und Abschlussarbeiten in »geschlechtersensibler Sprache« zu verfassen. Das sei für eine wissenschaftliche Arbeit unabdingbar, sagt etwa Frau Prof. Dr. Birgit Brouër vom Institut für Pädagogik der Christian-Albrechts-Universität zu Kiel.

Die Bundesregierung hat sich in Paragraf 42, Absatz 5 der Gemeinsamen Geschäftsordnung der Bundesministerien zu einer »geschlechtersensiblen Sichtweise« verpflichtet. Behörden und Hochschulen entwickeln Leitfäden für den geschlechtergerechten Sprachgebrauch in Formularen, Amtsschreiben und Gesetzen. In Paragraf 25 der Straßenverkehrsordnung ist schon nicht mehr vom »Fußgänger« die Rede, sondern von »wer zu Fuß geht«. Der »Fahrzeugführer« mutierte zu »wer ein Fahr-

Gender-ABC

Sprachform	Substantive Singular	Substantive Plural	Personal-pronomen	Frage-pronomen
x-Form	Studierx	Studierxs	x	Wex?
*-Form I	Studier*	Studier**	*	We*?
*-Form II	Student*in	Student*innen	ihre*seine	Welche*r?
Statischer Unterstrich	Student_in	Student_innen	sie_er	Welche_r?
Dynamischer Unterstrich	Stu_dentin	Stu_dentinnen	s_ier	We_lche?
Wortstamm-Unterstrich	Stud_entin	Stud_entinnen	si_er	Welch_e?
Binnen-I	StudentIn	StudentInnen	ihre ihrE	Welche? WelchE?
a-Form	Mitarbeita	Mitarbeitas	sie	Welche?

Quelle: AG Feministisch Sprachhandeln der Humboldt-Universität zu Berlin: *Was tun? Sprachhandeln – aber wie? W_ortungen statt Tatenlosigkeit*, Berlin 2014.

zeug führt« (Paragraf 23). Und in Paragraf 8 heißt es jetzt ganz unspezifisch: »Wer die Vorfahrt zu beachten hat, muss erkennen lassen, dass gewartet wird.« Der beim Deutschen Bundestag angesiedelte Redaktionsstab der Gesellschaft für Deutsche Sprache verschickte 2014 ein Papier zum Thema »Möglichkeiten für geschlechtergerechtes Formulieren« an alle Abgeordnetenbüros; auch hier wird geraten, statt »Antragsteller« jetzt »die antragstellende Person« zu sagen und statt »Mitarbeiter« »das Personal«.

Wo soll das enden? Nun, in Schweden ist bereits das erste Kinderbuch in geschlechtsneutraler Sprache erschienen; statt »Mama« und »Papa« ist von »Mappa« und »Pamma« die Rede. Für Männer wie Frauen wird ein neues, neutrales Personalpronomen verwendet. Doch auch die deutsche Sprache hat unter Genderaspekten noch Potential. Der Deutsche Germanistenverband, ausgerechnet, verschickte ein Schreiben an seine »lieben Mitgliederinnen und Mitglieder«. Auch die »Waisin«, »Gästin«, »Engelin« und »Drachin« wurden bereits gesichtet. Die ehemalige Familienministerin Kristina Schröder (CDU) erklärte im Interview mit der »Zeit«, man könne auch »das liebe Gott« sagen. Evangelische Theologen, darunter die ehemalige Hannoveraner Landesbischöfin Margot Käßmann, haben das Wort Gottes von seiner männlichen Sprachdominanz befreit und eine »Bibel in gerechter Sprache« herausgegeben. Darin ist der liebe Gott mal männlich und mal weiblich, mal »die Lebendige«, mal der / die / das »Ich-bin-da«. Im Buch Exodus heißt es jetzt: »Er ist ein Krieger; sein Name ist Sie.«

Die Fachhochschule Kiel gab einen Leitfaden zur sprachlichen Gleichberechtigung heraus: Statt »Alle Menschen werden Brüder« wie bei Schiller solle es besser »Alle Menschen werden Geschwister« heißen. Und wer weiß: Würde Rainer Brüderle nicht Brüderle, sondern Geschwisterle heißen, wäre die Aufregung über seinen verbalen Fehltritt gegenüber der »Stern«-

Reporterin Laura Himmelreich beim FDP-Dreikönigstreffen 2012 womöglich nur halb so groß gewesen.

Erstaunlich ist, dass man bei allen Bemühungen um eine geschlechtsneutrale Sprache nur selten auf »Vergewaltiger*innen«, »Faschist*innen«, »Antisemit*innen« oder »Callcenterbetreiber*innen« stößt. So weit geht die Gleichstellung dann doch nicht.

Gender Mainstreaming

In der Sowjetunion zu Zeiten Stalins war es einem Bauernsohn namens Trofim Lyssenko gelungen, die Landwirtschaftslehre zu revolutionieren. Während alle Welt davon ausging, dass Pflanzenzüchtung mit Genetik und Chromosomen zu tun hat, lehnte Lyssenko die Vererbungslehre als »formal« und »idealistisch« ab. Stattdessen schlug er vor, die Pflanzen zu erziehen. Getreide könne zum Beispiel gezwungen werden, frostresistentes Saatgut zu liefern, wenn man es nur lange genug der Kälte aussetzt.

Und tatsächlich: Unter Lyssenkos Händen verwandelten sich Weizen in Roggen und Kiefern in Fichten. So berichtete es jedenfalls die sowjetische Staatspresse. Aus Sommergetreide wurde Wintergetreide und umgekehrt. In Dürregebieten wuchsen Kartoffeln, denen Lyssenko die Flüssigaufnahme abtrainiert hatte. Und erst die Kühe! Nie zuvor hatte man nährstoffreichere Milch getrunken. Stalin war begeistert. Sieben Mal wurde Lyssenko mit dem Leninorden ausgezeichnet, zum »Held der Sowjetunion« erklärt, mit dem »Roten Banner der Arbeit« dekoriert und zum Präsidialmitglied der Akademie der Wissenschaften der UdSSR befördert – und das alles, obwohl er nie eine Universität besucht hatte. Erst nach Stalins Tod unter Nikita Chruschtschow endete seine Karriere. Auch der dümmste sowjetische Bauer hatte inzwischen bemerkt, dass Lyssenkos Anbaumethoden dazu führten, dass es im Jahr drauf nichts zu essen gab.

Die irre Story vom sowjetischen Agrar-Scharlatan weist erstaunliche Ähnlichkeiten zu einer Pseudowissenschaft auf, die seit einigen Jahren im feministischen Paralleluniversum einiger Universitäten gelehrt wird: »Gender Studies«, zu Deutsch: Geschlechterstudien. Wie Lyssenko lehnen die Genderforscher die Naturgesetze ab und treten der althergebrachten Lehre von Mendel, Darwin und Co. mit einem radikalen Sozialkonstuktivismus entgegen. Denn was heißt überhaupt »Geschlecht«? Führende Genderforscher gehen davon aus, dass es gar keine natürlichen Geschlechter gibt, sondern nur eine zwanghafte Fiktion von stereotypen Geschlechterrollen.

Was landläufig als »Geschlecht« bezeichnet werde, habe in Wahrheit nichts mit Biologie, Chromosomen oder Hormonen zu tun, sondern mit der Erziehung, dem sozialen Umfeld und der Gesellschaft. Die Zweiteilung der Menschheit in Mann und Frau sei ein rein kultureller Vorgang. Ob Penis oder Vagina: »Anatomie ist nur ein Konstrukt«, sagt die amerikanische Gendertheoretikerin Judith Butler, der 2012 der Theodor-W.-Adorno-Preis der Stadt Frankfurt verliehen wurde. »Geschlecht ist nichts, was wir sind oder haben, sondern was wir tun.«

Penis oder Vagina: nur ein soziales Konstrukt? Viele Menschen dürften überrascht sein, das zu hören. Aber nach Ansicht der Genderforscher gibt es ja auch keine Liebe zwischen Männern und Frauen, sondern nur ein Repressionssystem namens »Zwangsheterosexualität«. Und wenn kleine Jungen mit Autos spielten und kleine Mädchen mit Puppen, machen sie das laut Gendertheorie nicht aus Spaß, sondern weil sie eine »Komödie« aufführen, um die Rollenerwartungen, die an sie herangetragen werden, zu erfüllen. Man wüsste natürlich gern, ob Herr / Frau Judith Butler schon mal mit dem Gedanken gespielt hat, ihre Thesen einem Wirklichkeitstest zu unterziehen, etwa in einem x-beliebigen Kindergarten. Ein paar Stunden am Vormittag würden schon reichen. Der Realitätscheck ginge nicht gut für sie aus.

Kritiker der Idee vom Geschlecht als sozialem Konstrukt verweisen etwa auf die Geschichte von Bruce Reimer, einem amerikanischen Jungen, dem Ende der sechziger Jahre im Alter von zwei Jahren infolge einer missglückten Operation der Penis abgenommen wurde, um ihn als Mädchen aufwachsen zu lassen. Doch »Brenda«, wie Bruce fortan genannt wurde, wollte keine Mädchenkleider tragen. Sie interessierte sich für Autos und Waffen, pinkelte im Stehen und ließ sich wieder zum Mann umoperieren, nachdem sie mit 14 Jahren herausgefunden hatte, dass sie als Junge auf die Welt gekommen war. Ein glückliches Leben war Reimer allerdings nicht mehr beschieden. Er brachte sich mit Anfang 20 um.

Gleichwohl ist der Genderforschung dank der großen Unterstützung durch die deutsche Politik gelungen, tief in die Hochschul- und Verwaltungsbürokratie vorzudringen ist. Zwischen 200 und 250 Professuren und Lehrstühle für Gender Studies gibt es bereits in Deutschland; keine andere wissenschaftliche Disziplin wächst so rasant. Niedersachsen hat die Förderung der Gender Studies bereits im Hochschulgesetz verankert, andere Bundesländer wollen dem Beispiel folgen. Vertreterinnen des radikalfeministischen Underground finden sich plötzlich im Staatsdienst mit BAT-Besoldung wieder. Wer als Forscher seinen Drittmittelantrag mit dem Wörtchen »Gender« aufpeppt, verbessert seine Chancen, finanziell gefördert zu werden. Eine Millionensumme fließt in Forschungsprojekte wie »Gender Mainstreaming im Städtebau« (Auftraggeber: Bundesbauministerium), »Gender Greenstreaming« (Umweltministerium) oder »Mainstreaming im Nationalpark Eifel« (Landesregierung Nordrhein-Westfalen).

Viva la vulva

Im Bielefelder Autonomentreff AJZ ist die Toilette im bürger-
lichen Sinne schon seit längerer Zeit abgeschafft. Alle Besucher
und Mitarbeiter, ob Mann, ob Frau, ob irgendwas dazwischen,
hocken sich einfach über ein Loch im Boden. Gesellschaftliche
Konventionen zählen wenig, hier weht der frische Wind der
Anarchie: legal, illegal, scheißegal.

Umso überraschter war die Rostocker Punkband Feine Sahne
Fischfilet, als bei ihrem Auftritt im September 2013 plötzlich eine
Frau und ein Mann auf die Bühne sprangen und im Namen des
Veranstalters das Konzert abbrechen wollten. Die Band habe
gegen die Hausordnung verstoßen. Ach du Schreck! Was hatte
man nur falsch gemacht? Das Konzert hatte doch gerade erst
begonnen. Vermutlich hatten die Bandmitglieder bis dahin gar
nicht gewusst, dass es im AJZ so etwas wie eine Hausordnung
überhaupt gibt.

Der Übeltäter war Olaf, Spitzname »Hasenbaby«, der Schlagzeuger der Band. Ihm war heiß geworden; deshalb hatte er wie
unter Schlagzeugern üblich sein T-Shirt ausgezogen. Doch das ist
im AJZ verboten. Allzu viele Menschen hätten schlechte Erfahrungen mit nackten Männeroberkörpern gemacht. Opfer männlicher Gewalt könnten durch den Anblick eines nackten Oberkörpers »getriggert« werden. Zudem sei Oben-ohne-Trommeln
ein männliches Sonderrecht und somit unsolidarisch gegenüber
Frauen.

Die Band hätte gewarnt sein müssen. Bereits im August 2009
hatte es bei einem Konzert der Band Limp Wrist einen ähnlichen
Vorfall gegeben. Auch damals wurden die halbnackten Musiker und einige Zuschauer von AJZ-Vertretern aufgefordert, sich
zu bedecken. »Das AJZ hat den Anspruch, ein Schutzraum zu
sein«, hieß es in einer Erklärung des »Internationalen Autonomen Feministischen Referats für Frauen Lesben Transgender an

der Uni Bielefeld«, kurz FemRef. Die »Zurschaustellung männl. Sexualität« sei nur möglich bei Zustimmung aller Beteiligten. Im konkreten Fall sei man jedoch »unfreiwillig und unvorbereitet mit einer fast komplett entkleideten Männer-Band auf der Bühne und zwei nackten Männern im Publikum konfrontiert« worden.

Die Frage ist, inwieweit sich die Sexualmoral der Genderszene eigentlich noch von der katholischer Bischöfe oder islamischer Fundamentalisten unterscheidet. In feministischen Blogs und Internetforen ist es neuerdings üblich, bei sexuell aufgeladenen Begriffen die Vokale zu ersetzen. Statt »Sexismus« muss man dort »S*x*sm*s« schreiben. Das Sternchenzeichen verhüllt anzügliche Wörter, es handelt sich um eine Art Sprach-Burka. Zwischen Männern und Frauen geht es plötzlich wieder so verklemmt zu wie vor 60 Jahren. Wie konnten Feministinnen wie Annie Sprinkle, Peaches oder Charlotte Roche, die ihre feministischen Sexphantasien vor einem Millionenpublikum ausgebreitet haben, in der Szene nur so ins Hintertreffen geraten?

Das Beispiel aus Bielefeld macht allerdings auch klar, warum die Bewegung immer etwas verkniffen wirkt. Es ist ein Feminismus der Klageweiber, die sich immer und überall benachteiligt, zurückgesetzt und zu kurz gekommen fühlen, selbst wenn sich die Verhältnisse längst zu ihren Gunsten verändert haben. Aus der Frauenbewegung sei »eine Art der Diskussionsführung zwischen den Geschlechtern geworden, bei der von vornherein klar ist, dass Männer sich für ihr tumbes, fäusteschwingendes Geschlecht entschuldigen müssen und Frauen fordernd, unabhängig, wild und schön sind«, schreiben die Journalistinnen Theresa Bäuerlein und Friederike Knüpling (»Warum Frauen nichts falsch und Männer nichts richtig machen können«).

Dafür, dass es sich beim Penis nur um ein soziales Konstrukt handelt, kommt sein Besitzer in der Genderszene jedenfalls ziemlich schlecht weg. Von wegen Geschlechterkomödie: Die genetisch-biologische Disposition macht den Mann zum geborenen Täter. Männer, so feministische Analyse, neigten zu Dominanzverhalten, seien aufbrausend und machtfixiert, gewalttätig, egoistisch, unmoralisch, schwanzgesteuert, gefühlskalt und unfähig zur Kommunikation. Während Frauen über das Kuschelhormon Oxytocin verfügten, pulsiere bei Männern das aggressivitätsfördernde Testosteron durch die Adern.

Sollte es die Absicht der Genderforschung gewesen sein, im Miteinander der Geschlechter für mehr Toleranz, Höflichkeit und gegenseitige Rücksichtnahme zu werben, ist dieser Plan gründlich gescheitert. Den bösen Männern ist alles zuzutrauen. Sie stehen unter dem Generalverdacht der Unmoral. Und nachdem sie die Frauen seit Jahrtausenden unterdrückt haben, sollen sie nun ihre gerechte Strafe bekommen. Die Sozialpsychologin Julia Becker von der Universität Osnabrück träumt bereits von einem Frühwarnsystem vor sexistischen Männern: »Wir arbeiten an der Entwicklung eines empirisch fundierten Modells zur Vorhersage sexistischer Verhaltensweisen.« Ziel sei es, sexistisches Verhalten »unter Berücksichtigung von Personen- und Situationsmerkmalen« vorherzusagen, was immer man sich darunter vorzustellen hat. Mit Komplimenten, Aus-dem-Mantel-Helfen und Türaufhalten sollten Männer jedenfalls wohl besser vorsichtig sein, denn wer möchte sich schon gerne als Sexist verdächtig machen?

Im Feminat vom Prenzlauer Berg reicht die Abneigung gegen Männer sogar über den Tod hinaus. Auf Deutschlands erstem Lesben-Friedhof an der Greifswalder Straße dürfen seit April 2014 nur noch Frauen bestattet werden. Umso harmonischer war die Stimmung bei der Friedhofseröffnung. »Liebe Gästinnen und Gäste«, hieß es zur Begrüßung; dann sang ein Chor und eine der Organisatorinnen trug eine Eloge auf das weibliche Geschlechtsorgan vor: »Viva la vulva«. Entstanden sei »ein lichter Ort, wo die Gemeinschaft von Lesben über den Tod hinaus gelebt« werden könne. Von einem »her-storischen Tag« war die Rede (das Wort »historisch« wird in der Genderszene wegen des darin anklingenden männlichen englischen Possessivpronomens »his« nicht verwendet). Und zum Schluss jubelten alle: »Brava, brava!«

Frauen dürfen über Männer den größten Blödsinn verbreiten; umgekehrt geht das natürlich nicht. Stellen Sie sich vor, SPD-Chef Sigmar Gabriel würde in einem Interview folgende Sätze sagen: »Wir Männer sind einfach pragmatischer. Frauen fürchten eher, in Konflikten ihr Gesicht zu verlieren. Das ist weniger ein Männerthema. Wir nehmen uns selbst nicht so wichtig.« Es darf bezweifelt werden, dass Gabriel eine so komplett bescheuerte Äußerung politisch unbeschadet überstehen würde. Deshalb hat ja auch nicht er diese Sätze gesagt, sondern seine SPD-Stellvertreterin, die nordrhein-westfälische Ministerpräsidentin Hannelore Kraft. Vertauschen Sie in den oben genannten Sätzen einfach die Begriffe »Männer« und »Frauen«, schon haben Sie Krafts Originalzitat.

Feine Sahne Fischfilet reagierte auf die feministische Intervention im AJZ Bielefeld übrigens ziemlich gelassen: Schlagzeuger Olaf zog sein T-Shirt wieder an. Nach einer halben Stunde konnte das Konzert fortgesetzt werden; auch der Hit »Komplett im Arsch« wurde dem Publikum noch in voller Länge geboten.

Prostitutionsverbot

Kurz bevor sie sich vor allem um die Schadensbegrenzung bei ihrer Steueraffäre kümmern musste, brachte Alice Schwarzer eine neue Kampagne ihrer Zeitschrift »Emma« auf den Weg: Weg mit der Prostitution! Seit der Liberalisierung des Rotlichtgewerbes im Jahr 2001 unter der damaligen rot-grünen Bundesregierung habe sich Deutschland zum »Bordell Europas« fehlentwickelt, so Schwarzer. Zwangsprostitution und Menschenhandel seien hierzulande an der Tagesordnung. Es brauche ein Prostitutionsverbot wie in Schweden, wo jede Form von gewerbsmäßigem Geschlechtsverkehr bereits seit 1999 verboten ist. Auf Verstöße stehen in Schweden bis zu ein Jahr Gefängnis, wobei nicht die Prostituierten bestraft werden, sondern die Freier. Schon der Versuch, sich eine Frau mit Geld oder Geschenken sexuell gefügig zu machen, ist in Schweden strafbar.

Nun bestreitet niemand, dass es in Deutschland Fälle von Zwangsprostitution und Menschenhandel gibt. Laut Bundeskriminalamt (BKA) ist die Zahl der Opfer seit Ende der neunziger Jahre allerdings nicht gestiegen, sondern gesunken, obwohl das BKA alle ausländischen Sexarbeiterinnen zwischen 18 und 21 in der Statistik automatisch als Opfer von Menschenhandel ausweist. Der Rückgang ist umso bemerkenswerter, als viele andere Delikte, vom Autodiebstahl bis zum Zigarettenschmuggel, im Zuge der EU-Osterweiterung zugenommen haben. Gemessen an der Einwohnerzahl gibt es in Deutschland nicht mehr Probleme mit Zwangsprostitution und Menschenhandel als im angeblichen Vorbildstaat Schweden, wo sich die Prostitution seit dem Verbot in die Illegalität verlagert hat.

Doch in diesen tugendhaften Zeiten stößt Schwarzers Anti-Prostitutions-Kampagne in der Politik auf offene Ohren. Es entstand eine Allianz aus konservativen Sittenwächtern und radikalen Feministinnen, Teile von CDU und CSU setzten sich mit an die Spitze der Bewegung. Zwar wollen die Unionsleute Prostitution nicht verbieten, aber doch stark eindämmen. Bestimmte Praktiken und Geschäftsmodelle, etwa sogenannte Flatrate-Bordelle nach dem »All You Can Eat«-Prinzip, sollen untersagt werden. Auch müssten Prostituierte künftig mindestens 21 Jahre alt sein, denn es wäre ja noch schöner, wenn der Staat 18-, 19-, und 20-Jährige wie erwachsene Menschen behandeln und ihnen eine freie Berufswahl zugestehen würde, nur weil diese wählen, heiraten, Immobilien kaufen und für das Amt als Bundeskanzler kandidieren dürfen.

Grünen-Politiker aus Baden-Württemberg und Bayern schlugen sogar vor, dass Männer ein Attest vorlegen müssen, bevor sie bei einer Prostituierten zur Sache kommen. In einem Antrag für das grüne Bundestagswahlprogramm 2013 schrieben sie: »Freier werden dazu verpflichtet, durch ein jeweils aktuelles ärztliches Zeugnis gegenüber Prostituierten eine gesundheitliche Unbedenklichkeit nachzuweisen. Freier, die Dienste von nicht konzessionierten Prostituierten in Anspruch nehmen oder sich weigern, der Prostituierten ein ärztliches Gesundheitszeugnis vorzulegen, werden strafrechtlich zur Verantwortung gezogen.«

Die Debatte um ein Prostitutionsverbot ist deshalb so irritierend, weil natürlich alle Beteiligten wissen, dass sich Prostitution so wenig verbieten lässt wie Handel, Sport oder Malerei. Man mag es unmoralisch finden, wenn Menschen ihren Körper verkaufen. Dennoch hat es in den letzten paar tausend Jahren Menschheitsgeschichte immer Frauen (und auch Männer) gegeben, die mit Sex ihren Lebensunterhalt bestritten, und längst nicht alle fühlten sich dabei als Opfer.

Als Alice Schwarzer ihre Kampagne in Berlin vorstellte, traf sie zum Beispiel auf eine selbstbewusste blonde Frau, die sich mit ihrem Künstlernamen »Kristina Marlen« vorstellte. Sie drückte Schwarzer einen rosafarbenen Flyer mit der Aufschrift »Mein Beruf gehört mir« in die Hand. Sie habe Jura und Soziologie studiert, als Physiotherapeutin gearbeitet und trete neben ihrem Hauptberuf als Prostituierte auch noch als Sängerin auf. So würde sie es auch in Zukunft gerne halten. Sie schätze ihren Beruf und werde weder eingeschüchtert noch erpresst oder ausgebeutet. Es gebe keinen Grund, sich um sie Sorgen zu machen. Doch Schwarzer wollte sich nicht unterbrechen lassen. »Wenn wir hier ausgeredet haben, sprechen wir auch mit Ihnen«, teilte sie mit, freilich ohne dieses Versprechen später einzulösen.

Die Prostitutionsgegner sitzen einem großen Irrtum auf. Anders als CDU, CSU und Alice Schwarzer behaupten, hat das rot-grüne Prostitutionsgesetz von 2001 die Lage der Prostituierten nicht verschlechtert, sondern verbessert. Prostituierte können sich seither normal krankenversichern. Die Arbeitsbedingungen in den Bordellen haben sich normalisiert, seit deren Betrieb nicht mehr illegal ist. Das Prostitutionsgesetz war ein wesentlicher Beitrag zur Entmoralisierung des Sittlichkeitsstrafrechts vergangener Jahrzehnte. Es steht damit in einer Reihe mit der Abschaffung des Ehebruch-Paragrafen, der Lockerung des Abtreibungsverbots und der Legalisierung der Homosexualität. SPD und Grüne hätten allen Grund, stolz auf das Gesetz zu sein und es selbstbewusst zu verteidigen.

Deutschland ist nicht das Bordell Europas, und es gibt auch keine Regulierungslücke. Die Polizei hat längst genug rechtliche Möglichkeiten, gegen Zwangsprostitution vorzugehen. Die »Ausbeutung von Prostituierten« ist laut Strafgesetzbuch ebenso verboten wie »Zuhälterei«, »jugendgefährdende Prostitution« und »Menschenhandel zum Zweck der sexuellen Ausbeutung«.

Käuflicher Sex ist auch kein Verstoß gegen die Menschenwürde. Freier sind keine Täter, Prostituierte keine Opfer. Dass viele Frauen aus der Armut kommen, spricht vielleicht für eine Not-, aber nicht für eine Zwangslage. Das Argument, die materielle Not der Frauen stelle auch eine Art Zwang dar, führt in die Irre, wenn die betroffenen Frauen von anderen Möglichkeiten, Geld zu verdienen, freiwillig keinen Gebrauch machen. Davon abgesehen würde sich durch ein Prostitutionsverbot in Deutschland an der Armut in Bulgarien oder Rumänien natürlich nicht das Geringste ändern.

Und was die »Flatrate«-Bordelle betrifft: Offenbar handelt es sich hier eher um einen Marketingtrick. »Das Flatrate-Konzept lebt nicht zuletzt von männlicher Selbstüberschätzung«, erläuterte die Sprecherin des »Bundesverbandes erotische und sexuelle Dienstleistungen«: »Das sind Kunden, die einmal zahlen, zehn Mal wollen und dann zwei Mal können.«

Das N-Wort

Darf man schwarze Menschen »Neger« nennen? Selbstverständlich! Man darf auch zu Frauen »Emanzenschlampen« sagen und Homosexuelle als »Schwuchteln« bezeichnen. Rede- und Meinungsfreiheit gehören zur Demokratie. Jedes Wort muss auch gesagt werden dürfen. Man sollte sich nur bitte nicht wundern, wenn einen die Leute anschließend zu Recht für einen Satiriker, einen Rassisten oder ein Riesenarschloch halten.

Die in einigen sehr konservativen Kreisen beliebte Jammerei über angebliche Sprachverbote und Meinungszensur beruht deshalb zum großen Teil auf einem Missverständnis. Es ist falsch zu behaupten, man dürfe in Deutschland seine Meinung nicht sagen. Man wird auch nicht ignoriert, im Gegenteil. Es ist aber auch kein konstituierendes Merkmal einer freiheitlichen Gesellschaft, anderen Menschen aufgrund von Rasse, Geschlecht oder sexueller Neigung unwidersprochen grobe Beleidigungen an den Kopf knallen zu dürfen. »Neger« zum Beispiel ist ein abwertendes, boshaftes Wort. Wer »Neger« genannt wird, kann das nur als Verletzung auffassen. Wer andere »Neger« nennt, verdient weder Achtung noch Sympathie.

Sprache drückt Wert- oder Geringschätzung aus, sie prägt auch die Geisteshaltung einer Gesellschaft. »Worte können sein wie winzige Arsen-Dosen«, schrieb der Schriftsteller Victor Klemperer in seinem »Notizbuch eines Philologen«, einer Analyse der Sprache der Nationalsozialisten: »Sie werden unbemerkt verschluckt, sie scheinen keine Wirkung zu tun, und nach einiger Zeit ist die Gift-Wirkung doch da.«

Es hat deshalb auch nichts mit Zensur zu tun, wenn ich meinen Kindern sage, dass ich das Wort »Neger« nicht hören möchte, weder aus ihrem Mund noch von irgendwem sonst. Dasselbe gilt übrigens für »Emanzenschlampen«, »Schwuchteln«, »Kanaken« oder »Sozialschmarotzer«. Und es zeugt auch nicht von guten

Manieren, Menschen »Zigeuner« zu nennen, wenn sich diese lieber als Sinti oder Roma bezeichnen. Unsere christlichen, liberalen und sozialdemokratischen Vorfahren haben sich im Kampf für die Menschenrechte nicht die Köpfe einschlagen lassen, damit Rassisten unter dem Deckmantel der Meinungsfreiheit heute unwidersprochen über andere Menschen herfallen dürfen.

Eine andere Frage ist, ob das Wort »Neger« stehen bleiben darf, wenn jahrzehntealte Bücher neu aufgelegt werden. Ich finde: ja. Das gebietet nicht nur der Respekt vor dem Autor, sondern auch der historische Kontext, in dem ein Buch geschrieben wurde. Am Anfang seines Kinderromans »Jim Knopf und Lukas der Lokomotivführer« beschreibt Michael Ende, wie auf der Insel Lummerland ein Paket mit einem Baby ankommt, »ein kleiner Neger«, wie der Inselbewohner Herr Ärmel feststellt. Und so schließt der kleine Bub auch gleich Freundschaft mit dem Lokomotivführer Lukas, der mit seinem verrußten Gesicht, einem goldenen Ohrring und seinen prächtigen weißen Zähnen so aussieht, als wäre er einem alten Reklamespot für Sarotti-Schokolade entsprungen.

Anfang 1960 wurde die Geschichte von Jim Knopf erstmals veröffentlicht. Michael Ende war damals gerade 30 Jahre alt. »Neger« war zu dieser Zeit noch kein Wort, über das man sich Gedanken machte. Dass *blackfacing,* also das Schwarzmalen des Gesichts, diskriminierend sein könnte, weil es weiße Schauspieler um 1900 benutzten, um den Plantagenalltag schwarzer Sklaven für heitere Bühnenshows in Szene zu setzen, hat im Deutschland der Nachkriegsjahre nicht interessiert. Der Kinderbuchautor Ende war sicher kein Rassist, ganz im Gegenteil. Seine Geschichte von Jim und Lukas ist ein Plädoyer für Toleranz. Die Wissenschaftshistorikerin Julia Voss hat herausgefunden, dass Jim Knopf bemerkenswerte Ähnlichkeit mit einem Eingeborenen namens Jemmy Button aus dem Reisegefolge von Charles Darwin hat. Es sei, so ihre Analyse, Endes Absicht gewesen, eine

Gegengeschichte zum Rassenwahn der Nationalsozialisten zu erzählen.

Hätte Michael Ende das Buch vierzig Jahre später verfasst, wäre er wohl nicht so unbedarft mit dem Wort »Neger« umgegangen und hätte die betreffenden Passagen vielleicht anders formuliert. Doch wie, werden wir leider nie erfahren, denn der Autor starb 1995. Wer sollte das Buch nun umarbeiten? Ein Lektor seines Verlages? Die Erben? Die Anti-Diskriminierungsstelle der Bundesregierung? Die »Initiative Schwarze Menschen in Deutschland«? Vermutlich würde es nicht reichen, das Wort »Neger« durch »Schwarzer« zu ersetzen. Die ganze Eröffnungsszene, in der sich Jim und Lukas kennenlernen und als Schwarzgesichter auch gleich sympathisch finden, bräuchte eine neue Pointe. Wer wollte sich anmaßen, darüber zu entscheiden?

Der ZDF-Moderator Markus Lanz wurde heftig kritisiert, nachdem er Ende 2013 in einer »Wetten, dass ..?«-Sendung in Augsburg die Zuschauer aufgerufen hatte, sich als Jim Knopf oder Lukas der Lokomotivführer zu verkleiden und zu schminken, »mit Schuhcreme, Kohle, was auch immer«. Tatsächlich zeigte sich Lanz im anti-rassistischen Diskurs nicht auf der Höhe der Zeit. Bereits einige Monate zuvor war eine Wutwelle über das von Dieter Hallervorden betriebene Berliner Schlosspark Theater hereingebrochen, weil die Rolle des schwarzen Hausmeisters im Herb Gardner-Stück »Ich bin nicht Rappaport« mit dem schwarz geschminkten Schauspieler Joachim Bliese besetzt worden war. Es gebe genug schwarze Schauspieler, als dass sich Weiße jetzt auch noch das Gesicht anmalen müssten, wurde Hallervorden vorgeworfen. Antirassistische Aktivisten schlossen sich im Internet zu einer Initiative namens »Bühnenwatch« zusammen und riefen zum Boykott auf.

Aber handelte es sich bei der »Wetten, dass ..?«-Wette wirklich um eine »rassistisch geprägte Theater- und Unterhaltungsmaskerade«, wie Kritiker behaupteten? Natürlich nicht. Theater arbeitet mit Entfremdung: Hier stellen Schauspieler etwas dar, das sie nicht sind. Frauen dürfen in Männerrollen schlüpfen, Männer in Kinderrollen und selbst Tiere und Pflanzen werden mitunter von Menschen dargestellt. Im geschilderten Fall ging es darum, in die Rolle von Jim Knopf zu schlüpfen, und der ist nun einmal ein schwarzer Junge. Das schwarze Gesicht gehört zum Kostüm. Rassistisch wäre es gewesen, wenn Lanz es bei seiner Saalwette zur Bedingung gemacht hätte, dass Jim Knopf von schwarzen Menschen dargestellt werden müsse. Mit Recht wäre die Frage aufgetaucht, warum Schwarze nur von Schwarzen gespielt werden dürfen, während etwa für die Rolle eines »Tatort«-Kommissars selbstverständlich auch Nichtpolizisten in Frage kommen.

Unter dem wachsenden öffentlichen Druck haben einige Verlage gleichwohl begonnen, historische Bücher dem neuen Sprachgebrauch anzupassen. Agatha Christies Krimi »Zehn kleine Negerlein« heißt heute »Und dann gabs keines mehr«. Bei Tom Sawyer und Huckleberry Finn ist statt vom »Neger« jetzt vom »Sklaven« die Rede. Pippi Langstrumpfs Vater ist vom »Negerkönig« zum »Südseekönig« mutiert. Der Thienemann Verlag hat angekündigt, dass auch »Die kleine Hexe« von Otfried Preußler überarbeitet werde. Es geht um eine Szene, in der sich Kinder als »Neger«, »Türke« und »Chinesenmädchen« verkleiden; es wird nach anderen Kostümierungen gesucht.

Auch der historische »Mohr« soll nach Ansicht einiger Sprachwächter auf dem Index landen. Als Ende 2012 auf dem Tübinger Schokoladenmarkt ein Konditor seine Regionalspezialität wie üblich unter dem Namen »Tübinger Mohrenköpfe« feilbot, hagelte es Proteste. Tübingens grüner Oberbürgermeister Boris Palmer wurde aufgefordert, persönlich gegen die »rassistische Geschmacklosigkeit« vorzugehen. Als Palmer daraufhin mitteilte, er halte den Verkauf von Mohrenköpfe für »keine gravierende Sache« und rate zu »mehr Gelassenheit«, wurde auch er zur Hassfigur. Ein Briefschreiber warf die Frage auf, wie Palmer es wohl fände, wenn in Berlin »Schwabenköpfle« zum Verzehr angeboten würden.

In Berlin-Mitte gibt es Streit um die Mohrenstraße. Eine anti-rassistische Bürgerinitiative möchte sie in Nelson-Mandela-Straße umbenennen. Auch die Linkspartei hat eine Umbenennung ins Spiel gebracht, zur »Königin-von Saba-Straße«. Die Anwohner hingegen würden den Straßennamen gern behalten. Sie machen geltend, dass die Straße ihren Namen schon seit mehr als 150 Jahren trägt und die Alt-Berliner Schokoladenhandlung »Felix und Sarotti«, die hier einst ihren Firmensitz hatte, zu ihrem Markenzeichen, dem Sarotti-Mohr, inspirierte.

Und auch die Berliner Band Knorkator geriet in die Kritik. Bis Ende 2013 wurden sie dem linksalternativen Milieu zugerechnet. Doch dann warf die »Initiative Schwarze Menschen in Deutschland« (ISD) der Band Rassismus und rechtes Gedankengut vor. Auslöser war das Knorkator-Album »We want Mohr«. Das Albumcover zitiert ein Motiv aus der Originalausgabe des »Struwwelpeter«; es geht um die »Geschichte von den schwarzen Buben«. Auf dem Tourneeplakat sitzen die Musiker in einem Kochtopf, daneben eine schwarze Person in Kannibalenmanier mit einem Messer in der Hand. Kein Grund zur Aufregung, sollte man glauben. Doch die Initiative ISD sieht das anders: »›We Want Mohr‹ repräsentiert den unveränderten und unreflektierten Umgang mit der deutschen kolonialen Vergangenheit und einen degradierenden Blick auf Schwarze Menschen und People of Colour.«

Von der Sprachklitterung über die Textverfälschung bis zur Zensur ist es nur ein kleiner Schritt. »Wir haben uns in einem System der Unterwürfigkeit, der organisierten sprachlichen und gedanklichen Feigheit eingerichtet, das praktisch das ganze soziale Feld von oben bis unten paralysiert«, schreibt der Philosoph Peter Sloterdijk. Bereits im April 2004 rügte die Ausländerbeauftragte der Bundesregierung den Hamburger Verlag Hoffmann und Campe wegen eines Hörbuchs mit Texten des Philosophen Walter Benjamins. Dessen über siebzig Jahre alter Text »Die Zigeuner« sei als problematisch einzustufen, denn er sei geeignet, »Stereotype und Vorurteile zu betonen«. Wer hätte das für möglich gehalten: Ein dreiviertel Jahrhundert, nachdem der Jude Walter Benjamin vor den Nazis ins Exil fliehen musste, steht er plötzlich als Rassist am Pranger.

Mitte Februar 2014 kam es bei einer Pädagogikvorlesung an der Berliner Humboldt-Universität zum Eklat. Aktivisten der Gruppe »Wissen gegen Ignoranz« hatten dazu aufgerufen, die Veranstaltung durch Zwischenrufe, Gelächter und sogenannte Klatsch-Interventionen zu stören. Andere Studenten hingegen wollten lieber der Vorlesung folgen; es kam zu Rangeleien. Am Ende musste die Polizei einschreiten. Anlass der Proteste waren Texte von Kant, Rousseau und Hegel. Die Aktivisten von »Wissen gegen Ignoranz« sind der Meinung, dass die alten Philosophen nicht mehr »unkritisch gelehrt oder sogar verteidigt« werden sollten. Deren Texte seien rassistisch und aus einer »eurozentristischen weißen Perspektive« geschrieben, hieß es in einer Mitteilung des »Referent_innenRats«, kurz RefRat. Auch das Wort »Neger« komme in den alten Schriften vor. Das dürfe man an einer Bildungseinrichtung, »insbesondere im pädagogischen Bereich«, nicht länger tolerieren.

Um pädagogische Bedenken ging es auch in einem offenen Brief, mit dem sich das Netzwerk Rassismus an Schulen (NeRaS) Ende 2013 bei der Verlagsgruppe Westermann beklagte. Im Erdkunde-Buch »Diercke Geographie 8« sei man auf eine ganze Reihe fragwürdiger Darstellungen gestoßen, deren Überarbeitung »unter rassismuskritischen, diversitätsbewussten Gesichtspunkten gemäß UN- und EU-Konventionen« nun dringend geboten sei. Im Detail kritisierte das Netzwerk, dass der Begriff »Rasse« allzu unbefangen verwendet werde. Schwarze Menschen würden zudem »wiederholt nur als Feld- bzw. Plantagenarbei-ter_innen repräsentiert«, während der Völkermord in Ruanda grob vereinfachend als »Auseinandersetzung mit anderen Stäm-men« dargestellt werde. Die Verlagsgruppe Westermann bot den Kritikern an, für künftige Auflagen zusammenzuarbeiten, etwa für eine Sonderseite »Afrika aus Sicht der Afrikaner«. Es dürfe allerdings schwierig werden, über das Apartheidsregime in Südafrika zu schreiben, ohne den Begriff »Rassentrennung« zu verwenden. Und sollte den antirassistischen Sprachwächter eines Tages auffallen, dass sich das Wort »Äthiopien« vom alt-griechischen »Aithiops«, zu Deutsch »Brandgesicht«, ableitet, müssen womöglich ganze Landkarten neu geschrieben werden.

Der Kölner Comedian Marius Jung, Sohn eines schwarzen Amerikaners und einer weißen Deutschen, schlägt einen anderen Weg vor. Der Titel seines Programms lautet »Singen können die alle! Handbuch für Negerfreunde«. Er amüsiert sich darin über »Betroffenheitsmenschen«, die ihn als »Afrogermanen«, »Afro-afrikaner« oder »Maximalpigmentierten« bezeichnen. »Wenn humorlose Sprachpolizisten fordern, Worte wie ›Neger‹ ganz aus der Sprache zu tilgen und zu verbieten, ist das Fundamen-talismus«, sagt Jung: »Und alles, was wir tabuisieren, bearbeiten wir inhaltlich nicht.«

Diskriminierungsverbot

Es gehört zu den großen zivilisatorischen Errungenschaften unseres Grundgesetzes, dass in Deutschland niemand wegen seines Geschlechts, seiner Abstammung, seiner Rasse, seiner Sprache, seiner Heimat und Herkunft, seines Glaubens oder sei-ner politischen Anschauungen benachteiligt werden darf. Dabei hätte man es im Prinzip belassen können. Doch 2006 setzte die Bundesregierung auf Druck der EU auch noch ein Allgemeines Gleichbehandlungsgesetz (AGG) in Kraft, flankiert von der Gründung einer neuen Behörde, der Antidiskriminierungsstelle des Bundes. Ob die Zahl der Diskriminierungen durch das Gesetz zurückgegangen ist, weiß leider niemand so genau. Die gerade mal 180 Fälle von sexueller Belästigung, die im Jahr 2013 bei der Antidiskriminierungsstelle gemeldet wurden, sind keine verlässliche Datenbasis. Unterm Strich scheint sich aber zu bestätigen, was Kritiker des Gesetzes bereits von Anfang an vermutet hatten: Wer sich schon früher vom Grundgesetz nicht abhalten ließ, andere Menschen zu diskriminieren, herabzuwürdigen und zu belästigen, dem jagt auch das AGG und die neue Antidiskriminierungsbehörde keinen Schrecken ein.

Dennoch hat das Gesetz etwas bewirkt: Es rief Prozesshansel auf den Plan, die glauben, sie könnten als angebliches Diskriminierungsopfer eine Entschädigung herausschlagen. Als Vorbild dienen Opferprofis in den USA, wo um das Diskriminierungsverbot eine gutgeölte Prozessindustrie entstanden ist. Anwälte und angebliche Betroffenenvereine haben sich darauf spezialisiert, Behörden und Unternehmen mit Klagen zu überziehen. Mit der Behauptung, sie sei bei Beförderungen übergangen worden, weil sie eine Frau ist, konnte sich eine amerikanische Angestellte zwölf Millionen Dollar von der Investmentbank Morgan Stanley erstreiten.

In Deutschland sind die Streitwerte kleiner, aber die Fälle nicht weniger skurril. Die Grugahalle Essen musste sich für eine Veranstaltung der vom Verfassungsschutz beobachteten, rechtsradikalen türkischen Vereinigung »Graue Wölfe« zur Verfügung stellen – andernfalls hätte man eine Klage wegen Diskriminierung am Hals gehabt, so der Geschäftsführer der Messe Essen. Versicherungen dürfen keine unterschiedlichen Tarife für Männer und Frauen anbieten, auch wenn die verursachten Schäden stark differieren (Frauen verursachen zum Beispiel weniger Autounfälle). Das Bundesarbeitsgericht hält es für Altersdiskriminierung, wenn ein 35-Jähriger etwas mehr Urlaub hat als ein 28-Jähriger, so ein Urteil von 2012. Und ausgerechnet die Stiftung der linksalternativen Tageszeitung »taz« wurde 2014 vom Berliner Arbeitsgericht wegen Diskriminierung verurteilt, nachdem sie eine Volontariatsstelle explizit für eine Frau mit Migrationshintergrund ausgeschrieben hatte. Ein männlicher Bewerber fühlte sich dadurch benachteiligt. Das Gericht sprach ihm drei Monatsgehälter als Entschädigung zu.

Die angeblichen Diskriminierungsopfer sehen sich inzwischen überall ins Unrecht gesetzt. Im Herbst 2013 musste sich der Rektor des Leonardo-da-Vinci-Gymnasiums in Berlin-Buckow vor dem Verwaltungsgericht verantworten. Drei ehemalige Schüler, ein Mädchen und zwei Jungen, klagten dagegen, dass man sie nicht in die achte Klasse versetzt hatte. An ihren schlechten Noten gab es zwar nichts zu beschönigen. Das Mädchen hatte sechs Fünfen auf dem Zeugnis, die beiden Jungen jeweils sogar neun Fünfen. Auch ihr Benehmen im Unterricht war schlecht gewesen, wie sich aus den Klassenbüchern ergab. Dennoch behaupteten die Eltern, unterstützt vom grünen Bildungspolitiker Özcan Mutlu, die Schule sei schuld am Scheitern ihrer Kinder. Als Schüler »nicht-deutscher Herkunft« (Behördenkürzel: »ndH«) seien die drei nicht ausreichend gefördert worden. Auch sei der Anteil der Schüler nicht-deutscher Herkunft in der Klasse insgesamt zu hoch gewesen – was freilich die Frage aufwarf, warum die vielen anderen Kinder aus Migrationsfamilien in der Klasse problemlos versetzt wurden.

Ein Diplom-Verwaltungswirt aus dem Raum Stuttgart hat es sich zur Gewohnheit gemacht, öffentliche Einrichtungen nach dem Gleichbehandlungsgesetz zu verklagen. Der körperbehinderte Mann bewarb sich bereits bei mehr als 60 Behörden – und wenn er nicht zum Bewerbungsgespräch eingeladen wurde, zog er vor Gericht. Das Verwaltungsgericht Stuttgart hat dem Mann bereits in acht Fällen Recht gegeben und jeweils drei Monatsgehälter Entschädigung zugesprochen, macht zusammen zwei

Jahresgehälter. Ähnlich operiert ein 40 Jahre alter Jurist aus Süddeutschland. Er verklagte unter anderem eine Bonner Anwaltskanzlei wegen Altersdiskriminierung auf 24 000 Euro Schadensersatz. In der Stellenanzeige, auf die er sich vergeblich beworben hatte, war nach einer jungen Kraft mit höchstens zwei Jahren Berufserfahrung gesucht worden. Der abgelehnte Bewerber sah darin einen Fall von Altersdiskriminierung.

Keine Frage: Es ist gut und richtig, dass Behinderte vor Diskriminierung geschützt werden. Aber wer genau gilt eigentlich als »Behinderter« im Sinne des Allgemeinen Gleichbehandlungsgesetzes? Das Bundesarbeitsgericht in Erfurt hat im Dezember 2013 hier eine großzügige Definition vorgenommen: Gut möglich, liebe Leserin und lieber Leser, dass auch Sie Behindertenstatus reklamieren können – auch wenn Sie bislang noch nichts davon ahnten.

Im konkreten Fall ging es um einen Chemisch-technischen Assistenten, der 2010 eine Stelle bei einer Arzneimittelfirma antrat. Sein Arbeitsplatz lag im sogenannten Reinraumbereich. Dort werden intravenös verabreichte Krebsmittel hergestellt. Niemand, der an einer ansteckenden Krankheit leidet oder eine offene Wunde hat, darf hier arbeiten. An seinem ersten Arbeitstag wies der Mann deshalb darauf hin, dass er mit dem Aids-Erreger HIV infiziert sei. Seine Leistungsfähigkeit sei aber nicht eingeschränkt, er habe keine Symptome. Doch die Firma kündigte ihm, da sie das Risiko als zu groß empfand. Kein Problem, sollte man glauben: Der Betroffene war ja noch in der Probezeit.

Doch der Mann fühlte sich diskriminiert und klagte. Zunächst erfolglos: Das Arbeitsgericht Berlin und das Landesarbeitsgericht Berlin-Brandenburg wiesen ihn ab. Doch die nächste Instanz gab ihm Recht. Das Bundesarbeitsgericht weitete zu seinem Vorteil den Behindertenbegriff aus. Schon die Stigmatisierung von bestimmten Krankheiten, so das Gericht, behindere die gesellschaftliche Teilhabe. Ein HIV-Infizierter sei als Behinderter anzusehen und falle deshalb unter den besonderen Schutz des Gesetzes. Und die Richter gingen noch weiter: Im Prinzip könnten alle chronischen Krankheiten eine Behinderung bedeuten, also auch Volksleiden wie Diabetes, Asthma und Rheuma. Das Bundesarbeitsgericht selbst schätzt, dass die konsequente Anwendung des Urteils etwa 40 Prozent der Bevölkerung zu Behinderten machte.

Todsünden

Die Aufklärung befreite die Menschen von der Moral des Mittelalters. Was als Sünde gegolten hatte, war nun Ausdruck eines selbstbestimmten Lebens. Eitelkeit wurde als Motor für menschliche Schaffenskraft anerkannt, Begehren als Triebkraft für Erfolg. Für den aufgeklärten Menschen war es nicht verwerflich, gut zu essen, zu feiern, zu tanzen und Sex zu haben. »Die ehemaligen Todsünden wurden zu einem Wegweiser zum schönen Leben«, sagt Gerhard Schulze, emeritierter Professor für Wissenschaftstheorie an der Universität Bamberg.

Unter dem Einfluss der Kirche hatten die Menschen zuvor ein eher freudloses Leben geführt. Papst Gregor I. stellte Ende des sechsten Jahrhunderts eine Liste mit besonders verwerflichen Lastern auf, die sieben Todsünden: Hochmut (»Superbia«), Habgier (»Avaritia«), Wollust (»Luxuria«), Zorn (»Ira«), Völlerei (»Gula«), Neid (»Invidia«) und Trägheit (»Acedia«). Mit Hilfe dieser Liste festigte die Kirche ihre Macht gegenüber den weltlichen Herrschern, denn auch Kaiser, Könige und Fürsten durften es nicht wagen, diesen Todsünden zu verfallen. Das ganze Leben hatte sich den kirchlichen Moralvorschriften unterzuordnen. Leid und Strafen waren gottgewollt. Ein Erdenbürger, der sich fragte, warum er sich dieses jammervolle Leben überhaupt antat, wurde aufs Jenseits verwiesen: Im himmlischen Paradies werde man es dereinst besser haben.

Ende des 15. Jahrhunderts errichtete der Bußprediger Girolamo Savonarola im italienischen Florenz eine Schreckensherrschaft der Sittlichkeit. Bücher, Bilder und Spiegel ließ er zu »Scheiterhaufen der Eitelkeiten« auftürmen und anzünden. Er geißelte »Habsucht, Unzucht, Schlemmerei«, kämpfte gegen »Sodomie« (gemeint war Homosexualität) und »Hübschlerinnen« (Prostituierte). Savonarolas jugendliche Anhängerschaft durchstreifte die Straßen der Stadt auf der Suche nach Frevlern und Missetätern.

Auch nach Genf kam einige Jahre später ein frommer Mann, der die Stadt in einen Tugendstaat verwandeln sollte: Jean Calvin, Sohn eines französischen Ehrenmannes im Dienste des Domkapitels von Noyon. Mit zwölf Jahren schrieb er sich an der Universität Paris ein und brachte es bis zum Lizentiaten der Jurisprudenz. Nach Genf kam er auf der Durchreise, der Legende nach wollte er eigentlich nur eine Nacht verbringen. Doch Calvin blieb, und für die Genfer Bevölkerung brachen freudlose Zeiten an. Als Prediger gewann Calvin rasch Einfluss auf die öffentliche Meinung. Er verbot Kartenspiel, Tanz und Gesang. Montag, Mittwoch und Freitag mussten sich die Bewohner zum Gottesdienst einfinden, am Sonntag sogar zweimal: um acht Uhr morgens und um drei Uhr nachmittags. Calvin verbot, Kindern nichtbiblische Namen zu geben. Statt Martin und Claude hieß der Nachwuchs nun Abraham und Magdalena. Er machte präzise Vorgaben, wie eine Hochzeitsfeier abzulaufen hatte. Erlaubt waren drei Gedecke mit vier Speisen. Dazu musste unauffällige Kleidung getragen werden.

Wie Savonarola konnte sich auch Calvin auf den bedingungslosen Gehorsam seiner zumeist jugendlichen Anhänger verlassen. Wer bei Gotteslästerung, Glücksspiel, Trunkenheit, Zeitvergeudung, Nichtstun oder der Vergabe von Krediten mit mehr als sieben Prozent Zinsen erwischt wurde, bekam Prügel. Calvin hielt auch Tod durch Verbrennen oder Ertränken für angemessen. Der Historiker Volker Reinhardt beschreibt, wie ein Mann, der beim Wasserlassen gesehen worden war, vom Abendmahl ausgeschlossen wurde, womit er zur Unperson wurde. Ein gnädiger Richter wäre wegen Pflichtverletzung selbst vor Gericht gezerrt worden. In Calvins Augen bedeutete der Tod die Erlösung vom irdischen Leben mit all seiner Hinfälligkeit – allerdings nur, falls der Betroffene in den Himmel aufgenommen würde. Auf die meisten Menschen wartete nach Calvins Überzeugung allerdings der Teufel. Die menschliche Rasse zeichne sich durch eine »natura corrupta«, eine verkommene Natur, aus.

Teile dieser kirchlichen Sündenmoral haben sich bis heute gehalten. Am Karfreitag, einem »stillen Feiertag«, darf in Deutschland nicht getanzt werden, so regeln es die Feiertagsgesetze der Bundesländer. In Bochum wurde es untersagt, an diesem Tag den Monty Python-Film »Das Leben des Brian« bei einem internen Filmabend vorzuführen. In Hessen sind karfreitags öffentliche Veranstaltungen unter freiem Himmel sowie »Aufzüge und Umzüge aller Art« verboten; in Bayern und Thüringen darf nicht öffentlich musiziert werden. Vor dem Karfreitag 2012 protestierten Vertreter der christlichen Kirchen gegen die mittelfränkische Schachmeisterschaft in Weißenburg. Die Veranstaltung endete deshalb einen Tag früher als geplant.

Am Muttertag 2008 durften in Baden-Württemberg keine Blumen verkauft werden, weil der Muttertag mit dem besonders geheiligten Pfingstsonntag zusammenfiel. Einige Bürgermeister protestierten, allerdings mit wenig Erfolg. Etliche Mütter werden wohl blumenlos geblieben sein. Zum Glück dauert es bis zum Jahr 2035, bis Muttertag und Pfingstsonntag wieder auf denselben Tag fallen werden.

Calvins Sittenstrenge kommt einem im Lichte heutiger Verbotsdebatten erstaunlich aktuell vor. Der christliche Glaube mag etwas aus der Mode gekommen sein, die Sünde ist es nicht. Wo die kirchlichen Autoritäten an Einfluss verlieren, kehrt nicht etwa heitere Unbeschwertheit ein, sondern ein neues dogmatisches, meist noch freudloseres Regime. Es ist kein Zufall, dass sich Gesundheitspolitiker ausgerechnet Zucker und Zigaretten als Angriffsziele herausgesucht haben. Dicke und Raucher stehen für Ausschweifung, Müßiggang und Ignoranz. Sie passen nicht zur calvinistischen Ethik der Askese und des Fleißes.

Die Todsünden erscheinen in modernem Gewand: Der Vorwurf der Völlerei richtet sich nun gegen die Fleischesser, die für Massentierhaltung und Klimazerstörung verantwortlich gemacht werden. Wollust und Ausschweifung werden jenen angelastet, die beim modernen »Cult of less«, der konsumkritischen Kultur des Weniger, nicht mitziehen wollen. Hochmut: Damit können nur die gierigen Topmanager mit ihren ungedeckten Boni gemeint sein. Trägheit und Ignoranz: Alle, die ihren Müll nicht trennen. Geiz: Alice Schwarzer, Uli Hoeneß und die anderen Steuerhinterzieher.

Es wimmelt vor Asketen, die uns unsere Schwächen und Ausschweifungen vorhalten: Wer lebt, stört. Mit dem Unterschied, dass es nicht mehr der liebe Gott ist, vor dem sich der Sünder zu verantworten hat, sondern die Kirche des ökologischen Glaubens. Die biblischen Gebote werden in Gebote der Nachhaltigkeit umgedeutet: Du sollst nicht fliegen! Du sollst kein Licht verschwenden! Du sollst im Winter keine Erdbeeren kaufen!

Hinter den grünen Predigten für die Einführung eines Veggiedays im vergangenen Bundestagswahlkampf steckte dieselbe aggressive Besserwisserei wie hinter den Missionierungsversuchen bibeltreuer Fundamentalisten. Im Zustand der Enthaltsamkeit darf sich jeder Miesepeter wie ein Auserwählter fühlen. Seine Gegner mögen die besseren Argumente haben, aber er hat die höhere Moral. Im deutschen Karottenkuchenmilieu triumphiert die gute Gesinnung über den Verstand.

Und als ob es nicht schon genug echte Paragrafen gäbe, bildet sich eine Scharia der Anstandswächter heraus, eine Paralleljustiz mit ungeschriebenen Gesetzen darüber, was sich gehört und was nicht. Selbsternannte Sittenkontrolleure spielen sich zum Richter über Gut und Böse auf. Ständig wird über irgendwem der Daumen gesenkt; es herrscht eine moralinsaure Grundstimmung vor, ein »Tugendfuror«, wie es Bundespräsident Joachim Gauck im Zusammenhang mit der Sexismusdebatte um den FDP-Politiker Rainer Brüderle ausdrückte.

Die Aktivisten von »Bühnenwatch« wollen Theateraufführungen verhindern, die sie für rassistisch halten. Die Initiative »Pinkstinks« geht gegen »limitierte Geschlechterrollen« in den Medien vor. »Tatortwatch« prangert via Twitter TV-Kommissare an, die sich nicht an die gesetzlichen Vorschriften halten, am liebsten Til Schweiger, denn den kann im Moralmilieu eh keiner leiden.

Mag eine Sache auch legal sein: Als legitim gilt sie deshalb noch lange nicht. Etwas, das juristisch nicht zu beanstanden sei, könne trotzdem moralisch verwerflich sein. So landen sie dann alle auf der Anklagebank: Peer Steinbrück, weil er bei einigen Banken gutbezahlte Vorträge gehalten hat (allerdings nach seiner Ministertätigkeit und vor seiner Kanzlerkandidatur). Guido Westerwelle, weil er auf seiner ersten Reise als deutscher Außenminister seinen Lebenspartner, den Geschäftsmann Michael Mronz, mitnahm (was seine Amtsvorgänger Frank-Walter Steinmeier und Klaus Kinkel mit ihren Frauen freilich auch getan hatten). Bettina Wulff, weil sie sich vom Geschäftsführer eines Autohauses ein Bobby-Car schenken ließ (so wie Dutzende anderer Kunden auch).

Es mag Fälle geben, die im Grenzbereich liegen. Doch die listige Unterscheidung zwischen legal und legitim dient vor allem dem Zweck, die Unschuldsvermutung außer Kraft zu setzen, um jemanden fertigmachen zu können, gerne auch auf Dauer. Denn während der echte Rechtsbrecher seine Strafe eines Tages abgesessen hat und eine Vorstrafe nach einiger Zeit wieder getilgt wird, wird der moralisch Beschämte seine Schuld nicht so schnell los.

Compliance

Auch die Wirtschaft gibt sich moralisch. Wer als Topmanager mit der Zeit geht, engagiert den Jesuitenpater Michael Bordt, um die nächste Führungskräftetagung mit einer Prise Kapitalismuskritik zu würzen. Zum Ausgleich für seine eher mauen Bilanzzahlen gab der langjährige Puma-Manager Jochen Zeitz seine Gespräche mit dem Benediktinermönch Anselm Grün sogar als Buch heraus. Im Wirtschaftsteil der Zeitungen kam Zeitz nicht so gut weg, doch das Feuilleton liebte ihn schon wegen der kompostierbaren Sportschuhe, die Puma unter seiner Führung auf den Markt brachte.

Es ist gut, wenn sich globale Unternehmen im Rahmen der Uno-Initiative »Global Compact« verpflichten, in ihren Produktionsstätten und bei den Zulieferern auf soziale und ökologische Mindeststandards zu achten. Auch Bestechung hat in Unternehmen nichts zu suchen. Doch die Flut an Ethik-Managern und *Codes of Conduct* übersteigt inzwischen jedes vernünftige Maß. Verwaltungsbehörden ist es zur lieben Gewohnheit geworden, den von ihnen beaufsichtigten Unternehmen ständig neue Vorschriften zu machen, die zwar in keinem Gesetz stehen, aber trotzdem beachtet werden müssen. Die Compliance-Regeln in der Wirtschaft weiten sich zum Tugendterror aus, der einen normalen Umgang mit Kunden oder Kollegen immer mehr erschwert.

Die Zeiten, zu denen sich die Ausbildungsmeister bei Mercedes zum Einführungstag der neuen Auszubildenden am Kuchenbuffet bedienen durften, sind offenbar vorbei: Ein Stück Torte auf Firmenkosten gälte heute schon als Verstoß gegen die internen Anti-Korruptionsregeln, berichtet das »Manager Magazin«. Den Mitarbeitern der Müllabfuhr in Hamburg ist es verboten, zu Weihnachten ein Trinkgeld anzunehmen: Das wäre Bestechung. Bei Siemens muss jede Einladung einen internen Freigabeprozess durchlaufen. Die Sponsoren der jüngsten Fußball-EM wurden teilweise ihre Tickets nicht los. Allzu groß war die Angst vieler Geschäftskunden, wegen Vorteilsnahme am Pranger zu stehen.

Behörden und Konzerne richten Hotlines ein, über die man anonym die Kollegen verpfeifen kann, wenn diese sich nicht an die Ethikregeln halten. Das branchenkundige»Handelsblatt« berichtete, wie bei Daimler ein Abteilungsleiter verpetzt wurde, weil er während der Arbeitszeit zum Friseur gegangen war. Sogar Aufsichtsratschef Manfred Bischoff musste sich mit dem Fall befassen (konnte aber nichts Anstößiges erkennen, schließlich seien dem Betroffenen»die Haare doch auch während der Arbeitszeit gewachsen«).

Aber war es wirklich Korruption, wenn früher einmal im Jahr der Postbote oder die Leute von der Müllabfuhr an der Haustür klingelten und frohe Weihnachten wünschten in der Hoffnung auf ein Trinkgeld? Heute bekommen alle Münchner Haushalte einen Behördenbrief, wonach Trinkgeld für die Müllabfuhr strikt verboten sei: »Im Abfallwirtschaftsbetrieb sind nunmehr alle Bereiche und Beschäftigten gleichgestellt«, heißt es in dem Schreiben. »Mit der neuen Regelung zur Trinkgeldannahme wird in der Landeshauptstadt auch der besonderen Stellung des öffentlichen Dienstes Rechnung getragen.« Und ist es wirklich Bestechung, wenn ein dankbarer Bürger einem Polizisten ein Stück Kuchen anbietet? Der niedersächsische Landtagsabgeordnete Norbert Böhlke brachte einer Polizeiwache jedes Jahr zu Silvester ein Blech Krapfen vorbei. Doch damit musste Schluss sein: Die Beamten wollten nicht in den Ruf der Vorteilsannahme geraten.

Neues vom ökologisch-bürokratischen Komplex

Sollte es passieren, dass Ihr neuer Fernseher plötzlich schwarz wird: Keine Sorge! Es handelt sich nicht um einen Defekt, sondern um eine technische Neuerung, die auf eine Öko-Richtlinie der Europäischen Union zurückgeht, genauer gesagt auf

Anhang I, Punkt 2, Kennziffer 2, Buchstabe d), Absatz i) der Verordnung (EG) Nr. 642/2009 vom 22. Juli 2009 zur Durchführung der Richtlinie 2005/32/EG des Europäischen Parlaments und des Rates im Hinblick auf die Festlegung von Anforderungen an die umweltgerechte Gestaltung von Fernsehgeräten. Die Richtlinie schreibt vor, dass sich ein Fernseher selbsttätig ausschalten muss, wenn seit längerer Zeit auf der Fernbedienung keine Taste mehr bedient wurde. Nach vier Stunden ist es so weit. In diesem Fall geht die EU davon aus, dass Sie unnötig Strom vergeuden. Also denken Sie bitte daran, alle paar Stunden auf ein Knöpfchen zu drücken, wenn Sie sich das nächste Mal »Krieg und Frieden«, eine komplette Staffel »House of Cards« oder die Plenardebatte des Bundestages ansehen.

Und dann ist da noch die Sache mit dem Staubsauger. Es saugt und bläst der Heinzelmann, wo Mutti sonst nur saugen kann, wusste schon Loriot. Aber künftig wird die Auslegeware leider nur noch mit halber Kraft gesaugt werden können, denn Staubsauger, die mehr als 1600 Watt verbrauchen, sind in den Mitgliedstaaten der EU seit September 2014 verboten. Ab 2017 müssen Geräte sogar mit 900 Watt auskommen. Das entspricht etwa der Power, die ein heute gängiges Markengerät von Miele, Philips oder Dyson entfaltet, wenn Sie den Regler von »Parkett« auf »Polstermöbel« herunterdimmen. Ob das reicht? »Aber gewiss«, sagt Stephan Kohler, Chef der halbstaatlichen Deutschen Energie-Agentur: Der Verbraucher müsse sich keine Sorgen um die Sauberkeit seines Teppichbodens machen. Die neuen Stromsparvorschriften für Staubsauger seien das Resultat eines langjährigen Konsultationsprozesses mit der Industrie. »Oder glauben Sie etwa«, sagt Kohler, »irgendwelche Beamten in Brüssel würden sich einfach irgendwelche Vorgaben ausdenken?«

Den genannten Beispielen werden in den kommenden Jahren noch viele weitere folgen. Die EU verfolgt das Ziel, den Stromverbrauch der Bürger schrittweise auf etwa die Hälfte des heutigen Niveaus zu senken; es geht um ein Leben auf Sparflamme, ohne Standby-Tasten und mit einem drastisch verkleinerten ökologischen Fußabdruck. Dazu hat die EU-Kommission praktisch die gesamte Warenwelt in 38 sogenannte Partien (»Lots«) aufgeteilt, die sie nun auf ihren Stromverbrauch überprüft und gegebenenfalls aussortiert. Mobiltelefone, Computerspielkonsolen und Rührstabmixer kommen ebenso an die Reihe wie Heizkessel, Türen und Fenster. Das Glühbirnenverbot geht spätestens 2016 in die nächste Runde: Dann sollen nach dem Willen der EU auch die derzeit noch legalen Halogenbirnen aus dem Handel verschwinden. Legen Sie sich also rechtzeitig einen Vorrat an.

In meinem Buch »Ökofimmel« habe ich 2012 beschrieben, wie der ökologisch-bürokratische Komplex immer wieder dafür sorgt, dass Umweltschutzmaßnahmen der Umwelt schaden: Für die Herstellung des sogenannten »Biosprits« E10 wird der Regenwald gerodet und der Anbau von Lebensmitteln verdrängt. Die von den ehemaligen grünen Bundesministern Renate Künast und Jürgen Trittin vorangetriebene Subventionierung von »Biogas« hat dazu geführt, dass inzwischen auf einem Gutteil der landwirtschaftlichen Fläche Mais, Mais und nochmals Mais angebaut wird. Das Dosenpfand hat dummerweise dazu beigetragen, die ökologisch gute Mehrwegflasche aus vielen Geschäften zu verdrängen statt die ökologisch schlechte Einwegflasche. Die Energiesparlampen, die wir uns nach dem Glühbirnenverbot ersatzweise angeschafft haben, müssen wegen ihres Quecksilbergehalts jetzt als giftiger Sondermüll entsorgt werden. Oder die Energiewende: Während die Stromkunden mehr als 20 Milliarden Euro Fördermittel im Jahr für Ökostrom bezahlen müssen, blasen die deutschen Kohlekraftwerke immer mehr klimaschädliches CO_2 in die Luft.

In den vergangenen Jahren haben sich die geschilderten Probleme sogar noch verschärft, etwa bei Biogas und Biosprit. Zwar liegen der EU-Kommission inzwischen weitere Gutachten vor, die belegen, dass die Einführung von E10 ein Fehler war. Der Flächenverbrauch und der Düngemitteleinsatz beim Anbau von Energiepflanzen sorgen dafür, dass der angebliche Biosprit eine schlechtere Umweltbilanz als herkömmliches Benzin hat. Trotzdem machen weder die EU noch die Bundesregierung Anstalten, ihren Kurs zu korrigieren. Alles bleibt, wie es ist. Wer kein E10 tankt, wird beim Tanken automatisch mit einem Preisaufschlag von etwa drei Cent pro Liter bestraft, eine Art Fehlabgabe, um die sich am Ende dann wenigstens der Finanzminister freut.

Auch die unsinnigen Wassersparvorschriften sind alle noch in Kraft. Der EU-Umweltkommissar gab extra eine Studie in Auftrag, um das Toilettenspülverhalten der Bürger im Detail zu untersuchen und eine »Verbesserung der Wassereffizienz während des Spülvorgangs« zu erreichen, wie es ein EU-Sprecher ausdrückte. Die Wissenschaftler fanden heraus, dass der Durchschnittseuropäer »im arithmetischen Mittel aus einem vollen und drei reduzierten Spülvorgängen« etwa sechs Liter verbraucht. Zu viel, findet die EU-Kommission. Sie will, dass Toiletten so konstruiert werden, dass sie mit maximal fünf Litern pro Spülung auskommen. Für Urinale muss künftig ein Liter pro Spülung reichen.

Doch wozu? Weil wir oben jetzt so wenig Wasser verbrauchen, fließt es unten nicht mehr richtig ab. Träge schwappen Fäkalien und Speisereste durch die viel zu breiten Rohre und entfalten ihr würziges Aroma. Infolge des schwachen Strahls entsteht Schwefelwasserstoff. Der Geruch von faulen Eiern durchweht die Straßen. Die Wasserwerke versuchen, dem Gestank durch Deo beizukommen. Die Berliner Wasserbetriebe hängen Duftbäumchen unter die Gullideckel; zur Auswahl stehen die Duftnoten Lavendel, Zitrus, Fichtennadel und Orange. Doch in der Kanalisation lagern sich auch giftige Schwermetalle wie Kupfer, Nickel und Blei ab. Die Schwefelsäure greift die Leitungen an, lässt Stahl rosten und Beton bröseln. Dagegen hilft dann auch kein Deo. Die Wasserwerke müssen die Rohre und Kanäle daher kräftig durchspülen. Was wir oben mit der WC-Stopptaste eingespart haben, jagen sie unten mit dem Feuerwehrschlauch durch die Kanalisation. Bis zu einer halben Million Liter Trinkwasser pumpen allein die Berliner Wasserbetriebe pro Tag in die Gullys, um, wie es heißt, die »notwendige Fließgeschwindigkeit« zu gewährleisten. Genauso gut könnten wir etwa 60 000-mal auf die Klospülung drücken, ohne Stopptaste.

Und was ist eigentlich aus dem Regulierungsirrsinn beim Mülltrennen geworden? Vor einiger Zeit durfte ich für SPIEGEL TV Bernd Müller besuchen, den damals stellvertretenden Sprecher der Berliner Stadtreinigungsfirma BSR. Es ging um das Thema, welcher Müll in welche Tonne gehört. Es gibt zwar einen BSR-Leitfaden, ein BSR-Internetportal und sogar eine BSR-App, die man sich aufs Handy laden kann. Doch nicht alle Fragen der Mülltrennung werden dort eindeutig beantwortet.

Müller, Abfallexperte seit mehr als 30 Jahren, schien mir der richtige Gesprächspartner zu sein, um meine Wissenslücken zu schließen. Wir trafen uns an der BSR-Hauptverwaltung im Berliner Bezirk Tempelhof. Die Stadtreinigung hat hier zu Demonstrationszwecken eine Sortierstelle mit den fünf wichtigsten Abfalltonnen eingerichtet. Es gibt eine graue Tonne für Restmüll, eine blaue für Papier, eine orangefarbene für Verpackungen und sogenannte Wertstoffe, eine braune für Pflanzenreste. Dazu zwei Altglascontainer, grün für Buntglas und weiß für Weißglas. Fast wie bei uns daheim. Nur sahen die Mustertonnen deutlich sauberer aus.

Wir begannen mit einem leeren Apfelmusglas: Kein Problem für Müller. Das Glas warf er in die grüne Tonne, den Deckel in die orangefarbene. Doch dann wurde es komplizierter: Holz. Laut Tabelle der Stadtreinigung gehört »Altholz, unbehandelt« in die orange Tonne, »behandeltes Holz« in die graue Tonne und »Stammholz« in die braune Tonne. Aber woran erkennt man den Unterschied? Herr Müller wirkte ratlos. Und es wurde nicht einfacher. Wohin mit in Folie eingeschweißte Reklameheftchen? Mit Nudelpackungen mit Foliensichtfenster? Mit Camembert-Schachteln aus Holz? Darf man einen Kloreiniger ins Klo kippen? Warum gehört der kaputte Plastikball in die orangefarbene Tonne, der kaputte Lederball hingegen in die graue Tonne, und der kaputte Stoffball in die, äh, ja wohin eigentlich?

In welchen Glascontainer kommt eine blaue Flasche, wenn es, wie auf unserer Straße, keinen gemeinsamen Buntglascontainer gibt, sondern einen für Grünglas und einen für Braunglas, aber keinen für Blauglas? Und wer hätte gedacht, dass ich mich beim Wegschmeißen eines gebrauchten Pappbechers daran erinnern muss, ob ich ihn aus dem Supermarkt (Restmüll, graue Tonne) oder von der Imbissbude (Verpackungsmüll, orangefarbene Tonne) habe? Der mit all diesen Fragen sichtlich überforderte Pressesprecher Müller konnte einem leidtun.

Tatsächlich war der Müllexperte nicht am eigenen Unvermögen gescheitert, sondern an der deutschen Mülltrennung mit ihren überkomplexen, sinnlosen und zum Teil widersprüchlichen Gesetzen. Allein das System für Verpackungsmüll, teilweise zu erkennen am grünen Punkt, ist eine Wissenschaft für sich. Und die Politik macht es immer komplizierter, eine Abfallnovelle jagt die nächste.

Kurz nach der Osterpause 2014 trat die »Sechste Verordnung zur Änderung der Verpackungsverordnung« in Kraft. Darin geht es unter anderem um die Frage, ob ein kaputter Kleiderbügel in den gelben Sack oder in die graue Tonne gehört. Die Rechtslage sieht nun so aus: Handelt es sich um einen Kleiderbügel, der zusammen mit einem Kleidungsstück gekauft wurde, gilt dieser als »Verpackung« und kommt in den gelben Sack. Wurde der Kleiderbügel hingegen getrennt von Hemd, Anzug oder Kleid gekauft, gilt dieser nicht als Verpackung, deshalb: Restmülltonne.

Äußerlich mögen beide Kleiderbügel identisch sein. Umso wichtiger ist es für den Verbraucher, sich daran zu erinnern, in welchem Kontext er sie einst erworben hat.

Alles klar? Eigentlich sollte die jüngste Verordnungsänderung eine Orientierungshilfe für jene sein, die es mit der Abfallsortierung ganz genau nehmen wollen. Fast 50 Grenzfälle wurden hier im Detail geregelt; die fachliche Vorarbeit leistete die Europäische Union. Leere Streichholzschachteln gehören demnach in den gelben Sack. Leere Grablichtbecher hingegen in den Restmüll. Blumentöpfe für den Transport: gelber Sack. Blumentöpfe für den Balkon: Restmüll. Klarsichtfolie von der CD-Hülle: gelber Sack. CD-Hülle: Restmüll. CD-Spindel für Rohlinge: wieder gelber Sack. Auch das Rätselraten um die korrekte Entsorgung von Klopapierrollen fand hier endlich ein Ende. »Rollen, Röhren und Zylinder, um die flexibles Material aufgespult ist«, gelten jetzt als Verpackung, was bedeutet: Altpapier oder gelber Sack, aber auf keinen Fall Restmülltonne. »Die Umsetzung hat klarstellenden Charakter«, so die Verordnung.

Die Frage ist, wie lange sich die Bürger diesen Unfug noch gefallen lassen. Eine Milliarde Euro im Jahr zahlen wir Verbraucher schon beim Einkaufen dafür, dass Joghurtbecher und andere Verpackungen eingesammelt und im Kreislaufsystem möglichst wiederverwertet werden. Und dann haben wir auch noch die ganze Arbeit: Joghurtbecher müssen »restentleert«, »tropffrei« und »löffelrein« zurückgegeben werden, so steht es in den Regeln des Systems. Nicht wenige von uns stellen den Becher sogar in die Geschirrspülmaschine, bevor sie ihn in den gelben Sack stopfen. Der Brite Adam Fletcher, der vor ein paar Jahren nach Deutschland zog und ein liebevolles Internet-Tagebuch über seine neue Heimat führt, schreibt: »Die Deutschen sind leidenschaftliche Recycler. Das liegt wohl daran, dass sich drei ihrer liebsten Dinge darin zu einer positiven Tätigkeit vereinen: Umweltschutz, Organisation und Zwanghaftigkeit.«

In jüngster Zeit lässt unser Eifer allerdings nach. Immer mehr Abfälle landen in der falschen Tonne. Deutschlands Weltruf als Mülltrennernation steht auf dem Spiel. Eine vom Stadtwerke-Verband VKU vorgestellte Studie der Hochschule Fulda deckte auf, dass der gelbe Sack mit wachsenden Akzeptanzproblemen zu kämpfen habe. Die Bürger verweigerten sich »in beträchtlichem Umfang«.

Der Gesetzgeber hat den Bogen überspannt. Die deutsche Abfalltrennerei überfordert inzwischen den gutwilligsten Ökobürger. Wenn selbst der Pressesprecher der Berliner Stadtreinigung an der eigenen Sortierstation verzweifelt, weil er nicht weiß, welcher Plastikbecher in die gelbe und welcher in die graue Tonne gehört, ist das System gescheitert. Um Umweltschutz geht es hier schon lange nicht mehr. Nur noch etwa 20 Prozent aller hochwertigen Kunststoffabfälle werden im System wiederverwendet; ein weit größerer Teil landet in einer Verbrennungsanlage. Die Betreiber der Anlagen, in der Regel sind das die Kommunen, kämpfen um jeden Müllsack. Die Öfen wären sonst nicht ausgelastet. Etwa 70 Müllverbrennungsanlagen gibt es in Deutschland, viel mehr, als bei einer funktionierenden Recycling-Wirtschaft gebraucht würden.

Der von der Bundesregierung eingesetzte Sachverständigenrat für Umweltfragen plädiert seit Jahren dafür, das System gründlich zu reformieren. Nachdem die Mülltrennung mit jeder Reform komplizierter, teurer, unverständlicher und ineffizienter geworden ist, sollten wir es mit einem anderen Ansatz versuchen: Weg mit überflüssigen Vorschriften! Zwei Mülltonnen würden im Prinzip ausreichen, so die Experten: die erste Tonne für feuchten Abfall wie Essensreste und Windeln, die zweite Tonne für den trockenen Rest. Der Müll aus der feuchten Tonne könnte genutzt werden, um Biogas zu erzeugen, und würde anschließend verbrannt. Der Trockenmüll würde automatisch sortiert und so weit wie möglich recycelt. Es handelt sich um ein

Konzept, das viele Vorteile hätte. Die ausufernden und schon längst nicht mehr nachvollziehbaren Regeln zum Trennen des Mülls wären mit einem Schlag verschwunden. Der Bürger hätte weniger Arbeit, der Umwelt wäre geholfen – alles wäre einfacher, umweltfreundlicher und dabei auch noch billiger.

Im hessischen Landkreis Kassel wurde dieses System vor einigen Jahren bereits erprobt. Das Modellprojekt war ein Erfolg: Die Bürger hatten es einfacher, dennoch wurden deutlich mehr Rohstoffe recycelt als vorher. Der Landkreis kämpft seither darum, das System einzuführen. Der gelbe Sack soll abgeschafft werden, doch das scheitert bislang am Widerstand der Firmen, die vom gelben Sack profitieren und sich auf geltendes Recht berufen können. Es ist in Deutschland nämlich gesetzlich verboten, Kunststoffe und Restmüll zusammen in eine Tonne zu werfen. Und Verbote zum Schutze der Umwelt müssen eingehalten werden, auch wenn sich längst herausgestellt hat, dass sie die Umwelt in Wahrheit nicht schützen, sondern belasten.

Die Umweltpolitik ist rationalen Bewertungskriterien weitgehend entzogen. Die Zukunft der Menschheit steht auf dem Spiel, es geht um große Gefühle wie Sehnsucht und Angst. Die Uhr steht immer auf fünf vor zwölf. Nach El Niño kommt La Niña, auf Asbest folgt Dioxin, mal stirbt der Wald und mal der Eisbär. Wer hier die Frage aufwirft, wie sich die Story vom Eisbärensterben mit der Tatsache verträgt, dass in freier Wildbahn heute viel mehr Eisbären leben als vor 50 Jahren, sollte sich darauf gefasst machen, persönlich angegriffen zu werden: Was für ein Zyniker müsse man sein, auf Details herumzureiten, derweil die Welt am Abgrund stehe!

Umweltpolitiker agieren aus einer überlegenen Position, sie siegen sich gleichsam von Niederlage zu Niederlage. Ihre gute Absicht imprägniert sie gegen Kritik. Weil sie grundsätzlich auf der richtigen Seite sind, stehen ihre Kritiker und Gegner logischerweise auf der falschen Seite.

Ich habe vor einiger Zeit versucht, ein Interview mit der Grünen-Politikerin Renate Künast zum Thema Biogas zu führen. Früher hat sie gerne über dieses Thema geredet. Künast war ein Biogas-Fan. Die hohen Subventionen für den Anbau von Energiepflanzen stammen aus ihrer Zeit als Landwirtschaftsministerin der rot-grünen Bundesregierung. »Die Landwirte sind die Ölscheichs der Zukunft«, hatte sie damals verkündet; ich wollte Künast fragen, wie sie heute darüber denkt.

Obwohl ihr Sprecher das Interview zunächst zugesagt hatte, blockte Künast ab. Seit sich Biogasförderung als Öko-Irrweg herausgestellt hat, möchte sie zu dem Thema nicht mehr viel sagen. Bei einer Grünen-Veranstaltung in Kreuzberg rannte sie erst vor mir weg, dann drohte sie mit dem Zeigefinger (»Ich kann mich gerne bei Ihrem Chefredakteur über Sie beschweren«) und schließlich mit dem Rauswurf: »Jetzt kommt der Moment, da machen wir von unserem Hausrecht Gebrauch.«

Das Gefühl der moralischen Überlegenheit trägt dazu bei, dass es Umweltpolitikern schwerfällt, Fehler zu korrigieren. Wer behauptet, die Welt retten zu wollen, kann ja gar nicht scheitern, denn er ist moralisch im Recht. Glaubensgewissheit ersetzt Vernunft und Verstandesgebrauch, Orthodoxie tritt an die Stelle des Arguments. Was einmal in Kraft gesetzt wurde, hat deshalb bis in Ewigkeit Bestand. Als 1980 ein erster Gesetzesband zum Thema Umweltrecht erschien, handelte es sich um ein schmales Werk von 377 Seiten. Heute, 20 Auflagen später, sind es etwa 1000 Seiten mehr. Allein die deutsche Abwasserverordnung hat mehr als 50 Anhänge. Ein halbes Dutzend Behörden, vom Umweltbundesamt bis zum Bundesamt für Naturschutz, sind auf Knopfdruck in der Lage, jeden halbverwilderten Grünstreifen zum schützenswerten Biotop zu ernennen.

Für Umweltpolitiker sind Verbote und Vorschriften das Mittel der ersten Wahl. Das Bundesumweltministerium ist nicht zufällig aus einer Abteilung des Bundesinnenministeriums entstanden; hier kennt man sich aus mit dem Polizei- und Ordnungsrecht. Alles muss bis ins Letzte geregelt, die Wirtschaft gelenkt und der Bürger beplant werden: die Ökopolizei, unser Freund und Helfer.

Fortschritt verboten

Die Steinzeit ist nicht aus Mangel an Steinen zu Ende gegangen. Vor rund 5000 Jahren kam einer unserer Vorfahren auf die Idee, Kupfer und Zinn zu verschmelzen; das war's dann für die Steinzeit, die Bronze-Ära brach an. Und so dürfte auch das Zeitalter der fossilen Brennstoffe nicht wegen zu wenig Öl, Gas und Kohle zu Ende gehen, sondern dadurch, dass den Menschen etwas Neues, Besseres einfällt.

Bedauerlicherweise denkt die Umweltbewegung nicht darüber nach, wie das Neue in die Welt kommt, sondern, im Gegenteil, darüber, wie es sich verhindern lässt. Eigentlich müsste es um Wachstum und Innovationen gehen, stattdessen ist von »Vorsorgeprinzip« und »Nachhaltigkeitsprinzip« die Rede, Grünsprech für Verzicht und Fortschrittsfeindlichkeit. Ob Gentechnik, Fracking oder das Verpressen von flüssigem Kohlenstoff in unterirdischen Lagerstätten: Alles soll verboten sein.

Neue Technologien sind nur dann zuzulassen, wenn ihre Harmlosigkeit bewiesen ist. So lautet das Vorsorgeprinzip, das die Umweltbewegung zur Leitschnur ihres Handelns erklärt hat. Also Finger weg von allem Unerforschten; es könnte gefährlich sein. Aus »Trial and Error« wird »Trial without Error«. Doch woher sollen wir wissen, ob eine Sache unschädlich ist, bevor wir ihre Schädlichkeit oder ihren Nutzen überhaupt haben testen können? Besteht Wissenschaft nicht mindestens zur Hälfte daraus, Hypothesen zu falsifizieren?

Wie unser Leben wohl aussähe, wenn es eine solche Restrisikovermeidungsdoktrin wie das Vorsorgeprinzip schon früher gegeben hätte? Dass sich Schutzimpfungen gegen Masern oder Röteln jemals durchgesetzt hätten, darf bezweifelt werden: zu gefährlich. Die Röntgentechnik: irre riskant. Elektrizität: Finger weg. Oder der Flugverkehr: undenkbar. Womöglich säßen wir Menschen noch immer mit nacktem Hintern in einer Höhle im Neandertal und schlügen unserem Kind den zufällig aufgelesenen Feuerstein aus der Hand. Vorsicht, könnte heiß werden! Nicht, dass du dich verbrennst!

Ergänzt wird dieses Vorsorgeprinzip um das Nachhaltigkeitsprinzip. Alles muss heute irgendwie »nachhaltig« sein, unsere Ernährung, unser Einkaufsverhalten und sogar Pleitebanken wie die Hypo Real Estate, die sich in ihrem Geschäftsbericht unter der Überschrift »Nachhaltigkeit« dazu bekannte, »Verantwortung gegenüber der Gesellschaft zu übernehmen«, und zwar just in jenem Jahr, in dem sie vom Steuerzahler mit einem Milliardenbetrag gerettet werden musste.

Der Nachhaltigkeitsbegriff stammt eigentlich aus der Forstwirtschaft. Ein sächsischer Oberberghauptmann namens Hans Carl von Carlowitz stellte vor 300 Jahren die Regel auf, dass ein Waldbesitzer nicht mehr Bäume fällen darf, als er anpflanzt. Die Umweltbewegung hat dieses Prinzip auf alle anderen Bereiche übertragen: Es ist verboten, Raubbau auf Kosten künftiger Generationen zu betreiben, denn wie wir alle wissen, haben wir die Erde von unseren Kindern ja nur geborgt.

Aber ist Nachhaltigkeit wirklich ein Konzept, das sich auf dynamischere Prozesse als die Forstwirtschaft übertragen lässt? Nehmen wir spaßeshalber an, die Menschheit hätte sich zu Lebzeiten des Herrn von Carlowitz vor 300 Jahren entschieden, das Konzept Nachhaltigkeit nicht nur in der Forstwirtschaft anzuwenden, sondern auch in allen anderen ökonomischen Bereichen: Wären wir froh darüber, wenn nicht nur die sächsischen Wälder, sondern unsere ganze Welt so aussähe wie um das Jahr 1700?

Hinter dem Nachhaltigkeitsgedanken steht eine naive Sehnsucht nach der guten alten Zeit. Je naturtrüber, urwüchsiger und unbehauener, desto besser. Es gilt die Glaubensregel: Bio ist gut, Chemie ist schlecht. Dass der böse Chemiekonzern BASF mit der Erfindung des synthetischen Stickstoffdüngers in Wahrheit mehr für die Menschheit geleistet haben dürfte als der Demeter-Biolandbau, wo mistgefüllte Kuhhörner im Acker verbuddelt werden, um kosmische Kräfte zu sammeln, wird erfolgreich verdrängt.

Vielleicht wäre die CCS-Technologie, also das Verpressen von flüssigem Kohlenstoff in unterirdischen Lagerstätten, eine wirksame Methode, um den Ausstoß von Kohlendioxid in Deutschland zu begrenzen und den Klimawandel abzumildern. Das Potsdam Institut für Klimafolgenforschung (PIK) zieht diese Möglichkeit jedenfalls in Betracht. Doch wir werden es womöglich nie erfahren. Greenpeace-Aktivisten haben Stimmung gegen ein CCS-Versuchsprojekt in Brandenburg gemacht; sie behaupteten, es werde zu »nächtlichen Ausgasungen« kommen. Das Thema ist politisch beerdigt; schon die Erprobung der Technologie ist aufgrund der gesetzlichen Regelungen faktisch verboten.

Oder das Beispiel Gentechnik. Zigtausende Diabetespatienten in Deutschland sind heute heilfroh darüber, dass sie kein Schweine- oder Rinderinsulin spritzen müssen, sondern gentechnisch erzeugtes Humaninsulin. Doch dieses Mittel würde es nicht geben, wäre es nach den Grünen und der deutschen Umweltbewegung gegangen. Mitte der achtziger Jahre, als der spätere grüne Außenminister Joschka Fischer noch hessischer Landesminister für Umwelt war, untersagte er dem Pharmakonzern Hoechst den Bau einer Versuchsanlage zur gentechnischen Herstellung von Humaninsulin. Fischer beschwor Horrorszenarien; von einem Frankenstein-Labor war die Rede. Viele Medien und weite Teile der Bevölkerung glaubten den Unfug. Es dauerte lange, die von der Umweltbewegung geschürten Vorurteile gegen die sogenannte rote Gentechnik abzubauen. Die Zulassung des Präparats verzögerte sich um mehrere Jahre.

Heute richtet sich die Umweltbewegung vor allem gegen die grüne Gentechnik in der Landwirtschaft. Immer wieder verwüsten militante Öko-Aktivisten Versuchsfelder mit gentechnisch veränderten Pflanzen. In der Außenstelle des Bundesforschungsinstituts für Kulturpflanzen in Dresden-Pillnitz wurden 274 siebenjährige Apfelbäume umgeknickt oder mit der Astschere durchgeknipst. Im Schaugarten in Üplingen wurden Wachleute überwältigt und Pflanzen herausgerissen. Die Politik hat sich diesen Maschinenstürmern nicht in den Weg gestellt, im Gegenteil. Sie hat die gesetzlichen Anforderungen an die Forschung immer weiter verschärft. Die grüne Gentechnik hat so gut wie keine Fürsprecher in den Parteien. In Niedersachsen stoppten SPD und Grüne gleich nach ihrem Landtagswahlsieg 2013 ein Schulprojekt zum Thema Gentechnik; in ihrem Koalitionsvertrag heißt es: »Im Verbund mit der Landwirtschaft wird die rot-grüne Koalition alle Möglichkeiten ausschöpfen, Niedersachsen gentechnikfrei zu halten.«

Unternehmen wie BASF haben daraus die Konsequenzen gezogen und die Forschung in diesem Bereich in Deutschland praktisch eingestellt. Auch die Wissenschaftler an den Universitäten aus den entsprechenden Fachbereichen fühlen sich nicht gewertschätzt und teilweise sogar gemobbt, dabei versuchten sie doch, Ernteerträge zu verbessern oder Pflanzenschutzmittel durch resistente Pflanzen überflüssig zu machen.

Man muss nicht jedes neue Technologieversprechen mit kritiklosem Hurra-Optimismus bejubeln. Niemand weiß heute, ob gentechnisch veränderte Pflanzen dazu beitragen können, die Lebensmittelversorgung der Menschheit zu verbessern, wie einige Wissenschaftler und Unternehmen glauben. Doch es ist fatal, neue Technologien abzulehnen, nur weil sie Risiken bergen könnten. Die Politik hätte hier vielmehr die Aufgabe, die Forschung voranzutreiben, um unabhängige Erkenntnisse zu gewinnen und die grüne Gentechnik nicht internationalen Saatgutunternehmen zu überlassen. Doch stattdessen nähren Spitzenpolitiker die irrationalen Ressentiments, reagieren mit Verboten und bürokratischen Hemmnissen oder sind aus blankem Opportunismus verstummt.

Die Menschheit hat bewiesen, dass sie in der Lage ist, auf Rückschläge und Niederlagen zu reagieren und sich an Veränderungen anzupassen: Wir werden aus Schaden klug. Unsere Geschichte ist eine Abfolge von Fehlern, aus denen wir die richtigen Schlüsse gezogen haben. »Wir haben uns nicht emporgeplant und emporgedacht, wir haben uns emporgeirrt«, schrieb der Berliner Sozialwissenschaftler Bernd Guggenberger.

Statt einer Verbotskultur braucht es Versuch und Irrtum. »Trial and error« bedeutet, mit kleinen Schritten Neuland zu betreten und sich langsam voranzutasten. Wir müssen akzeptieren, dass Risiken zu unserem Leben dazugehören. Wer nicht wagt, gewinnt auch nicht. Kein Risiko einzugehen, ist das größte Risiko von allen; es gilt: Wer sich nicht in Gefahr begibt, kommt darin um.

Die Grünen – eine Verbotspartei?

Im vergangenen Bundestagswahlkampf sahen sich die Grünen dem Vorwurf ausgesetzt, sie seien eine Verbotspartei. Die grüne Forderung nach einem Veggieday hatte das Fass offenbar zum Überlaufen gebracht. Auf Twitter und Facebook regten sich Tausende über die grünen Tischsittenwächter auf, darunter viele, die sonst durchaus bereit wären, sich über den Zusammenhang zwischen Fleischkonsum, Massentierhaltung und Weltklima Gedanken zu machen. Nachwuchspolitiker von CDU und FDP (»Burger-Rechte für alle«) grillten Würstchen und Buletten vor der Grünen-Parteizentrale. SPD-Kanzlerkandidat Peer Steinbrück (»Es geht um die Wurst«) beteuerte, die Einführung eines Veggiedays komme für ihn nicht in Frage.

Lorenz Maroldt, Chefredakteur beim Berliner »Tagesspiegel«, machte sich bei einer Diskussionsveranstaltung einen Spaß daraus, aktuelle Verbotsforderungen grüner Politiker in alphabetische Reihenfolge zu bringen und vorzulesen: »Alkoholwerbeverbot, Alkoholtrinkverbot, Autowerbeverbot, Computerspielverbot, Doppelwaschbeckenverbot, Erste-Klasse-Verbot bei der Bahn, Flatratepartyverbot, Gentechnikverbot, Glühbirnenverbot, Handyverbot, Heizpilzverbot, Kühlschranktreibhausgasverbot, Lichtverschmutzungsverbot, Limonadenverbot, Motorrollerverbot, Nachtflugverbot, Ölheizungsverbot, Plastiktütenverbot, Ponyreitverbot, Rauchverbot, Schnäppchenverbot, Solarienverbot, Sonntagsfahrverbot, Sonntagsverkaufsverbot, Standbytastenverbot, Stammzellenforschungsverbot, Süßigkeitenwerbeverbot, Verbot von geschlechtergetrennten Toiletten, Zigarettenautomatenverbot, Zirkustierverbot, Weichmacherverbot in Sexspielzeugen.«

Für Letzteres habe er sogar Verständnis, spottete Maroldt: »Aber ausgerechnet hier ist die Regierung hart geblieben.« Das Publikum wieherte vor Heiterkeit. Über Twitter, Facebook und Soundcloud wurde der Hörfunkmitschnitt von Maroldts Anti-Grünen-Suada zum Hit. Die arme Öko-Partei. Fast konnte sie einem leidtun.

Nun liefert die Große Koalition aus CDU / CSU und SPD genug Anlass zur Kritik, als dass man auf der grünen Opposition herumhacken müsste. Doch die Frage, warum es den Grünen so schwerfällt, auf Verbote zu verzichten, ist deswegen so interessant, weil sich die Grünen neben ihrer marxistisch-ökologischen Grundströmung ja auch aus einer liberalen Quelle speisen. In der Umwelt- und Wirtschaftspolitik sind sie staatsgläubig. Aber in Bürgerrechtsfragen, bei der Zuwanderung oder bei gesellschaftspolitischen Themen wie dem Adoptionsrecht für Homosexuelle stehen sie eher an der Seite des Individuums als an der Seite des Staats.

Die Grünen plagt eine Persönlichkeitsspaltung, an der jeder Psychiater seine helle Freude hätte. Sie wollen Zigarettenautomaten verbieten, aber Kiffen legalisieren. Die Grünen, das ist einerseits der grüne Ordoliberale Ralf Fücks, Vorstand der Heinrich-Böll-Stiftung, und andererseits Renate Künast, die Frau mit dem dauererhobenen Zeigefinger. Wie kommt es, dass die grüne Fraktionsvorsitzende Katrin Göring-Eckardt, eine ostdeutsche Bürgerrechtlerin, die in der DDR für ihre Freiheit gekämpft hat, heute den Bürgern offenbar vorschreiben will, wie sie ihren Kaffee trinken, nämlich möglichst ohne Kaffeesahne: »Ist das kleine Plastikmilchbehältnis nicht auch ein Symbol dafür, wie unbedarft wir oftmals mit Rohstoffen umgehen?«, gab sie in einer Morgenandacht im »Deutschlandfunk« zu bedenken. »Muss das wirklich sein?«

Für die Grünen sind Verbote nichts Schlechtes, sondern politische Mittel der ersten Wahl; sie vertrauen auf die Kraft der Regulierung. Neue Gesetze und Vorschriften sollen die Klimakatastrophe abwenden, die Geschlechtergerechtigkeit befördern, »eine gute, eine sichere Zukunft schaffen«, wie es im Wahlprogramm 2013 hieß. Konsequenterweise kommt dort auf 337 Seiten 583 Mal das Verb »müssen« und mehr als 50 Mal das Wort »Verbot« vor. Der unerschütterliche Glaube an die Richtigkeit des eigenen Gesellschaftsentwurfs gehört ebenso zum grünen Selbstverständnis wie die Überzeugung, dass es die harte und strafende Hand des Staates braucht, um diesen Gesellschaftsentwurf gegen Widerstände durchzusetzen.

Das Gefühl der moralischen Überlegenheit kennzeichnet die Grünen seit ihrer Gründung im Januar 1980. Andere Parteien machen Kleinklein; bei den Grünen geht es immer um Leben oder Tod: Waldsterben, Artensterben, das Ende der Ressourcen. Erst musste die nukleare Katastrophe verhindert werden, später kam der Kampf gegen die Klimakatastrophe hinzu. Und nachdem viele Mitglieder der ersten Stunde als Maoisten, Trotzkisten oder in diversen anderen K-Sekten sozialisiert worden waren, wusste man auch, wie die Probleme zu lösen seien: durch straffe Planung, Lenkung und Kontrolle. Grüne Parteigänger verfügen über einen funktionierenden inneren Wertekompass. Nirgendwo sonst hat man ähnlich genaue Vorstellungen vom richtigen und vom falschen Leben. Das hat Vorteile: Grünen-Mitglieder wissen in der Regel genau, warum sie bei den Grünen sind und nicht bei CDU, CSU, FDP oder SPD. Die Frage, welche der heute bestehenden Parteien gegründet werden müsste, wenn es sie nicht schon gäbe, können Grüne klar beantworten. Umweltschutz, ihr Hauptthema, ist noch immer aktuell. Die Unterschiede zu den anderen Parteien sind hier groß genug.

Nach dem schlechten Abschneiden bei der letzten Bundestagswahl versuchen einige Grünen-Vertreter gleichwohl, das Image der Verbotspartei abzuschütteln. Die beiden neuen Vorsitzenden der Bundestagsfraktion Katrin Göring-Eckardt und Anton Hofreiter erklären nun bei jeder sich bietenden Gelegenheit, dass die Grünen eine »Freiheitspartei« seien: die Partei des »solidarischen Liberalismus«. Die Sache mit dem Veggieday sei ein Missverständnis gewesen. Man habe nie mit erhobenem Zeigefinger herumlaufen wollen. Sogar der grün-liberale Oberbürgermeister von Tübingen, Boris Palmer, wurde von Teilen der Partei rehabilitiert. Als einer der wenigen hatte er schon Monate vor der Wahl vor einer »jakobinischen Unduldsamkeit gegen abweichende Meinungen« gewarnt und die These aufgestellt: »Die Grünen könnten mit etwas weniger überschießendem Moralin noch mehr erreichen. Da bin ich sicher.« Zur Strafe hatte ihn der Parteitag vor der Wahl ausgebuht und seine Anträge kalt niedergestimmt.

Ein interner Kritiker des grünen Verbotsrauschs ist auch der Umwelt- und Energiewendeminister von Schleswig-Holstein, Robert Habeck. Er wirft seiner Partei vor, dass sich die moralische Erziehung des Menschengeschlechts wie ein roter Faden durch ihr Programm ziehe. »Wir sind aber keine besseren Menschen und sollten auch nicht so tun«, sagt Habeck und gibt zu: »Ich fahre schneller als 120, wenn ich so noch meine Kinder vor dem Zubettgehen sehen kann. Ich kaufe auch mal im Discounter, wenn er auf dem Weg liegt. Und das Bier neulich im Urlaub war ein Dosenbier – und es war lecker.« In seiner klugen Fehleranalyse nach der vergurkten Bundestagswahl kommt Habeck zu dem Schluss, dass die Grünen weiter für mehr Umwelt- und Klimaschutz eintreten sollten, doch ohne »dass alle mitmachen müssen«.

Leider ist von einer »Freiheitspartei« bei den Grünen in dieser Legislaturperiode noch nicht viel zu spüren. Man merkt dem Fraktionschef Hofreiter an, dass sein neuer Dress als Freiheitsengel noch zwickt. Der Veggieday steht zwar nicht mehr auf den Plakaten, wird von ihm aber weiter unterstützt, um das »Bewusstsein dafür zu schärfen, dass wir anderen Menschen die Lebensgrundlage wegfressen, wenn wir jeden Tag Fleisch auf dem Tisch haben«.

Auch die grüne Parteivorsitzende Simone Peter ist bislang vor allem durch eine weitere Verbotsidee aufgefallen: Sie forderte die Null-Promille-Grenze im Straßenverkehr. Es gebe da eine klare gesellschaftliche Akzeptanz, so Peter, wer trinken wolle, solle »andere fahren lassen, den Bus nehmen oder sich mit Freunden auch einmal ein Taxi teilen«. Nachdem Verkehrsexperten sie darüber aufgeklärt hatten, dass auch Apfel- und Orangensaft kleine Mengen Alkohol enthalten kann, korrigierte sie ihren Vorschlag leicht nach oben: »0,2 Promille wäre gut.«

Die Grünen vertreten ehrenwerte Ziele. Aber diese Ziele reflexhaft mit Verboten und gesetzlichem Zwang durchsetzen zu wollen, ist nicht liberal, sondern diktatorisch. Freiheit lässt sich nicht umdeuten in eine moralische Verpflichtung. Man kann nicht für Individualismus und Freiheit eintreten und gleichzeitig verlangen, dass sich der Bürger einer naturreligiösen Ordnung unterwirft. »Wer einem anderen das Beste wünscht, ist ein guter Mensch«, sagt der frühere Verfassungsrichter Paul Kirchhof. »Wer das Beste befiehlt, ist ein Tyrann.«

Nichts zu verbergen: Der Kontrollstaat

Der überwachte Bürger. Sicherheitstheater. Willkommen im Hausmeisterstaat. Der Triumph der Gemeinheit. Ein Staat mit tausend Augen. Haben Sie etwas zu verbergen?

Die administrative Durchsetzung von Rauchverboten, Umweltplaketten und Parkraumbewirtschaftungszonen hat in den Ordnungsämtern unseres Landes ein kleines Jobwunder ausgelöst. Wer Verbote erlässt, will auch dafür sorgen, dass sie eingehalten werden, andernfalls machte er sich ja lächerlich. Staatliche Regulierung zieht Überwachung, Prävention und Strafverfolgung nach sich und mündet regelmäßig in den Ruf nach mehr Ressourcen für die Polizei, damit diese ihren neuen Aufgaben auch nachkommen kann.

Also, liebe Leute, lasst Euch warnen: Bevor Ihr bei nächster Gelegenheit wieder Heizpilze, Motorroller, Alkoholwerbung, Schaufensterbeleuchtungen, Wohnungsleerstand etc. verbieten wollt, denkt bitte daran, dass Ihr die Staatsmacht auf den Plan ruft! Wer Verbote fordert, wird Kontrollen ernten. Command and Control! Und wenn Polizei und Ordnungsamt erst einmal vor Ort sind, werden sie auch an Eure Tür klopfen und nachschauen, ob alles seine Ordnung hat.

Aber womöglich ist es eh schon zu spät. Leben wir nicht längst in einer Welt der totalen Transparenz und Geheimnislosigkeit? Seit 2007 ist jeder EU-Bürger aufgefordert, seine Fingerabdrücke abzugeben; man fühlt sich wie der Tatverdächtige im Fernsehkrimi. Unser Reisepass enthält biometrische Daten. Schon sechs Monate alte Babys brauchen ein Passfoto, das den Anforderungen der automatischen Gesichtserkennung entspricht (Kopf gerade, Augen geöffnet, Mund geschlossen, neutraler Gesichtsausdruck – ich wünsche viel Erfolg im Fotostudio). In naher Zukunft wird die elektronische Krankenkassenkarte Auskunft über unseren Gesundheitszustand geben.

Alles, was wir tun, ist öffentlich einsehbar wie in einem Panoptikum. Videokameras kontrollieren jeden Winkel unserer Innenstädte. Etwa 10 000 offiziell registrierte Überwachungsanlagen gibt es in Hamburg, in Berlin sind es allein im Nahverkehr rund 12 000; in ganz Deutschland dürften es inzwischen über 200 000 sein. Hinzu kommen Zigtausende Kameras in Supermärkten, Einkaufszentren, Restaurants, Büros und Hauseingängen, für die es keine Meldepflicht gibt. Wer vom Frankfurter Flughafen, Terminal 1, Flugsteig C, in die USA fliegt, wird in einem sogenannten »E-Gate« bereits von einem Körperscanner durchleuchtet und via Augenerkennung identifiziert.

Insgesamt fragt man sich, ob der Schutz unserer Daten bei Staat und Parlament in den richtigen Händen liegt. Politiker, die die Pflege ihrer Homepage und den größten Teil ihrer elektronischen Korrespondenz von Bürobediensteten erledigen lassen, entscheiden über die Einführung von Online-Durchsuchungen, Staatstrojanern und Vorratsdatenspeicherung. Doch wer verhindert den Aufbau biometrischer Datenbanken? Sind die Computerchips unserer Ausweise gegen unbefugtes Auslesen geschützt? »Der Einzelne weiß nicht, was welche staatliche Behörde über ihn weiß, weiß aber, dass die Behörden vieles, auch Höchstpersönliches über ihn wissen können.« Dieser Satz stammt nicht von einem paranoiden Verschwörungstheoretiker, sondern aus dem Urteil zur Vorratsdatenspeicherung des Bundesverfassungsgerichts aus dem Jahr 2010.

Jeder Bürger könnte theoretisch zum Täter werden: Nach dieser Logik wird der Rechtsstaat Stück für Stück zum Präventionsstaat umgebaut. Nicht erst das Verbrechen soll bekämpft werden, sondern schon dessen Entstehung. Früher ermittelten die Behörden gegen Verdächtige, heute gegen Gefährder. Und eine potentielle Gefahr stellen wir anscheinend alle da, weswegen wir auf Socken durch den Bodyscanner am Flughafen schleichen und ertragen müssen, bei Sicherheitskontrollen betatscht zu werden. Potentielle Terroristen verraten sich durch erhöhte Herzfrequenz, veränderte Stimmhöhe, beschleunigte Atmung – Pech für Leute, die unter Flugangst leiden.

Die Terrorgefahr liefert das Argument für eine immer weitergehende Überwachung der Bürger. Was zählt schon das Recht auf informationelle Selbstbestimmung, wenn es darum geht, Terroristen das Handwerk zu legen? Aus Angst vor dem Terror wird eine Art Feindstrafrecht etabliert, das die Unschuldsvermutung, ein Fundamentalprinzip des Rechtsstaats, außer Kraft setzt. Im Koalitionsvertrag von CDU, CSU und SPD wird dem Schutz der Privatsphäre kein besonders hoher Wert beigemessen. Als Konsequenz aus den Spitzeleien der NSA sollen die Bürger lediglich »vor schrankenloser Ausspähung geschützt werden«. Ausspähungen im kleineren Maßstab sollen demnach offenbar in Ordnung sein, jedenfalls kommt die Vorratsdatenspeicherung wieder auf die Tagesordnung, obwohl das Bundesverfassungsgericht sie schon vor Jahren für verfassungswidrig erklärt hat.

Das Motto lautet: Mehr Kontrolle gleich mehr Sicherheit. Nach dieser Logik freilich müssten Überwachungsstaaten die sichersten Orte auf Erden sein. Seltsam, dass es in Rumänien unter Ceaușescu Betrug, Diebstahl und sogar Mord gegeben hat.

Ist es realistisch zu glauben, dass es uns gelingen könnte, die lückenlose Überwachung unserer Privatsphäre zu stoppen oder gar zurückzudrängen? Ich fürchte nein. Der Siegeszug der Technik, von der Handyortung über die »intelligente« Haustechnik zur Kameraüberwachung des öffentlichen Raums, ist so leicht nicht aufzuhalten. Umso mehr kommt es darauf an, die Zahl der Verbote und Straftatbestände zu begrenzen, die der Staat braucht, um seine Spähattacken zu legitimieren.

Sicherheitstheater

Haben Sie schon einmal vergessen, während eines Fluges Ihr Handy auszuschalten? Und? Abgestürzt? Haben Sie beim Tanken schon mal einen Anruf auf dem Handy entgegengenommen? Gab's eine Explosion? Und haben Sie sich auch schon mal darüber gewundert, dass im Krankenhaus Mobiltelefone verboten sind, weil sie die empfindlichen Medizingeräte stören könnten, aber alle Ärzte mit Diensthandys und Funkpiepern herumlaufen?

Seit den Terroranschlägen vom 11. September 2001 wird auch an Flughäfen ein Theaterstück aufgeführt, das der Öffentlichkeit zeigen soll, wie sehr man sich um die Sicherheit kümmert. Die Passagiere müssen ihre Schuhe ausziehen und auf Strümpfen durch Metalldetektoren gehen. Dass es beim Check-in für den Hinflug nicht gepiept hat, bedeutet nicht, dass das Gerät auch beim Rückflug stumm bleibt, selbst wenn Sie dieselben Kleidungsstücke am Leib tragen. Gefährliche Gegenstände wie etwa Haargel- und Zahnpastatuben sind in Sammelboxen zu werfen. Ein Schild klärt darüber auf, dass es sich um eine »Eigentumsaufgabe nach §959 BGB« handelt, also erwarten Sie bitte keine Entschädigung.

Weil islamische Terroristen 2006 versuchten, explosive Flüssigkeiten an Bord mehrerer Flugzeuge zu schmuggeln, dürfen auch nur noch Behälter mit einem Volumen von maximal 100 Millilitern ins Handgepäck. Alle größeren Behälter, die nicht auf dem Flughafengelände gekauft wurden, sogar originalverpackte Parfumflakons, werden eingezogen und vernichtet. Allein am Flughafen Frankfurt kommen bis zu 100 Tonnen im Monat zusammen.

Das alles kostet Geld, Zeit und Nerven, beantwortet aber nicht die Frage, warum ein Fläschchen Nagellackentferner im Handgepäck als potentieller Brandsatz gilt und beschlagnahmt wird, wir aber im Dutyfree-Bereich hinter der Sicherheitskontrolle problemlos eine Literflasche Rum mit 60 Prozent Alkohol kaufen und ins Flugzeug mitnehmen dürfen – und das sogar zollfrei. Und was hält einen potentiellen Terroristen, dem die Nagelfeile abgenommen wurde, eigentlich davon ab, sich stattdessen die Feueraxt aus der Crewkabine zu greifen?

Noch irrer wird das Tamtam am Flughafen, wenn man es mit den laxen Methoden bei der Gepäckkontrolle vergleicht. Christian Lahnstein, Jurist des weltgrößten Rückversicherers Munich Re, gab bei einer Tagung des Bundesinstituts für Risikobewertung (BfR) zu, dass es wirtschaftliche Gründe sind, von denen sich die Flughafen-Security leiten lässt: »Die Passagiere sind geduldig, die kann man warten lassen«, verriet Lahnstein: »Dieser hohe Aufwand kontrastiert aber mit einer geringen Kontrolle bei kommerziellen Warensendungen. Die kann man nicht kontrollieren, denn die Ware kann nicht warten, sie muss pünktlich ankommen. Das heißt, im selben Flugzeug fliegen Passagiere, die streng kontrolliert wurden, und wenig kontrollierte Waren. Man muss das aber nicht kommunizieren.«

Na dann: Guten Flug!

Denunzianten

Harri F., Hauptkommissar a.D., ist zwar schon seit einigen Jahren in Rente, aber trotzdem noch immer im Dienst. In seiner Wohnung am Marienplatz im niederbayerischen Osterhofen lauert er hinter halbgeschlossenen Jalousien auf Parksünder, Falschabbieger und Mofafahrer ohne Helm. Etwa 1000 Regelverstöße hat er in einem einzigen Jahr zur Anzeige gebracht und dem Freistaat Bayern mehrere Zehntausend Euro Bußgeldeinnahmen beschert. »Knöllchen-Harri«, wie er von den Anwohnern genannt wird, dokumentiert jeden Vorgang mit Lageskizzen und genauen Zeitangaben. Seine Beweisaufnahme ist lückenlos. Die zuständige Polizei in Plattling lobt den aktiven Pensionär für sein »professionelles, fundiertes Vorgehen«.

Der verregelte Staat bietet ein Vollbeschäftigungsprogramm für Blockwarte aller Art. Früher, als die Menschen noch ans Jüngste Gericht glaubten, konnten man entspannter mit den Sünden seiner Mitmenschen umgehen. Man wusste: Der liebe Gott sieht alles. Jeder Mensch wird am Ende seine verdiente Strafe erhalten. Da muss sich auf Erden niemand einmischen. Heute haben die selbsternannten Ordnungshüter das Gefühl, selbst zur Tat schreiten zu müssen, auf dass die Läuterung des Missetäters bereits zu Lebzeiten ihren Anfang nehmen möge. Es gibt ja so viel zu überprüfen: Autos müssen vorschriftsmäßig mit Umweltplaketten und Anwohnerparkausweisen versehen sein, in der Kneipe darf nicht geraucht werden, die Hunde im Park müssen an die Leine, Hauseingänge sind frei von glitschigem Laub und Schnee zu halten. Und wehe, zum Osterfest lodert irgendwo ein nicht genehmigtes Feuer.

Im Landkreis Osterode etwa wacht »Knöllchen-Horst«, ein Rentner, der schon mehrere Tausend Falschparker angezeigt hat, darunter auch den Piloten eines Rettungshubschraubers, der wegen eines Notfalls auf dem Bürgersteig landen musste. Genau 23 556 falsch geparkte Fahrzeuge wurden im Jahr 2013 allein in Hamburg abgeschleppt, doch das reicht Menschen wie Heinrich Strößenreuther nicht. Der selbstständige Verkehrsberater und Hobbyradler hat die Handy-App »Wegeheld« erfunden, mit der jeder Handybesitzer zum Sheriff wird. Es ist ganz leicht: Falschparker mit der Handykamera fotografieren, Kategorie des Verkehrsvergehens auswählen, hochladen, fertig. Schon ist der Sünder im Internet zur Fahndung ausgeschrieben. Nur das Verkehrskennzeichen muss einstweilen noch geschwärzt werden. Doch die Ordnungsämter wissen dank der mitgelieferten Ortungsdaten, wo sie ihr Knöllchen verteilen können.

Doch die Autofahrer filmen zurück. Tausende Fahrzeuge sind bereits mit sogenannten Dashcams ausgerüstet, kleinen Kameras hinter der Windschutzscheibe, die alles aufzeichnen, was vor der Motorhaube passiert. Die Filmaufnahmen sollen bei einem Unfall als Beweismittel dienen. Viele Autofahrer laden sie aber auch im Internet hoch, um Verkehrssünder an den Pranger zu stellen: Denunziantentum als Waffe im täglichen Kampf auf deutschen Straßen.

In Hamburg gilt eine Meldepflicht für leerstehende Wohnungen – da freut sich der moderne Blockwart darüber, dass er sich als Informant nützlich machen kann. Im Bezirk Friedrichshain-Kreuzberg sind Nachbarn aufgerufen, unzulässige Sanierungs- und Bauvorhaben an die Behörden zu melden. Einige Ordnungsämter setzen Minderjährige als Testkäufer von Alkohol und Zigaretten ein, um zu überprüfen, ob sich die Betreiber von Supermärkten ans Jugendschutzgesetz halten. Bundesarbeitsministerin Andrea Nahles möchte eine Telefonnummer einrichten, über die man Verstöße gegen den Mindestlohn petzen kann: »Solch eine Hotline hat auf jeden Fall eine abschreckende Wirkung, weil jeder weiß: Ich kann auffliegen und belangt werden.«

Die selbsternannten Hilfssheriffs der »Deutschen Umwelthilfe« setzten bei der Einführung der Berliner Umweltzone sogenannte »Feinstaub-Kontroll-Teams« ein. Autos ohne Umweltplakette wurden selbstgebastelte Mahnzettel unter den Scheibenwischer geklemmt. »In Fällen besonderer Ignoranz« wurde Anzeige erstattet. Seit Mai 2014 überwacht die »Deutsche Umwelthilfe« auch den Immobilienmarkt. Die neue Energieeinsparverordnung zwingt Vermieter dazu, in Anzeigen und Exposés den Energieverbrauch des jeweiligen Objektes anzugeben. Das System ist ähnlich wie beim Kühlschrank; es gibt Labels von A+ bis H. Die »Deutsche Umwelthilfe« hat angekündigt, den bundesweiten Anzeigenmarkt genau zu beobachten und ihren privilegierten Status als klageberechtigte Organisation zu nutzen, um Verstöße juristisch zu verfolgen.

Zensur

Im Februar 2014 tauchte auf mehreren Internetplattformen der Mitschnitt einer Unterhaltung zwischen einem US-Botschafter und der amerikanischen Europa-Beauftragten Victoria Nuland auf. Frau Nuland äußerte sich darin abfällig über die europäische Ukraine-Politik. Wörtlich sagte sie: »Fuck the EU.« Die Online-Medien berichteten natürlich sofort über den Fall. Allein der erste Text zum Thema auf SPIEGEL Online wurde in kurzer Zeit über 200 000 Mal aufgerufen; es folgten Kommentare, Reaktionen, Zusammenfassungen. Nur die Mitarbeiter mehrerer Bundestagsbehörden bekamen von der Topstory nichts mit. Eine auf ihren Bürocomputern installierte Filtersoftware verhindert automatisch den Zugriff auf Texte, in denen das Wort *fuck* vorkommt (Gleiches gilt übrigens auch für die Wörter *tits, boob* und *dirty*). Auf dem Monitor erscheint in solchen Fällen ein Warnhinweis: »Angeforderte URL konnte nicht geöffnet werden. Zugriff verweigert.«

»Eine Zensur findet nicht statt.« So lautet Artikel 5, Absatz 1 des Grundgesetzes, und im Prinzip hält sich der Staat daran. Kein Politiker und keine im Bundestag vertretene Partei tritt dafür ein, die Meinungs-, Presse- und Kunstfreiheit einzuschränken. Trotzdem nimmt der Staat Einfluss darauf, was in Deutschland aufgeführt, gedruckt oder gesendet wird. Es handelt sich um subtile, aber dennoch wirksame Formen der Kontrolle: Kulturpolitiker verteilen oder kürzen Subventionen für bestimmte Projekte. Parteivorsitzende kungeln bei der Besetzung von Spitzenpersonalien im öffentlich-rechtlichen Kultur- und Medienbetrieb. Nicht jeder Fall von Einflussnahme ist ein Skandal. Doch wir sollten uns nicht in Sicherheit wähnen. Wer über die Instrumente der Zensur und Meinungskontrolle verfügt, könnte eines Tages auf die Idee kommen, sie offensiv einzusetzen.

Beispiel Kulturförderung. Es ist kein Zufall, dass zur Berlinale die Party des quasi-staatlichen Medienboards Berlin-Brandenburg mit der höchsten Dichte an Promi-Schauspielern, Regisseuren und Produzenten gesegnet ist. Filmschaffende lassen jede andere Verabredung sausen, um hier dabei zu sein. Das Medienboard und die anderen staatlichen Fördergesellschaften entscheiden mit ihren Subventionen nämlich darüber, welcher Film mit welchem Budget produziert werden kann – und welches Projekt nie über ein Drehbuch hinauskommt.

Insgesamt 340 Millionen Euro Filmförderung verteilt der Staat im Jahr. Bei etwa 130 Millionen Kinobesuchern macht das rein rechnerisch einen Zuschuss von immerhin 2,60 Euro pro Eintrittskarte, wobei verschärfend hinzukommt, dass die meisten populären Blockbuster keine subventionierten deutschen Produktionen, sondern freifinanzierte Hollywood-Filme sind. Allein die Kulturstaatsministerin der Bundesregierung, die (durchaus kulturbeflissene) CDU-Politikerin Monika Grütters, alimentiert den deutschen Film mit gut 100 Millionen Euro im Jahr. Die Fördergelder werden nach einem »kulturellen Eigenschaftstest« vergeben. Für Dreharbeiten in Deutschland gibt es zwölf Punkte, für Musikaufnahmen in Deutschland zwei Punkte und für das Mitwirken deutscher Stars vier Punkte. Um Fördergelder zu bekommen, muss eine Produktion mindestens eine Gesamtpunktzahl von 48 erreichen. Ist das noch Kulturförderung oder schon Kulturlenkung?

Sicher ist: Ohne das Geld würde das deutsche Kino zusammenbrechen. Der Markt für deutschsprachige Filme ist klein, zumal, wenn es sich um ambitioniertes Arthaus-Kino handelt. Die staatliche Unterstützung ist allerdings noch kein Garant für Qualität. Womöglich ist das Gegenteil der Fall, und das Fördersystem führt eher zu Gleichförmigkeit und Langeweile. Die Schauspielerin Sophie Rois beklagte sich etwa bereits darüber, dass sie keine Lust mehr habe, ständig »slowakische Zwangsprostituierte« zu spielen. »Rauchen ist Porno, der TV-Kommissar darf nichts mehr trinken, dafür gibt es aber möglichst viele Filme über vergewaltigte Zwölfjährige«, so Rois: »Es wird dann oft versucht, irgendeine Moral rauszuquetschen; das ist doch der reinste Tugendterror.«

Kultur kostet Geld. Wenn die Tickets für Oper, Theater und Museum auch für Gering- und Normalverdiener erschwinglich bleiben sollen, braucht es staatliche Subventionen. Die Frage ist aber, nach welchen Kriterien der Staat seine Fördermittel verteilt. Dieter Haselbach, Armin Klein, Stephan Opitz und Pius Knüsel, vier namhafte Wissenschaftler, haben die These aufgestellt, dass die staatliche Subventionspraxis der Qualität und Vielfalt an deutschen Theaterbühnen schadet. Es gebe »von Allem zu viel und überall das Gleiche«, so der Untertitel ihrer Streitschrift. In der Szene haben sie sich damit nicht beliebt gemacht, weil ihre Forderung, jede zweite Bühne in Deutschland abzuschaffen, natürlich viele gutdotierte Posten in Gefahr bringt. Doch den Autoren ging es gar nicht darum, dem Kulturbetrieb Geld wegzunehmen. Sie plädierten nur dafür, die Mittel anders zu verteilen, und zwar so, dass auch die nichtetablierten, nichtstaatlichen Einrichtungen etwas vom Kuchen abbekommen.

Tatsächlich scheint etwas grundsätzlich schiefzulaufen, wenn die Darsteller an freien Bühnen mit 25 Euro pro Abend abgespeist werden, während der große Deutsche Bühnenverein und die Orchestervereinigung einen Tarifvertrag wie im öffentlichen Dienst abschließen, der den Beteiligten rückwirkend für vier Jahre neun Prozent mehr Gehalt zuspricht. Zumal die freien Bühnen oft so viel Publikum anziehen, dass sie besser ausgelastet sind als die staatlichen Einrichtungen.

Die Kultursteuerung des Staates funktioniert aber auch ohne Geld. Im bereits geschilderten Fall des Berliner Karnevalsumzuges nutzt die Bürokratie ihre Paragrafenmacht, um eine politisch ungeliebte Veranstaltung von der Straße fernzuhalten.

Denn während die Umweltbehörde für den Karneval strenge Lärmschutzauflagen machte, zeigt sie sich bei anderen Veranstaltungen großzügiger. Es vergeht ja sonst kaum ein Wochenende ohne Krawall und Remmidemmi auf Berlins Straßen, ob es sich um den Karneval der Kulturen, den Christopher Street Day, den Slutwalk, die Gemüseschlacht auf der Oberbaumbrücke, die Erste-Mai-Krawalle, das Holi-Festival, die Love Parade, die Hate Parade oder die Fuck Parade handelte. Warum also wurde den Karnevalisten verwehrt, was so vielen anderen Feierfreudigen problemlos zugestanden wird?

»Der Karneval passt irgendwie nicht nach Berlin«, sagt Petra Rohland, Sprecherin der Senatsverwaltung für Stadtentwicklung und Umwelt. »In Düsseldorf ist das natürlich was anderes.« Im Gegensatz zu anderen Veranstaltungen sei der Karnevalsumzug von geringem kulturellem Wert und rechtfertige daher keine Ausnahmegenehmigung. Pech für Prinz Eddie I.: Wie hätte er wissen sollen, dass in Berlin die Umweltbehörde darüber entscheidet, welche Kultur zur Stadt passt und welche nicht?

Oder das Beispiel öffentlich-rechtlicher Rundfunk: Den Parteien wäre es wohl am liebsten, könnten sie sich die für sie zuständigen Journalisten bei ARD und ZDF selbst aussuchen. Manchmal gelingt ihnen das sogar. Dann sind verdiente Parteifreunde fürs Fernsehen plötzlich als Parteibeobachter tätig und müssen sich und den anderen beweisen, dass sie trotzdem zu kritischer Berichterstattung in der Lage sind.

Mehr als 600 Aufseher sitzen in den verschiedenen Gremien der Rundfunkanstalten. Der Moderator Günther Jauch nannte sie einmal die »Gremlins«. Die überwiegende Mehrzahl der Posten wird nach politischen Kriterien vergeben. Der ZDF-Fernsehrat ist mit Ministern, Staatssekretären und Generalsekretären aus den politischen Parteien besetzt. 72 der 77 Mitglieder wurden bislang direkt oder indirekt von der Politik bestimmt, darunter drei Vertreter der Bundesregierung und je einer der 16 Landesregierungen. Ein sogenannter Programmausschuss Chefredaktion bewertete die Angemessenheit der politischen Berichterstattung. 2009 verhinderte die Mehrheit der Funktionäre, dass der Chefredakteursvertrag mit dem angeblich zu weit links orientierten Nikolaus Brender verlängert wurde. Auch der CSU-Politiker Markus Söder beschwerte sich schon mal schriftlich beim Intendanten, wenn er das Gefühl hatte, dass die Position seiner Partei in den Nachrichten nicht genug gewürdigt werde.

Das Bundesverfassungsgericht kam zu der Einschätzung, dass der Einfluss der Politik auf die Sender problematisch und die Vielfalt gefährdet sei. Vielleicht würde es schon reichen, die Rundfunkaufsicht den Parteien zu entziehen und in die Hände von gutbezahlten Medienprofis zu legen, so wie es bei der britischen BBC der Fall ist. Vielleicht könnten Ombudsleute künftig darüber wachen, dass bei ARD und ZDF die journalistischen Standards eingehalten werden, so wie bei der »New York Times«. Oder man schafft die Gremlins einfach ersatzlos ab. SPIEGEL, »Süddeutsche« oder die »FAZ« kommen ja auch ohne staatliche Kontrollorgane aus.

Doch das wäre naturgemäß nicht im Interesse der Parteien, weshalb hier die Bestrebungen in die entgegengesetzte Richtung laufen: Die Politik will ihren Einfluss auf die Medien eher noch vergrößern. Anfang 2013 schlug ein Beratergremium der Europäischen Kommission vor, in jedem EU-Staat einen »kulturell ausgewogenen und sozial diversifizierten« Medienrat zu installieren, der die Presse beaufsichtigen soll – um die Qualität zu wahren, wie es hieß. Die Räte sollten mit umfänglichen Machtbefugnissen ausgestattet werden und bei Verstößen die Möglichkeit haben, Geldstrafen oder andere Sanktionen zu verhängen, bis hin zur Entziehung der Zulassung. Die Berater (aus Deutschland war ausgerechnet die frühere SPD-Justizministerin Herta Däubler-Gmelin dabei) stören sich am »schleichenden Qualitätsverlust in der Berichterstattung«. Eine Ursache dafür sei, dass mit neuen Medien wie dem Internet jedermann Informationen verbreiten könne.

Und schließlich das Thema Jugendschutz. Die Bundesprüfstelle für jugendgefährdende Medien führt eine Liste mit mehreren Tausend Filmen, Büchern, Computerspielen und anderen Medien, die, am besten noch verpackt in sogenannte Sittsamkeitstüten, nur an Erwachsene verkauft werden dürfen, was faktisch einem Vermarktungsstopp gleichkommt. Die Liste ist nicht im Internet einsehbar, denn die Bundesprüfstelle möchte verhindern, dass Künstler durch ein Verbot erst so richtig interessant werden. Bands wie »Slime« oder »Die Ärzte« machen sich einen Spaß daraus, ihre indizierten Stücke nur anzuspielen und den Gesang ihren Fans zu überlassen. Doch im Regelfall überwiegen für die Künstler die Nachteile.

Der Film »The Texas Chain Saw Massacre« von Tobe Hooper aus dem Jahr 1974 wurde erst Ende 2011 von der Liste gestrichen – lange nachdem er als Genre-Klassiker in die ständige Sammlung des Museum of Modern Art in New York aufgenommen worden war. Über etwa 300 Online-Antiquariate rollte noch 2007 eine von geschäftstüchtigen Anwälten initiierte Abmahnwelle hinweg, weil sie es gewagt hatten, softpornografische Bücher wie »Josefine Mutzenbacher« oder »Fanny Hill« zum Verkauf anzubieten. Der Verlag Kiepenheuer & Witsch musste sechs Jahre lang kämpfen, bis Bret Easton Ellis' indiziertes Buch »American Psycho« 2001 wieder freigegeben wurde.

Das Rammstein-Album »Liebe ist für alle da« wurde im November 2009 von der Bundesprüfstelle indiziert. Das Bundesfamilienministerium hatte das Verbot vorangetrieben. Die Platte durfte nicht mehr beworben werden, der Verkauf an Minderjährige war untersagt. Man fühlte sich an die fünfziger Jahre des vergangenen Jahrhunderts erinnert, als die Bundesprüfstelle für jugendgefährdende Schriften, wie sie ursprünglich hieß, ihre Arbeit aufnahm und als erste Amtshandlung ein Heft aus der Comic-Reihe »Der kleine Sheriff« auf den Index setzte. Es handle sich um ein »nervenaufpeitschendes und verrohendes« Machwerk, das, so damals die Begründung, Jugendliche in eine »unwirkliche Lügenwelt« versetze, die »geistige Trägheit« fördere, Figuren mit »abstoßenden Physiognomien« abbilde und dann auch noch so rüde Ausdrücke wie »Du Lümmel« verwende. Rammstein sah sich gezwungen, eine veränderte Version des Albums auf den Markt zu bringen, klagte aber gegen die Indizierung und gewann nach knapp zwei Jahren die Auseinandersetzung vor Gericht.

Dass die Zahl der Indizierungen insgesamt gleichwohl rückläufig ist, liegt an der Freiwilligen Selbstkontrolle (FSK) der Filmwirtschaft und der Unterhaltungssoftware Selbstkontrolle (USK) der Computerspielindustrie. Filme oder Computerspiele, die bereits eine FSK- beziehungsweise USK-Plakette mit einer Altersvorgabe tragen, werden von der Bundesprüfstelle verschont, was die »Freiwilligkeit« dieser Selbstkontrolle natürlich stark relativiert. Die Regeln, nach denen die Selbstzensur funktioniert, sind für Außenstehende nicht leicht zu durchschauen. Für Verwirrung sorgte zum Beispiel der Film »Keinohrhasen« von Til Schweiger, mit insgesamt sechs Millionen Zuschauern immerhin einer der erfolgreichsten deutschen Filme der letzten Jahre. Die Freiwillige Selbstkontrolle hatte den Film zunächst ab sechs Jahren freigegeben; tatsächlich spielt ein Gutteil der Szenen ja in einem Kindergarten. Doch dann beschwerten sich einige Zuschauer über sexuelle Anspielungen, woraufhin die FSK die Altersbegrenzung auf zwölf Jahre hochstufte. »Keinohrhasen« landete damit in derselben Kategorie wie etwa der jüngste »James-Bond«-Film.

Ende 2013 legten die Macher des Kulturmagazins »Dummy« eine unfreiwillige Sonderschicht ein. Die bereits gedruckten Hefte der Januar-Ausgabe mussten mit dem Eddingstift teilweise geschwärzt, zwei ganze Seiten sogar herausgerissen werden. Es ging um eine Bilderstrecke mit russischen Knast-Tätowierungen: nackte Frauen in grotesken Posen, unbeholfen gestichelte Penisse. Eigentlich nichts Besonderes, jedenfalls für Menschen, die schon mal die Krakeleien auf einer Bahnhofstoilette gesehen haben. Doch eine im Auftrag des Zeitschriftengroßhandels tätige Anwaltskanzlei aus München hatte das Heft vorab durchgeblättert und war zu dem Urteil gekommen, dass es sich um einen Verstoß gegen den Jugendschutz handeln könnte, würde das Heft unzensiert im Zeitschriftenregal ausliegen. Den »Dummy«-Leuten blieb somit keine andere Wahl, als das Blatt zu entschärfen. Etwa 10 000 Exemplare wären sonst wohl im Altpapier gelandet.

Ein Staat mit tausend Augen

Was hatten die Agenten der Stasi doch für eine Mühe, um die DDR-Bürger zu überwachen. Sie mussten Telefonleitungen anzapfen, Wohnungen verwanzen, Briefumschläge aufdampfen, stundenlang auf der Lauer liegen und sich mit falschen Bärten in Kirchenkreise einschmuggeln. Heute ist die Überwachung des Bürgers viel einfacher. Es reicht, bei Google nachzusehen. Im Zuge der Digitalisierung aller Lebensbereiche posaunen wir die wesentlichen Informationen über uns in die virtuelle Welt hinaus.

Amazon verraten wir unsere Konsumgewohnheiten, bei Youtube klicken wir an, ob wir uns für Musik, Filme oder Politik interessieren. Via Facebook teilen wir der versammelten Öffentlichkeit mit, wann wir wo mit wem unseren Urlaub verbringen; vielleicht sollten wir demnächst noch dazuschreiben, wo zu Hause der Reserveschlüssel liegt, dann müssten Einbrecher nicht die Tür kaputtmachen, um sich Zutritt zu verschaffen. Wer mit seinen Daten von Facebook, Amazon oder Twitter auf sein neues Handy umzieht, wird dutzendfach aufgefordert, seine persönlichen Daten, seine Termine und natürlich sämtliche

Adressen, Telefonnummern und Geburtsdaten seiner Freunde preiszugeben, bevor auch nur eine einzige App freigeschaltet wird. Viele von uns tragen bereits ein Messgerät am Handgelenk, das genau aufzeichnet, ob wir genug Bewegung haben. Die Sensorenarmbänder protokollieren jede Bewegung und messen sogar die Tiefe des Schlafs. Anschließend landen die Daten auf Internetplattformen zur allgemeinen Begutachtung.

Es ist kein Wunder, dass der Internetkonzern Google, der sich wie kein zweites Unternehmen mit dem Wert von Persönlichkeitsprofilen auskennt, die Produktion eines Armband-Computers (»Googlewatch«) vorantreibt, ein vollautomatisiertes Auto entwickelt (»Googlecar«) und auch in das Geschäft mit den intelligenten Messgeräten für den Haushalt eingestiegen ist. Anfang 2014 übernahm Google für 3,2 Milliarden Dollar die Firma Nest, einen führenden Hersteller von Thermostaten, die dafür sorgen, dass sich Haushaltsgeräte den Gewohnheiten ihrer Benutzer anpassen. Mit welchem Ziel? Nun, erklärte nach der Übernahme Nest-Firmenchef Tony Fadell: »Wir wollen die Leute erziehen.«

Nun steht es jedem Menschen frei, sein Leben öffentlich auszubreiten. Es hat ja auch Vorteile, wenn unser Handy automatisch den Weg zur nächstgelegenen Pizzeria weist, der Online-Händler uns Bücher empfiehlt und wir nie wieder fürchten müssen, die Telefonnummern unserer Freunde und Geschäftspartner zu verlieren. Doch Big Data weckt auch Begehrlichkeiten der Politik. Der Staat möchte sich die vielen tausend Augen, die auf seine Bürger gerichtet sind, gerne zunutze machen. Und spätestens das sollte uns Sorgen bereiten. Der Unterschied ist nämlich, dass wir bei Facebook, Twitter & Co. immerhin noch selbst entscheiden dürfen, welche Informationen für welchen Kreis bestimmt sind. Wird hingegen der Staat tätig, fragt uns vielleicht schon bald niemand mehr nach unserem Einverständnis.

Vertreter der gesetzlichen Krankenversicherung denken etwa darüber nach, die Server der Krankenkassen mit Sensorarmbändern der Versicherten zu verbinden. Pulsfrequenz, Blutdruck und Körpertemperatur könnten künftig auch direkt an den behandelnden Arzt gefunkt werden. Im Rahmen einer Studie hat die AOK Nordost bereits einige Mitglieder mit Sensoren ausgestattet. Deren Bewegungs-, Schlaf- und Ernährungsgewohnheiten wurden in einem *Healthscore* zusammengefasst. Das Ziel lautet, die Versicherten zu einem »gesunden Lebensstil anzuhalten«.

Derzeit ist die Teilnahme an solchen Programmen freiwillig. Doch wie lange noch? Im nächsten Schritt könnte es Prämien oder Rabatte für Versicherte geben, die sich rund um die Uhr überwachen lassen. Daraus wiederum erwächst dann ein Konformitätsdruck auf all jene, die sich nicht vermessen lassen wollen. Warum geben sie ihre Daten nicht preis? Haben sie etwa etwas zu verbergen? Die gesetzliche Krankenversicherung könnte eines Tages auf die Idee kommen, sie habe ein Recht darauf, dass der Versicherte seine Daten abliefert, schließlich geht es auch darum, die Behandlungskosten im Interesse der Versichertengemeinschaft möglichst gering zu halten.

Verkehrspolitiker träumen derweil von einer lückenlosen Verkehrsüberwachung. Die dazu nötige Technik ist teilweise schon installiert. Entlang der Autobahnen stehen Kameras zur Mauterfassung. Innenminister der Länder schlagen vor, diese auch bei Fahndungen und zur Verbrechensbekämpfung einzusetzen. Und in den Innenstädten? In Frankfurt am Main warb die örtliche SPD bereits für die Einführung einer City-Maut. Alle Fahrzeuge mit auswärtigen Kennzeichen sollten von Überwachungskameras erfasst werden.

Die EU-Kommission hat ein Gesetz auf den Weg gebracht, demzufolge alle Neufahrzeuge künftig mit einem Notrufsystem (»eCall«) ausgestattet sein müssen, welches bei einem Unfall automatisch einen Hilferuf absetzt. Das klingt fürsorglich, doch auch hier drängt sich die Frage auf, ob es perspektivisch beim Notrufsignal bleibt, oder ob irgendwann noch andere

Daten übermittelt werden. »Hier wird unter dem Deckmantel der Lebensrettung die Grundlage für den gläsernen Autofahrer geschaffen«, sagt Volker Lüdemann, Professor für Wirtschaftsrecht an der Hochschule Osnabrück.

Technisch steht einer Totalüberwachung nichts mehr im Wege. Die Düsseldorfer »Sparkassen DirektVersicherung« bietet bereits einen Versicherungsrabatt für Autofahrer an, die sich überwachen lassen. Eine im Fahrzeug platzierte Telematikbox zeichnet alle Informationen zu Fahrstil und Lenkverhalten auf und funkt die Daten dann an ein Rechenzentrum. Bremsen, Beschleunigen, Einparken: Nichts bleibt hier verborgen. Natürlich unter strenger Beachtung des Datenschutzes, wie der Versicherer treuherzig beteuert.

Unser Auto sei inzwischen »eine umfassende rollende Datenbank«, warnt Peter Schaar, der frühere Datenschutzbeauftragte der Bundesregierung. In jedem Mittelklassewagen stecke inzwischen die Rechenpower von 20 modernen Computern, prahlte VW-Chef Martin Winterkorn auf der CeBIT-Computermesse. Das Navi protokolliert, wann wir wo gewesen sind. Die Kameras des Spurhalteassistenten zeichnen unsere Überholmanöver auf. Der zentrale Bordcomputer weiß sogar, welches Radioprogramm wir hören und mit wem wir über die Freisprechanlage telefoniert haben. Sämtliche Daten lassen sich in einer Werkstatt binnen Sekunden über eine zentrale Computerschnittstelle auslesen. Jim Farley, Marketingchef beim Autokonzern Ford, plauderte es bei der Elektronikmesse CES in Las Vegas offen aus: Dank der Navigationsgeräte wisse Ford immer, welcher Kunde wo mit wie viel Geschwindigkeit unterwegs ist. »Wir kennen jeden Autofahrer, der die Verkehrsregeln bricht. Und wir wissen, wo und wann jemand das tut.«

Und schließlich sind auch unsere eigenen vier Wände nicht mehr vor staatlicher Überwachung sicher. Seit 2011 müssen Neubauten mit computerisierten Stromzählern, sogenannten »Smart

Meter«, ausgestattet sein, so steht es im Gesetz. Die Geräte informieren die Bewohner über ihren Energiebedarf und sollen zur Sparsamkeit anhalten. Doch sie liefern dem Stromversorger auch präzise Informationen über die Lebensgewohnheiten: In welchem Zimmer brennt Licht, wann läuft die Waschmaschine? Experten der Fachhochschule Münster haben herausgefunden, dass ein Smart Meter sogar verrät, welcher Film gerade auf dem Fernseher läuft. Jede Lampe lässt sich fernsteuern. Technisch ist es kein Problem, dass der Stromversorger die Geräte von außen bedient, und wer weiß: Vielleicht macht Vater Staat eines Tages unsere Nachttischlampe aus, um sicherzustellen, dass wir am nächsten Morgen gut ausgeschlafen sind.

Sanfter Paternalismus

Das Geheimnis der Toilettenfliege. Eine Task-Force im Kanzler-amt. Mängelwesen Mensch. Nudging: Stupser oder Rempler? Das Organspendedilemma. Es gibt keinen guten Paternalismus, aber vielleicht einen besseren. Lang lebe der Homo oeconomicus!

Ende der neunziger Jahre klebte auf der Herrentoilette am Flughafen Schiphol in Amsterdam plötzlich das Bild einer Fliege im Urinal. Ein Manager namens Aad Kieboom glaubte, dass es die Trefferquote der Männer erhöht, wenn man ihnen ein Ziel gibt. Und tatsächlich: Der Trick funktionierte. An den Urinalen ging bis zu 80 Prozent weniger daneben, die Putzleute freuten sich, die Reinigungskosten sanken. Binnen weniger Jahre verbreitete sich Kiebooms Idee auf der ganzen Welt. Überall werden Männer auf der Toilette inzwischen aufgefordert, Bilder zu treffen, Bälle zu bewegen oder in Tore zu zielen. Wer hätte gedacht, dass es so leicht sein könnte, Millionen Männer zu manierlichen Stehpinklern zu erziehen?

Nudging

Die Toilettenfliege ist das Symbol eines neuen, sanften Paternalismus, dem »Nudging«. Psychologen, Ökonomen, Politikwissenschaftler und Hirnforscher denken über Möglichkeiten nach, den Bürger mit einem »Nudge«, auf Deutsch: Stupser, in die gewünschte Richtung zu manövrieren. Plumpe Regulierung ist out. Es lebe die subtile Verhaltensmanipulation!

Mal sollen Kantinenbesucher durch geschickte Platzierung der Lebensmittel verführt werden, statt Pommes mehr Gemüsesticks zu essen. Mal will man die Beschäftigten eines

Unternehmens verleiten, unbewusst mehr Geld für die Altersvorsorge zurückzulegen. Der Frischeduft von Putzmitteln
veranlasst Menschen, ihren Arbeitsplatz aufzuräumen, bevor
sie ihn verlassen. An der U-Bahn-Station Odenplan in Stockholm nahmen 66 Prozent mehr Menschen die Stufen statt
der Rolltreppe, nachdem man diese in die Tastatur eines riesi-
gen Klaviers verwandelt hatte: Der Spieltrieb siegte hier über
die Faulheit. New Yorks langjähriger Bürgermeister Michael
Bloomberg ließ Kalorienwarntafeln in Fast-Food-Restaurants
aufhängen in der Erwartung, die Gäste würden dadurch öfter
Salat statt Burger bestellen.

Die Gurus der Bewegung sind zwei amerikanische Professoren, Richard Thaler und Cass Sunstein, deren 2008 veröffent-
lichtes Buch »Nudge« (deutscher Untertitel: »Wie man kluge
Entscheidungen anstößt«) in den USA und Großbritannien eine
breite Regulierungsdebatte auslöste. Thaler und Sunstein vertreten selbstbewusst die Ansicht, die Ideallinie zwischen Regulierung und Laissez-faire, Verbot und Libertinage, Plan und Markt
gefunden zu haben. Gibt es ihn also womöglich doch, den guten
Paternalismus?

US-Präsident Barack Obama jedenfalls war so begeistert von
dem Konzept, dass er Sunstein zum Berater ernannte. Als Chef
des »Office of Information and Regulatory Affairs« (OIRA), einer
Art Anti-Bürokratie-Behörde, arbeitete Sunstein von 2009 bis
2012 im Weißen Haus. Sein Koautor Richard Thaler wiederum
ging nach London. Großbritanniens Premierminister David
Cameron beauftragte ihn damit, ein »Behavioural Insights Team«
(BIT) für die Regierung in London mit aufzubauen. Gleich bei
seinem ersten Besuch in der Downing Street No. 10 monierte
Thaler die Herrentoilette: Er vermisse die Fliege im Urinal. Die
»Nudge-Unit«, wie das BIT in den britischen Medien genannt
wird, hat der Staatskasse nach eigenen Angaben seither bereits
mehrere Hundert Millionen Pfund eingetragen.

In Deutschland reagierte die Politik zunächst reservierter auf die Vorschläge der beiden Professoren. Als Sunstein im Sommer 2013 Deutschland besuchte, traf er sich zwar mit Abgeordneten des Bundestages sowie dem damaligen Bundesumweltminister und heutigen Kanzleramtschef Peter Altmaier (CDU). Es ging um die Frage, welche »Nudges« die deutsche Politik den Bürgern verpassen könnte, um die Energiewende zu beschleunigen. Doch das Treffen verlief enttäuschend. Sunstein, der auf Detailfragen zum Erneuerbare-Energien-Gesetz nachvollziehbarerweise nicht vorbereitet war, hielt eine 30 Minuten lange Standardrede. Altmaier wirkte nicht inspiriert.

Inzwischen jedoch denkt auch die deutsche Regierung darüber nach, ob das Konzept (der Koalitionsvertrag von Union und SPD übersetzt Nudging mit »wirksames und vorausschauendes Regieren«) für ihre politischen Ziele zu gebrauchen wäre. Kanzlerin Merkel hat eine Arbeitsgruppe zum Thema »Wirksames Regieren« ins Leben gerufen; als Vorbild dient die Nudge-Unit von Merkels britischem Amtskollegen Cameron. Vertreter der Ministerien treffen sich jetzt regelmäßig beim Planungsstab im sechsten Stock des Kanzleramts, eine Etage unter Merkels Büro. Gleich bei der ersten Sitzung im Februar 2014 trat dort auch der Chef der britischen Nudge-Unit, der Psychologe David Halpern, auf, um von seinen Erfahrungen aus Großbritannien zu berichten.

Einige Nudges haben sich in der Praxis bewährt. In den USA sind Unternehmen dazu übergegangen, ihren Beschäftigten das Gehalt nicht mehr einmal im Monat auszubezahlen, sondern alle 14 Tage. In einigen Kalendermonaten gibt es dadurch nicht zwei, sondern drei Zahltage. Einige Beschäftigte legen diesen dritten Scheck für die Altersvorsorge zurück und gehen dadurch insgesamt sparsamer mit ihrem Geld um.

Der Bundesstaat Texas bekam das Müllproblem entlang seiner Schnellstraßen in den Griff, als man verstand, dass die Abfallsünder, meist junge Rednecks zwischen 18 und 24, zwar nicht beim Thema Ökologie zu packen sind, wohl aber bei ihrem Patriotismus. »Don't mess with Texas«, lautete jetzt der Spruch der texanischen Verkehrsbehörde, ein Wortspiel, das man sowohl mit »Mach' Texas nicht an« übersetzen kann, als auch mit »Bring' Texas nicht in Unordnung«. Unterstützt wurde die Kampagne von Countrysängern und den kernigen Footballspielern der Dallas Cowboys. Die Müllmenge entlang der Straßen ging binnen kurzer Zeit um mehr als zwei Drittel zurück.

Einige Kommunen Kaliforniens haben Erfolg mit einer Energiesparaktion, bei der die Bewohner informiert werden, wie viel Strom sie im Vergleich zu den Nachbarn verbrauchen. Vergleichsweise sparsame Haushalte bekommen einen Brief mit einem Smiley-Logo – ganz wie in der Grundschule, als man für gute Mitarbeit mit Glanzbildchen und Fleißbienchen belohnt wurde. Die Grundschulpädagogik funktioniert auch hier: In einigen Nachbarschaften ist ein Wettlauf um den niedrigsten Stromverbrauch im Gange.

Mehrere Universitäten in den USA beteiligen sich an einem Projekt zum Einsparen von Papier: Drucker und Kopierer sind dort jetzt so voreingestellt, dass automatisch Hin- und Rückseite bedruckt werden. Wer einseitig drucken will, kann die Einstellung manuell leicht verändern. Doch die Initiatoren des Projekts glauben, dass es die meisten Benutzer aus Bequemlichkeit bei der Standardeinstellung belassen und deshalb beidseitig ausdrucken.

Bereits seit 2010 versuchen US-Schulkantinen, Mensen und Einkaufszentren, mit Hilfe von Nudges den Absatz von Obst und Gemüse zu steigern. Wissenschaftler der New Mexico State University fanden heraus, dass die Kunden von Supermärkten doppelt so viel Obst und Gemüse kaufen, wenn es im Einkaufswagen ein abgeteiltes Extrafach für Grünzeug gibt.

Und was ist wohl die beste Methode, um Menschen dazu zu bringen, ihren Müll nicht auf den Boden, sondern in einen

Abfalleimer zu werfen? Ist es A: Geldstrafe für Fehlverhalten? B: finanzielle Belohnung für richtiges Verhalten? Oder C: grüne Fußaufkleber auf dem Boden, die den Weg zum nächsten Abfalleimer weisen? Dänische Wissenschaftler haben 2011 alle drei Varianten in einem Experiment getestet (sie verteilten Karamellbonbons an Passanten und zählten anschließend das achtlos weggeworfene Einwickelpapier). Das Ergebnis fiel eindeutig aus: Lösung C! Grüne Fußabdrücke auf dem Boden verringerten die Abfallmenge auf der Straße um 46 Prozent.

Der dänische Wissenschaftler Pelle Hansen und seine Kollegen vom Netzwerk »iNudgeyou« halfen dabei, einen Konflikt zwischen Rauchern und Nichtrauchern am Flughafen von Kopenhagen zu entschärfen. Im Flughafengebäude gilt ein striktes Rauchverbot. Umso größer war das Gedrängel vor den Eingangstüren, wo sich täglich Hunderte Raucher zwischen Check-in und Abflug noch schnell eine letzte Zigarette anzündeten. Rauchschwaden zogen ins Flughafengebäude, vor den Türen lagen Kippen herum.

Am Flughafen wurden deshalb zunächst weitere Verbotsschilder aufgestellt. Auch direkt vor den Eingängen durfte nun nicht mehr gequalmt werden; die dort aufgestellten Aschenbecher wurden entfernt und stattdessen ein rot-weißes Verbotszeichen mit durchgestrichener Zigarette auf den Boden geklebt. Doch der Erfolg war gleich null. Die Raucher hielten sich nicht an das Verbot. Weil es keine Aschenbecher mehr gab, lagen noch mehr Kippen herum als vorher.

Die Flughafenbetreiber hätten nun, wie sonst üblich, die nächsten Zwangsmaßnahmen ergreifen können, um das Verbot durchzusetzen: Kontrollen, Ermahnungen, Strafen. Doch sie entschieden sich für einen anderen Weg. Die Stimmung zwischen Rauchern und Nichtrauchern am Flughafen war schon schlecht genug. Kontrollen wären zudem teuer gewesen. Die Flughafenbetreiber schalteten deshalb die dänischen Nudging-

Experten ein, und die ließen sich eine einfachere Lösung einfallen. Sie ersetzten die »Rauchen verboten«-Schilder durch Hinweise, wo Rauchen erlaubt ist. Bereits im Flughafenterminal weisen jetzt blaue Fußboden-Markierungen den Weg nach draußen zur nächsten Raucherzone. Diese liegt etwa zehn Meter vom Eingang entfernt und ist durch eine weitere Bodenmarkierung und orangefarbene Aschenbecher gut zu erkennen. Ergebnis: Die Zahl der Raucher vor der Eingangstür hat sich schlagartig etwa halbiert, ebenso die Zahl der Kippen auf dem Boden.

Thaler und Sunstein beteuern, sie wollten niemanden daran hindern, Zigaretten zu rauchen, Süßigkeiten zu essen oder seine Ersparnisse zu verprassen. Es gehe ihnen nur darum, den Menschen einen Stups zu geben, der es ihnen erleichtert, sich von Zigaretten, Süßigkeiten und Geldverschwendung fernzuhalten. Niemand werde gezwungen, dem Stupser Folge zu leisten, abweichendes Verhalten werde nicht bestraft. Die Verfechter des sanften Paternalismus nehmen für sich in Anspruch, den Willen des Bürgers zu respektieren. In gewisser Weise ähneln sie einer etwas strengen, aber lebenserfahrenen Tante, die ihrem Patenkind zum Geburtstag lange Unterhosen und ein gutes Buch schenkt.

Die Herausforderung beim Nudging besteht also darin, die Rahmenbedingungen (Thaler und Sunstein sprechen von »Entscheidungsarchitektur«) so zu gestalten, dass der Stups in die richtige Richtung geht, dem angestupsten Bürger aber trotzdem die Möglichkeit bleibt, sich bewusst für einen anderen Weg zu entscheiden. Fast Food in der Kantine soll nicht verboten, aber auch nicht mehr auf Augenhöhe präsentiert werden. Private Altersvorsorge ist nicht obligatorisch, doch die entsprechenden Sparpläne verlängern sich automatisch, solange sie nicht gekündigt werden.

Einige Befürworter des Konzepts sprechen von »libertärem Paternalismus«, ein scheinbarer Widerspruch. Wie kann etwas libertär und gleichzeitig bevormundend sein? Doch Thaler und Sunstein argumentieren listig: Der libertäre Paternalist wolle nicht unser Vormund sein, sondern unser guter Freund. Er helfe uns dabei, unsere mentalen Barrieren und Beschränktheiten zu überwinden, die uns von einem besseren, sichereren, gesünderen und wohlhabenderen Leben trennen. Er zwinge uns nicht seinen Willen auf, sondern trage nur dazu bei, dass wir unseren eigenen Willen verwirklichen und unsere wahren Ziele erreichen. Es handelt sich beim libertären Paternalismus demnach um eine Art Hilfe zur Selbsthilfe. Würden nicht viele Raucher gerne weniger rauchen? Ist es nicht so, dass viele dicke Menschen in Wahrheit lieber schlank wären? Wer freute sich nicht darüber, wenn er seinen Lebensabend ohne Geldsorgen genießen könnte?

Die Richtung, in die der libertäre Paternalist uns schubst, entspricht demnach genau jenem Weg, den wir auch von allein eingeschlagen hätten, wären wir mit vollkommener Informiertheit und Rationalität gesegnet. Der Interventionist der guten Gesinnung gibt sich als eine Art »Innenarchitekt meiner Seele, der meine Entscheidungsoptionen formt«, schreibt der Journalist Rainer Hank von der »Frankfurter Allgemeinen«. Er hilft dabei, wieder Herr im eigenen Haus zu werden. »Eigentlich, sagt der Paternalist, habe ich dir doch nur geholfen, das zu tun, was du selbst auch tun wolltest, weil du es langfristig auch für vernünftig hältst.« Im Prinzip handelt es sich um eine moderne Version des aufgeklärten Absolutismus unter dem österreichischen Kaiser Joseph II. im 18. Jahrhundert. Zum »Nutzen und Beßten der größeren Zeit« führte der Kaiser damals das Meldewesen, die Hausnummern, den Leinenzwang für Hunde und das Korsettstangenverbot für junge Mädchen ein.

In den USA hat Nudging eine heftige Debatte über Sinn und Unsinn staatlicher Bevormundung ausgelöst. In der politisch aufgeheizten Stimmung der ersten Obama-Jahre stellten radikale Vertreter der »Tea Party«-Bewegung Sunstein als regulierungswütigen, unamerikanischen Neo-Marxisten dar, der die USA in eine Art Gefangenenlager verwandeln wolle. Doch auch die amerikanische Linke lehnte Sunstein ab. Sie hielt Nudging für den Versuch der Regierung, Kürzungen im Sozial- und Bildungsbereich zu kaschieren und sich auf möglichst billige Weise aus der Regulierungsverantwortung stehlen zu wollen. Sunstein geriet also gleich von zwei Seiten unter Druck: Dem rechten Lager ging die staatliche Bevormundung beim Nudging viel zu weit, dem linken Lager ging sie längst nicht weit genug.

In der wissenschaftlichen und politischen Diskussion in Deutschland spielt Nudging bislang keine große Rolle. Aber auch hier überwiegen kritische Stimmen. Liberale Politikwissenschaftler, Juristen und Ökonomen, die sich mit dem Thema beschäftigt haben, halten Nudging mehrheitlich für eine subtile und deshalb besonders fragwürdige Form staatlicher Intervention. Auf ihre in weiten Teilen sehr berechtigten Kritikpunkte am Nudging-Konzept soll auf den kommenden Seiten ausführlich eingegangen werden.

Dennoch hielte ich es für falsch, Nudging dogmatisch abzulehnen. Das Konzept verdient eine sorgfältigere Betrachtung, als es bislang in Deutschland der Fall ist. Nudges haben gerade aus einer freiheitlichen Sicht große Vorteile gegenüber einer harten Verbots- und Regulierungspolitik: Sie beruhen auf Freiwilligkeit. Sie kosten den Staat (und damit uns alle) nicht viel Geld. Es erübrigen sich Sanktionen und Strafverfolgung. Und vor allem: Nudges sind leichter zu korrigieren als Gesetze, falls sie sich als unbrauchbar oder kontraproduktiv herausstellen.

Dieses Kapitel balanciert auf einem schmalen Grat. Es geht mir ausdrücklich nicht darum, die Mündigkeit des Bürgers entgegen meiner bisherigen Argumentation zu relativieren und einer Bevormundung durch den Staat das Wort zu reden. Doch es gibt natürlich viele Bereiche, in denen der Staat nicht umhinkommt, in die Freiheitsrechte der Bürger einzugreifen und deren Verhalten zu lenken. Hier gilt es sorgfältig abzuwägen, welchen Beitrag Nudges leisten könnten. Die zentrale Frage ist, ob es, wenn es schon keinen guten Paternalismus gibt, so doch immerhin einen besseren Paternalismus geben könnte.

Sind Menschen doch dumm?

Der sanfte Paternalismus basiert auf der Annahme, dass der Mensch ein Mängelwesen ist: irrational und wenig vorausschauend, von Denkbarrieren behindert, mitunter unfähig, die Tragweite seiner Entscheidungen zu erkennen. Thaler und Sunstein teilen die Menschheit in zwei Gruppen ein. Die erste Gruppe nennen sie »Econs«: rationale, aufgeklärte, gutinformierte Wesen, die auf ideale Weise dem Homo oeconomicus entsprechen. Leider seien diese Econs in der Realität eine extrem rare Spezies, spotten Thaler und Sunstein: Ihre Zahl liege bei etwa null. Die zweite Gruppe nennen sie »Humans«: Diese machten häufig Fehler, seien willensschwach, träge und leicht zu beeinflussen; mit anderen Worten: Leute wie du und ich.

Tatsächlich hat sich das Menschenbild gerade in den Wirtschaftswissenschaften eingetrübt; der Homo oeconomicus gilt als Modell von Vorgestern. Bereits in den fünfziger Jahren des vergangenen Jahrhunderts entwickelte der Ökonom Herbert Simon seine Theorie der »bounded rationality«, der »beschränkten Rationalität«. Sie beschreibt, dass wir Menschen zwar versuchen, uns möglichst rational zu verhalten, doch in der Realität häufig an diesem Ziel scheitern, etwa aus Mangel an Informationen. Damit stellte Simon das bis dahin vorherrschende Idealbild vom Homo oeconomicus in Frage. Kein Mensch auf der Welt, so Simon, besitze die Fähigkeit, in jeder Sekunde seines Lebens alle denkbaren Handlungsoptionen zu erkennen und in vollkommener Rationalität gegeneinander abzuwägen.

Ausgehend von dieser Theorie, für die Simon 1978 mit dem Wirtschaftsnobelpreis ausgezeichnet wurde, hat sich in den letzten zwei Jahrzehnten eine neue Ökonomenschule entwickelt: »Behavioral Economics«, die verhaltensorientierte Wirtschaftsforschung. Ihre Vertreter arbeiten mit Experimenten und Spielen; es gibt zahlreiche Überschneidungen mit der Psychologie. 1994 gewann der Bonner Ökonom und Spieltheoretiker Reinhard Selten den Wirtschaftsnobelpreis. 2002 folgte der israelisch-amerikanische Wissenschaftler Daniel Kahneman, der erste Psychologe, dem diese Ehre zuteilwurde.

Ein zentrales Ziel der Verhaltensökonomen ist, Gesetzmäßigkeiten im menschlichen Verhalten zu erkennen und zu erklären, die im Widerspruch zu den Annahmen des Homo oeconomicus stehen. Die Verhaltensökonomen glauben ausdrücklich nicht, dass Menschen verrücktspielen. Doch als Wirtschaftsteilnehmer, ob als Verbraucher, Arbeitnehmer oder Topmanager, verhalten sich Menschen auf zuverlässige (oder damit womöglich auch wieder berechen- und vorhersagbare) Weise anders, als es bei einem vollkommen rationalen Wesen der Fall wäre. Von »vorhersehbarer Irrationalität« spricht in diesem Zusammenhang der Verhaltensforscher Dan Ariely.

Insbesondere Daniel Kahneman und sein langjähriger Forschungspartner Amos Tversky haben die Verhaltensökonomie wesentlich geprägt. Mit geradezu diebischer Freude legten die beiden bei ihrer Forschung an der kalifornischen Stanford-Universität immer mehr menschliche Denkfehler offen. Sie zeigten auf, wie wir systematisch dazu neigen, Dinge aufzuschieben (Prokrastination, Zeit-Inkonsistenz). Mal halten wir an etablierten Mustern fest, obwohl sich unsere Bedürfnisse längst verändert haben (Präferenz-Inkonsistenz), mal lassen wir uns von Lockangeboten täuschen und verlieren die Beherrschung, wenn wir glauben, dass es etwas geschenkt gibt (Umsonst-Illusion). Wir klammern uns an Besitztümer (Endowment-Effekt, Verlust-

Aversion) und scheuen Veränderungen, selbst wenn wir dadurch Nachteile erleiden (Status Quo-Bias). Oft können wir es einfach nicht ertragen, wenn es unseren Nachbarn besser geht als uns, weshalb wir sogar Verluste in Kauf nähmen, um zu ihnen aufzuschließen (Last-Place-Aversion, *Keeping up with the Joneses*). Und ausgerechnet auf die großen Lebensfragen sind wir Menschen denkbar schlecht vorbereitet. Spricht unser Arzt von 90 Prozent Überlebenswahrscheinlichkeit, sind wir beruhigt; spricht er jedoch von 10 Prozent Sterberisiko, verfallen wir in Panik; die Verhaltensökonomen sprechen vom »Framing-Effekt«.

Wenn Sie vor der Wahl stehen, ob Sie zehn Euro in 30 Tagen geschenkt bekommen oder lieber elf Euro in 31 Tagen, werden Sie sich vermutlich für die zweite Variante entscheiden. Ein Euro mehr für einen Tag Wartezeit: Das klingt nach einem guten Geschäft. Doch wie verhalten Sie sich, wenn Sie die Wahl haben zwischen zehn Euro jetzt sofort und elf Euro morgen? Sind Sie immer noch bereit, einen Tag zu warten? Oder werden Sie sich diesmal für die erste Variante entscheiden und die zehn Euro sofort haben wollen?

Falls ja, trösten Sie sich: Sie sind nicht allein. Sehr viele Menschen haben Probleme, nicht zuzugreifen, wenn jemand mit einem Geldschein vor ihrer Nase herumwedelt. Für das schnelle Geld sind wir bereit, Nachteile in Kauf zu nehmen: Was man hat, das hat man! Verhaltensökonomen nennen dieses Phänomen »hyperbolisches Diskontieren«. Vielleicht schlummert in uns die Angst, der Schenkende werde es sich anders überlegen, oder es könnte sich um einen Scherz handeln. Sicher ist aber: Einem streng rationalen Homo oeconomicus würde das so wohl nicht passieren.

Wie leicht sich selbst ein Fachpublikum aus Politikern, Spitzenbeamten und Verbraucherschützern manipulieren lässt, demonstrierte der Verhaltensökonom Klaus Wertenbroch beim Deutschen Verbrauchertag 2011 in Berlin. Die Besucher der Veranstaltung waren bei der Anmeldung gebeten worden, einen Fragebogen auszufüllen. Die erste Frage lautete: »Bitte schätzen Sie spontan ein, wie viele Eier in Deutschland jährlich produziert werden?« Die zweite Frage hieß: »Bitte schätzen Sie jetzt, wie viel Prozent davon im Zuge des jüngsten Dioxin-Skandals in Deutschland vernichtet wurden?« Die meisten Besucher machten bei der Umfrage gerne mit, zumal der Skandal um Dioxinverseuchte Eier damals die Öffentlichkeit stark beschäftigte.

Was die Befragten nicht wussten: Die Dioxin-Frage diente nur der Ablenkung. Wertenbroch interessierte sich allein für die erste Frage nach der Eier-Zahl, die er in zwei Varianten gestellt hatte. Die eine Hälfte der Besucher war auf dem Fragebogen gebeten worden, die Zahl »in Millionen« aufzuschreiben. Auf dem Fragebogen der andere Hälfte hingegen stand, man solle die Schätzung »in Milliarden« abgeben. Wertenbroch vermutete, dass sich seine Probanden von der jeweilige Vorgabe »Million« oder »Milliarde« würden beeinflussen lassen, ein Phänomen, das Verhaltensökonomen »anchoring« (einen Anker setzen) nennen.

Tatsächlich ging die Befragung so aus, wie Wertenbroch vermutet hatte. Der Anker-Effekt war unübersehbar. Die »Millionen«-Gruppe schätzte die Zahl der Eier im Durchschnitt auf 168 Millionen. Die »Milliarden«-Gruppe hingegen kam auf 1,2 Milliarden – ein gewaltiger Unterschied dafür, dass es sich letztlich um dieselbe Frage handelte.

Manches von dem, was die Verhaltensökonomen über menschliche Irrationalitäten zu Tage fördern, ist nicht neu. Schon Aristoteles philosophierte über das Phänomen, dass Worte und Taten eines Menschen sich häufig widersprechen; er nannte es »Akrasia«, Handeln wider besseres Wissen. Jeder Flohmarkthändler weiß, dass ein Preis von 1,99 Euro psychologisch stärker zum Kauf anreizt als ein Preis von 2,00 Euro, obwohl der Unterschied lächerlich gering ist. Weil der Mensch ein Herdentier ist und sich gerne mit der Masse bewegt, werden Bücher als angebliche

»Bestseller« beworben und Versicherungen mit dem Hinweis auf »Millionen zufriedene Kunden« vermarktet.

Handelsketten richten ihre Filialen schon seit Jahren so ein, dass die Kunden sich wohl fühlen, zum Kauf animiert werden und möglichst viel Geld ausgeben. Der typische Supermarktbesucher ist besser erforscht als jede Labormaus. Billigware liegt unten im Regal; die Markenware mit der hohen Gewinnspanne dagegen wird natürlich auf Augenhöhe platziert. In der Quengelzone vor der Kasse locken Schokoriegel, Zigaretten und kleine Tütchen mit Gummibärchen; Batterien und andere sogenannte »Impulswaren« animieren zum Spontankauf. Natürlich tun die Supermarktbetreiber alles für eine angenehme Atmosphäre. Über der Fleischtheke leuchtet attraktives Rotlicht, die Weinabteilung wird mit einem Holzfußboden aufgewertet und vom Backwarenstand weht ein im Aromalabor entwickelter Brötchenduft herüber. Und wenn dann noch Musik mit der Ruhepulsfrequenz von 72 Beats pro Minute aus den Boxen pluckert, klingelt die Kasse gleich zweimal so laut.

Stupser oder Rempler?

Dass Menschen keine perfekten Maschinenwesen sind, lässt sich also nicht bestreiten. Die Frage ist, wie wohl wir uns beim Gedanken daran fühlen, dass künftig nicht nur Supermärkte unsere mentalen Schwächen ausnutzen wollen, sondern auch die Regierung. Ist ein Angriff auf unser Unterbewusstsein in Form eines »Nudge« nicht sogar noch viel heimtückischer als ein Verbot, bei dem der Bürger immerhin weiß, wie ihm geschieht?

Es macht einen gewaltigen Unterschied, ob uns ein Süßwarenhersteller mit seiner Werbung zum Verzehr kalorienreicher Schokolade verführen will oder ob ein Staat zu Psychotricks greift, um uns davon abzuhalten. Beim Süßwarenhersteller käme man nie auf die Idee, dass er etwas anderes im Sinn hat als die

Durchsetzung eigener Interessen. Das Kundenwohl ist für ihn nur Mittel zum Zweck, um seinen Gewinn zu steigern. Wir Konsumenten wissen genau, dass Kühe nicht lila sind, obwohl die Werbung anderes suggeriert. Der Staat jedoch ist eine Autorität; er darf das Vertrauen seiner Bürger nicht missbrauchen. Von ihm erwarten wir Information, nicht Agitation und Manipulation.

Die Nudging-Befürworter indes vertreten die Position, dass es unmöglich ist, Menschen nicht zu beeinflussen. Es gebe in der Realität nun einmal kein neutrales Setting. Entweder liegen die Äpfel auf Augenhöhe und die Schokolade liegt unten, oder es ist eben umgekehrt. Der Bürger werde, ob Absicht oder nicht, also immer auf irgendeine Weise angestupst. Warum dann nicht die bestmögliche Variante wählen, anstatt die Entscheidungsarchitektur dem Zufall (oder womöglich einem weniger wohlmeinenden Dritten) zu überlassen?

Doch was ist »die bestmögliche Variante« im Sinne des Bürgers? Geht es wirklich darum, den »wahren« Interessen des Einzelnen Geltung zu verschaffen? Oder versucht eine Regierung trickreich, uns ihre Interessen unterzujubeln? Und woher weiß der sanfte Paternalist, dass die Richtung, in die er den Bürger manövrieren will, überhaupt stimmt?

Die Antwort liegt auf der Hand: Er weiß es nicht. Der Verhaltensökonom Ernst Fehr von der Universität Zürich drückt es so aus: »Die Politik ist auch durch irrationales Verhalten geprägt. Daher werden die Resultate nicht automatisch besser, wenn Politiker in den Markt eingreifen. Die Einsicht in individuelle Entscheidungsschwächen der Menschen ist kein Plädoyer für mehr staatliche Regulierung.«

Politiker und Bürokraten sind eben auch nur Menschen; ihr Verstand stößt letztlich an die gleichen mentalen Barrieren wie unserer. So unvollkommen der Wähler ist, so unvollkommen war im Zweifel auch die Wahl seiner Volksvertreter. Und natürlich verfolgen auch Politiker eigene Ziele, haben Vorlieben und

Interessen, sind womöglich als Lobbyisten tätig. Es ist eine allzu heroische Annahme, sie hätten für die Bürger immer nur deren Bestes im Sinn.

Allzu häufig beruhen staatliche Interventionen auf falschen Annahmen, Anekdoten, Dogmen, Vorurteilen und gezielt gestreuten Fehlinformationen von interessierter Seite. Diese Gefahr besteht beim Nudging auch. Der sanfte Paternalist irrt sich nicht seltener als der harte Verbotspolitiker. Auch er schlägt sich mit den typischen Problemen jeder staatlichen Planung und Verhaltenslenkung herum, in der aus Anreizen schnell Fehlanreize werden. Gut gemeint bedeutet häufig das Gegenteil von gut gemacht.

Tatsächlich spricht nichts dagegen, wenn in der Kantine die Äpfel vorne und die Schokoriegel hinten liegen. Aus eigener Erfahrung wage ich allerdings die Prognose: So leicht werden wir uns beim Kantinenbesuch nicht austricksen lassen. Untersuchungen aus den USA sind diesbezüglich nicht ermutigend. Die Kalorienwarnungen in den Fast-Food-Restaurants von New York City, eingeführt 2009, haben bislang keinen spürbaren Effekt auf das Kaufverhalten der Kunden. Ähnliche Erfahrungen machte die Restaurantkette »Taco Time«. In einigen Filialen wurden Tafeln mit Nährwerttabellen aufgestellt, in anderen nicht. Das Resultat: kein messbarer Unterschied beim Verzehr kalorienreicher Gerichte, so das »American Journal of Preventive Medicine«.

Seit einige amerikanische Universitäten ihre Drucker auf beidseitigen Ausdruck eingestellt haben, sparen sie zwar Papier. Doch die Geräte sind nun häufiger als früher außer Betrieb: Papierstau. Es hat sich auch herausgestellt, dass der 14-tägige Gehaltsscheck einige Empfänger doch nicht wie erhofft zum Sparen ermuntert, sondern im Gegenteil dazu verführt, den als außerplanmäßig empfundenen Geldsegen auf den Kopf zu hauen.

Beim Energiesparen wiederum lässt sich häufig der sogenannte Rebound-Effekt beobachten: Erst schaffen wir uns einen neuen Kühlschrank an, um Energie zu sparen. Doch unterm Strich erhöht sich unser Stromverbrauch, weil wir den alten Kühlschrank als Zweitgerät für Getränke im Keller weiterbetreiben. Ähnlich beim Rauchen: Leichtere Zigaretten sind womöglich schädlicher als starke, weil Raucher bei ihnen tiefer inhalieren. Und sogar beim Essen treten Rebound-Effekte auf. Die Verhaltensökonomin Theresa Marteau von der Universität Cambridge hat herausgefunden, dass wir uns etwa bei »fettreduzierten« Kartoffelchips gerne eine Extraportion gönnen – und in Summe dann sogar mehr Kalorien zu uns nehmen, als es bei normalen Kartoffelchips der Fall gewesen wäre. »Wenn inkompetent ausgewählte Nudges die Entscheidungen von Menschen beeinflussen, kann der Schaden leicht größer werden als der Nutzen«, räumen Thaler und Sunstein selbst ein.

Der sanfte Paternalismus wirft also im Prinzip die gleichen Probleme auf wie der harte Paternalismus: Der Staat behauptet (fälschlicherweise) zu wissen, was gut für uns ist. Er nötigt uns Interessen und Präferenzen auf. Er spielt den guten Vater, der seine Kinder aber nie erwachsen werden lässt. Wie der harte Verbotspolitiker traut auch der sanfte Paternalist dem Bürger nicht zu, eine zweckdienliche Vorstellung vom guten Leben zu entwickeln und umzusetzen. Mit der Behauptung, er erleichtere uns das Leben und mache es sicherer, gesünder und einfacher, schwächt er in Wahrheit unser Sensorium, unsere Risikokompetenz und unsere eigene Problemlösungsfähigkeit und erzeugt genau jene Unmündigkeit, die er zu bekämpfen vorgibt.

Die sanften Paternalisten glauben nicht nur zu wissen, was gut für uns ist – sie wissen, was besser für uns ist. »Wir sind nicht für mehr staatliche Vorgaben, sondern für bessere«, sagen Thaler und Sunstein. Doch was unternimmt der sanfte Paternalist, wenn sich herausstellt, dass sein Stupser nicht ausreicht, um uns in die gewünschte Richtung zu manövrieren? Wird er nur ein beleidigtes Gesicht machen wie die Tante, die beim nächsten Besuch feststellt, dass ihr Patenkind die langen Unterhosen noch nie getragen hat? Oder wird dann aus dem sanften Stups ein rüder Rempler?

Für New Yorks langjährigen Bürgermeister Bloomberg war die Sache klar. Wenn die Menschen sich weigern, den richtigen Weg einzuschlagen, muss der Staat zu härteren Mitteln greifen. Nachdem die Kalorientafeln in den Schnellrestaurants nicht viel gebracht hatten, wollte Bloomberg deshalb den Verkauf von XXL-Bechern mit Cola und Limo per Gesetz verbieten; Gerichte freilich stoppten seinen Plan.

Das Wortgeklingel vom »libertären Paternalismus« darf deshalb nicht darüber hinwegtäuschen, dass Nudging womöglich nur den Einstieg in härtere Zwangsmaßnahmen bedeutet. Aus »freiwilligen Selbstverpflichtungen« und »Handlungsempfehlungen« können, wenn sich das gewünschte Verhalten dadurch nicht einstellt, ruckzuck gesetzliche Vorgaben werden. Das hat zuletzt die Einführung einer Frauenquote für Aufsichtsräte großer Unternehmen gezeigt. Sanft ist der Paternalist nur, solange alles so läuft, wie er sich das vorstellt. Er erinnert dann an jene unangenehmen Mitmenschen, die uns aus 25 Metern Entfernung die Tür aufhalten, aber ganz gereizt sind, wenn wir nicht sofort zum Spurt ansetzen.

Man könnte sogar sagen, dass der libertäre Paternalist bei der Wahl seiner Mittel sogar besonders hinterhältig vorgeht. Er manipuliert unser Unterbewusstsein und nutzt mentale Schwächen aus. Der Bürger merkt nicht einmal mehr, dass er entmündigt wird. Doch wenn uns der Staat von der Verpflichtung befreit, für uns selbst zu entscheiden, macht er uns nicht stärker, sondern schwächer. Der überbehütete Mensch verlernt Fähigkeiten, die zu einem autonomen Leben gehören. Nudges können uns vor Fehlern bewahren, aber sie verhindern eben auch, dass wir aus Fehlern lernen.

Der Paternalismus ersetzt uns durch »Maschinen-Automaten in menschlicher Form«, schrieb einst John Stuart Mill. Doch die »menschliche Natur ist nicht eine Maschine, nach Modell gebaut und ans Werk gesetzt, um genau die vorgeschriebene Arbeit zu machen, sondern ein Baum, der wachsen und sich nach allen Seiten ausbreiten will, gemäß dem Gesetz der ihm innewohnenden Kräfte, die ihn zu einem lebenden Organismus machen.«

Das Organspende-Problem – und seine Lösung

Fast 12 000 Menschen warten in Deutschland derzeit auf ein Spenderorgan. Zwar hat der Bundestag 2012 eine Reform des Transplantationsgesetzes beschlossen. Doch der Mangel besteht weiter. Die Techniker Krankenkasse hat eine Liste zusammengestellt, gesucht werden demnach: 7883 Nieren, 2119 Lebern, 1039 Herzen, 606 Lungen und 282 Bauchspeicheldrüsen.

Thaler und Sunstein schlagen deshalb vor, die Regeln erneut zu ändern – und zwar mit einem Nudge. Die Idee ist, jeden Bürger automatisch zum Organspender zu erklären, außer, er widerspricht. Derzeit ist es in Deutschland umgekehrt: Kein Bürger ist Organspender, außer, er willigt ein. Eine Umstellung von der Einwilligungslösung *(Opt-In)* auf eine solche Widerspruchslösung *(Opt-Out)* hätte voraussssichtlich weitreichende Konsequenzen. In Opt-In-Ländern wie Deutschland oder der Schweiz kommen auf eine Million Einwohner nur etwa zwölf Spender. In Opt-Out-Ländern wie Spanien oder Österreich sind es 35 beziehungsweise 24 Spender pro eine Million Einwohner. Die dem Menschen eigene Bequemlichkeit führt offenkundig dazu, dass die Voreinstellung des Systems auch das Verhalten der Bürger prägt.

Das Umstellen von Einwilligungs- auf Widerspruchslösung wäre ein typischer Nudge, so Thaler und Sunstein. Er diente auch einem guten Zweck. Für Menschen, die verzweifelt auf ein Organ warten, muss die Vorstellung unerträglich sein, dass die Mehrheit der Bürger aus reiner Trägheit keinen Spender-ausweis hat. Gleichwohl bliebe die Freiwilligkeit für die Spender gewahrt. Sollte jemand seine Organe nicht zur Verfügung stellen wollen, würde er weder bestraft noch mit zusätzlichen Kosten belegt.

Dennoch hat sich der Bundestag 2012 gegen eine solche Umstellung entschieden – richtigerweise! Das Verfügungsrecht über den Körper ist ein unveräußerliches persönliches Recht, das auch über den Tod hinausreicht. Die deutsche Einwilligungs-lösung respektiert dieses Recht. Die Standardeinstellung ist eben nicht zufällig so gewählt, dass die Organe dem Individuum gehören und nicht dem Kollektiv. Es ist keine staatsbürgerliche Aufgabe, seine Körperteile der Allgemeinheit zur Verfügung zu stellen. Es wäre infam, würde der Staat sich die Einwilligung erschleichen, die Organe seiner Bürger zu nutzen, indem er deren Trägheit ausnutzt.

Das Organspende-Beispiel zeigt, welche Probleme der liber-täre Paternalismus im konkreten Fall aufwerfen kann. Wenn das angestrebte Ziel falsch ist, ist auch jede Methode falsch, mit der das Ziel verwirklicht werden soll. Dass Thaler und insbesondere Sunstein bei dem heiklen Thema Organspende offensiv für die Umstellung von Opt-In zu Opt-Out eintreten, verrät in diesem Fall einen Mangel an Respekt vor dem Individuum. Der Staat muss einen anderen Weg finden, um die Zahl der Organspender zu erhöhen, als die Trägheit der Bürger auszunutzen und sich die Organe gleichsam zu erschleichen.

Gleichwohl lässt sich nicht bestreiten, dass der Mangel an Spenderorganen ein schwerwiegendes Problem ist. Es wäre gut, wenn sich mehr Menschen als bislang überzeugen ließen, sich als potentielle Spender zur Verfügung zu stellen. Was also tun? Gibt es einen Weg, die Zahl der Spender zu erhöhen, ohne die Bürger auszutricksen und die Grundposition aufzugeben, wonach jeder Mensch Herr über seinen Körper ist?

Die Abgeordneten des Deutschen Bundestages haben hier mit der sogenannten Entscheidungslösung einen Schritt in die richtige Richtung gemacht. Demnach bleibt es bei der bisherigen Opt-In-Regel. Doch die Krankenkassen sind nun verpflichtet, ihre Mitglieder regelmäßig über das Thema zu informieren und dadurch die Bereitschaft zu erhöhen, einen Spenderausweis auszufüllen. Ein Gutteil der gesetzlich Krankenversicherten haben in den vergangenen Monaten deswegen Post von ihrer Kasse bekommen.

Leider hält sich der Erfolg der Maßnahme bislang in Grenzen. Die Kampagne zündet nicht. In Großbritannien ist die »Nudge Unit« deshalb einen Schritt weitergegangen: Ihr Ziel war es nun, die Bürger wirksamer als bislang anzusprechen. Dazu entwickelte sie eine Serie mit acht verschiedenen Anzeigen, die auf einer vielbesuchten Internetseite der britischen Behörden geschaltet wurden. Nach dem Zufallsprinzip tauchten auf der Internetseite alle acht Anzeigen auf. Mal handelte es sich um eine neutral formulierte Aufforderung (»Bitte nehmen Sie am Organspendenregister teil«). Mal wurde der Nutzen der Organspende für die betroffenen Patienten herausgestellt (»Als Organspender können Sie bis zu neun Menschenleben retten«), mal der Schaden durch den Spendermangel beklagt (»Jeden Tag sterben drei Menschen, weil es nicht genug Organspenden gibt«). Auf einer Anzeige war ein Herz abgebildet. Auf einer anderen war eine Gruppe sympathisch lächelnder Menschen zu sehen.

Die Auswertung ergab, dass die Reaktionen auf die Motive ganz unterschiedlich ausfielen. Am überzeugendsten war eine Anzeige, die den Betrachter aufforderte, sich in die Lage eines betroffenen Patienten zu versetzen. Der Text lautete: »Würden Sie gerne eine Organtransplantation bekommen, falls Sie eine benötigten? Falls ja, helfen Sie bitte anderen.« Immerhin 3,2 Prozent der Besucher der Internetseite registrierten sich daraufhin als Organspender. Wohingegen die Anzeige mit der Menschengruppe am schlechtesten abschnitt: Hier registrierten sich nur 2,2 Prozent, also ein voller Prozentpunkt weniger.

Hochgerechnet auf die britische Bevölkerung machte das einen Unterschied von mehr als hunderttausend zusätzlichen Organspendern – und das alles, ohne die Entscheidungsfreiheit der Bürger anzutasten.

Es gibt keinen guten Paternalismus, aber einen besseren!

Vor 250 Jahren war »Volkserziehung« ein positiv besetzter Begriff. Damals ging es darum, den einfachen Leuten Zugang zu Bildung zu verschaffen. Möglichst jeder sollte Lesen, Schreiben und Rechnen lernen. Auch höhere Mathematik, Philosophie, Poesie und fremde Sprachen sollten nicht länger ein Privileg der Reichen, Adeligen und Klerikalen sein.

Bildung statt Belehrung: An diese positive Form der Volkserziehung gilt es heute anzuknüpfen. Das Leitbild des Staates sollte der wohlinformierte Bürger sein. Dafür braucht es nützliche, sachlich korrekte und verständliche Informationen. Man könnte das für eine Selbstverständlichkeit halten. Doch bedauerlicherweise tun sich Politiker und Behörden schwer damit, die Bürger mit brauchbaren Informationen zu versorgen; man denke nur an die rätselhafte Energieverbrauchskennzeichnung von Kühlschränken (»A++«) oder die vierte, fünfte, sechste, siebte und demnächst wohl achte Novelle der Verpackungsverordnung zum Thema: Was gehört eigentlich in den Gelben Sack?

Der Staat sollte die Bürger informieren, ohne sie zu entmündigen. Er sollte versuchen, zu einer selbstständigen Urteilsfindung beizutragen, ohne dem Bürger die Entscheidung abzunehmen. Nudges können hier eine Hilfe sein. In Großbritannien haben die Deregulierungsbehörde »Better Regulation Executive« und der Verbraucherverband bereits dafür gesorgt, dass staatliche Informationen, Anleitungen und Anschreiben einen »Copy Test«

durchlaufen müssen. Zufällig ausgewählte Verbraucher werden als Testleser eingesetzt. Tauchen Verständnisprobleme auf, müssen die Vorlagen umgeschrieben werden, bevor sie in Serie gehen. »Mündige Verbraucher verdienen es, an der Diskussion direkt beteiligt zu werden«, forderte bereits 2010 der damalige Vorstand des Verbraucherzentrale Bundesverbandes Gerd Billen; vielleicht sollte man ihn daran erinnern, jetzt, wo er als Staatssekretär ins zuständige Bundesministerium gewechselt ist.

Der Experimentalökonom Armin Falk, Direktor des Center for Economics and Neuroscience an der Universität Bonn, ist davon überzeugt, dass es die deutsche Wirtschafts- und Sozialpolitik enorm verbessern würde, wenn die Bundesregierung Regeln und Gesetze einem Praxistest unterzöge, bevor diese in Kraft treten. »Was die Sozialgesetzgebung angeht, leben wir doch im Mittelalter – das ist pure Quacksalberei!«, so Falk im Interview mit der »Wirtschaftswoche«: »Irgendwer schlägt eine sozialpolitische Maßnahme vor, deren Wirkung vollkommen unklar ist. Doch anstatt sie im Vorfeld mit Experimenten zu testen, wird sie gleich im Großversuch allen übergestülpt.«

Gäbe es einen solchen Vortest für Regulierungen in Deutschland und der EU, sähe zum Beispiel die Kühlschrankkennzeichnung mit Sicherheit anders aus. Warum nicht statt der unverständlichen Buchstaben und Pluszeichen den jeweiligen Jahresverbrauch an Kilowattstunden und die damit verbundene durchschnittliche Kostensenkung in Prozent aufführen? Ein Etikett, das die Verbraucher klar über mögliche Einsparpotentiale informierte, wäre eine gute Alternative zur derzeitigen Verbotsorgie nach der Ökodesignrichtlinie.

In Großbritannien ist Nudging Teil der offiziellen Regierungsstrategie geworden. Die von David Halpern geleitete Nudge-Unit hat bereits mehr als 50 Projekte betreut. Das selbstgesteckte Ziel, jährlich mindestens das Zehnfache des eigenen Etats über Einsparungen hereinzuholen, wurde locker erreicht. Bei seinem

Auftritt im Berliner Kanzleramt Anfang 2014 stellte Halpern drei Projekte vor, die beispielhaft zeigen, dass kreative Nudges das Regierungshandeln tatsächlich verbessern können.

Beispiel 1: Gruppendruck auf Steuerzahler erhöhen

In Großbritannien ist es üblich, dass Kleinunternehmer und Freiberufler selbst schätzen, welche Steuern sie dem Staat überweisen müssen. Verpassen sie den vorgeschriebenen Termin, bekommen sie ein standardisiertes Mahnschreiben des britischen HMRC, des Steuer- und Zollamts Ihrer Majestät. Bei 140 000 zufällig ausgewählten Steuerpflichtigen modifizierte die Nudge-Unit den Wortlaut des Schreibens. Den Bürgern wurde, wahrheitsgemäß, mitgeteilt, dass die meisten Menschen in ihrer Stadt oder Gemeinde ihre Steuern pünktlich bezahlt hätten. Auf diese Weise, so vermuteten die Wissenschaftler, werde ein gewisser Gruppendruck ausgeübt. Und tatsächlich beeilten sich viele Betroffene daraufhin, ihre Steuerschuld zu begleichen. Die Zahlungsmoral innerhalb der gesetzten Sechs-Wochen-Frist lag um 15 Prozent höher als bei jenen, die den alten Standardbrief bekommen hatten.

Noch besser fiel das Ergebnis aus, als die Nudge-Unit das Unterschriftenfeld und eine Ehrenerklärung (»Ich erkläre, dass ich dieses Formular vollständig und nach bestem Wissen wahrheitsgemäß ausfüllen werde«) vom Ende des Steuerformulars an dessen Anfang verlegte. Es wurde weniger gelogen. In einem einzigen Jahr kamen für das HMRC auf diese Weise zusätzlich 210 Millionen Pfund an Steuern herein.

Beispiel 2: Langzeitarbeitslose motivieren

Wissenschaftler der Nudge-Unit teilten etwa 2000 zufällig ausgewählte Langzeitarbeitslose des Arbeitsamts von Essex in zwei Gruppen ein. Die erste Gruppe wurde betreut wie gehabt. Die Betroffenen füllten die übliche Vielzahl an Formularen aus, arbeiteten die ihnen zugeteilten Stellenangebote ab und trafen sich einmal im Monat mit ihrem Berater, um Rechenschaft darüber abzulegen, was sie unternommen (oder mal wieder unterlassen) hatten, um einen Job zu finden. Die Mitglieder der zweiten Gruppe hingegen wurden von ihren Betreuern möglichst konkret auf die bevorstehenden Bewerbungen vorbereitet: Was anziehen? Um welche Uhrzeit geht's zu Hause los? Mit welchem Bus? Wo ist die Haltestelle? Wer nach acht Wochen noch immer keinen Job hatte, wurde außerdem gebeten, sich zu Hause für etwa zwanzig Minuten hinzusetzen und einen formlosen Aufsatz zum Thema Arbeitslosigkeit zu schreiben.

Es zeigte sich, dass die Mitglieder der zweiten Gruppe bei der Jobsuche zielstrebiger vorgingen. Sie hielten ihre Zusagen ein und erschienen in der Regel pünktlich zu ihren Vorstellungsterminen. Der Aufsatz – einige Arbeitslose verfassten ganze Lebensbeichten – half offenbar dabei, eine Perspektive zu entwickeln. Nach 13 Wochen hatten 60 Prozent der Gruppe wieder eine Arbeit gefunden. In der Vergleichsgruppe ohne Sonderbehandlung waren es nur 51 Prozent. Ob es letztlich die schnelle persönliche Betreuung, die konkreten Bewerbungspläne oder die Aufsätze waren, die den Erfolg brachten, wird in Großbritannien jetzt in großflächigeren Versuchen mit etwa 20 000 Teilnehmern weiter untersucht.

Beispiel 3: Energieeffizienz steigern

Wer als Hausbesitzer sein altes Dach isoliert, um Energie einzusparen, hilft nicht nur der Umwelt, sondern auch seiner Haushaltskasse. Zumal wenn der Staat, wie in Großbritannien, auch noch Geld für die Dachsanierung zuschießt. Umso mehr wunderte sich die britische Regierung, dass so wenige Hausbesitzer die Förderung in Anspruch nahmen. Werbekampagnen verpufften; die Dächer blieben alt und löchrig.

Das änderte sich, als die Nudge-Unit der Regierung empfahl, das Förderprogramm zu ergänzen: um einen professionellen Entrümpelungsdienst. Ihre Umfragen hatten nämlich ergeben, dass viele Hausbesitzer auch deshalb vor einer Dachsanierung zurückschreckten, weil sie nicht wussten, wohin mit dem Gerümpel vom Dachboden. Zum Ausmisten hatten sie weder Lust noch Zeit. Aber als die Regierung anbot, einen professionellen Aufräumdienst zu vermitteln, verdreifachte sich die Zahl der Dachsanierungen.

Die Beispiele aus Großbritannien zeigen, dass es zwar keinen guten Paternalismus gibt, aber womöglich einen besseren. Die Forschung zum Thema Verhaltensökonomie steht erst am Anfang. Sie könne »einer von mehreren Pfeilern der Politikberatung sein«, sagt der Kölner Ökonom Axel Ockenfels. »Es wäre dumm, die Verhaltensökonomie zu ignorieren, denn sie könnte die Politikberatung verbessern«, stimmt auch sein Kollege Joachim Weimann aus Magdeburg zu.

Nudges haben gegenüber Verboten wesentliche Vorteile. Sie sind freiwillig: Indem sie dem Individuum grundsätzlich die Möglichkeit offenlassen, vom intendierten Verhalten abzuweichen, greifen sie weniger in die Freiheitsrechte der Bürger ein. Und sie sind flexibler: Weil Nudges keine hohen Kosten verursachen, lassen sie sich auch leichter revidieren. Sollte sich herausstellen, dass ein Nudge nicht so funktioniert, wie man es sich vorgestellt hat, versucht man es eben auf einem anderen Weg. Die Kritik am Nudging ist häufig eine Kritik daran, dass es überhaupt Regulierung gibt. Doch wenn man akzeptiert, dass ein Staat ohne Regeln nicht funktioniert, können Nudges bessere, billigere, fehlertolerantere und weniger übergriffige Instrumente sein als harte Verbote.

Lang lebe der Homo oeconomicus!

Der rationale Mensch, die Idealfigur der klassischen Wirtschaftslehre, ist eine bedrohte Art. Die einen halten ihn bereits für ein Gespenst, eine »Fiktion«, wie Verbraucherschutzminister Heiko Maas es ausdrückt: Seine kühle Rationalität habe mit dem Verhalten echter Menschen nichts zu tun. Die jüngsten Erkenntnisse der Verhaltensökonomie zeigten, wie dumm wir uns in Wahrheit anstellten.

Für die anderen ist »Homo oeconomicus« zum Schimpfwort geworden. Kapitalismuskritiker halten ihn für die Ausgeburt eines teuflischen Wirtschaftssystems. Nichts, was ihm nicht angekreidet würde: Klimakrise, Eurokrise, der Hunger in der Dritten Welt. Der 2014 verstorbene Frank Schirrmacher (»Ego: Das Spiel des Lebens«) von der »Frankfurter Allgemeinen Zeitung« malte sich aus, wie im kalten Krieg amerikanische Ökonomen und Computerprogrammierer den Homo oeconomicus als Monster erschufen, um mit seiner Hilfe die Sowjetunion zu besiegen. Leider, so Schirrmacher, habe sich das Monster nicht mehr einfangen lassen, weshalb es sich, Prost Mahlzeit, über die Weltfinanzmärkte, das Internet und alle anderen Bereiche unserer Gesellschaft hermache.

Die Kritik am Homo oeconomicus beruht auf der Annahme, dieser sei ein »trauriger Egoist« (Norbert Blüm) und habe nichts als Geld im Sinn. Doch das ist ein Missverständnis. Dem Homo oeconomicus geht es nach klassischer Wirtschaftslehre überhaupt nicht um Geld, sondern um Nutzen. Damit kann alles Mögliche gemeint sein: Freizeit, Sozialprestige, Anerkennung, Liebe, Rache, Sex, gesunder Schlaf.

Viele Ökonomen von Adam Smith und Vilfredo Pareto bis Kenneth Binmore und Gary Becker haben Modelle entwickelt, die erklären, warum ein Mensch, der sein Blut spendet, ohne dafür Geld zu nehmen, vollkommen rational im Sinne des Homo oeconomicus handelt. Vielleicht erhöht es sein Wohlbefinden und damit seinen Nutzen, wenn er in die dankbaren Augen der Helfer vom Roten Kreuz blickt; vielleicht will er vor seinen Freunden angeben. Vielleicht verschafft ihm der Blutspendetermin aber auch einfach nur einen Vorwand, zwei Stunden später als sonst ins Büro zu gehen. Die Nutzentheorie erklärt auch, warum der erste Schluck Wasser wertvoller ist als der zehnte Schluck (»abnehmender Grenznutzen«), warum manche Güter nach einer Preiserhöhung nicht weniger, sondern umso mehr begehrt werden (»Snobeffekt«) und Dutzende weitere Phänomene, die mit Profitgier nichts zu tun haben.

Der Homo oeconomicus ist deshalb weder ein Gespenst noch ein Monster, sondern nur ein aus nachvollziehbaren Praktikabilitätsgründen vereinfachtes Modell, das dazu beitragen soll, menschliche Verhaltensmuster zu erklären. Es hilft uns zu begreifen, warum es den Menschen in wirtschaftlich freien Gesellschaften üblicherweise besser geht als in sozialistischen, warum Eigennutz und Gemeinnutz kein Widerspruch sein müssen: »Nicht vom Wohlwollen des Metzgers, Brauers und Bäckers erwarten wir das, was wir zum Essen brauchen, sondern davon, dass sie ihre eigenen Interessen wahrnehmen«, schrieb Adam Smith. Was passiert, wenn eine Regierung versucht, den Homo oeconomicus niederzuschlagen, den Eigennutz von Metzgern, Brauern und Bäckern durch regierungsamtliche Fünfjahrespläne zu ersetzen und statt der unsichtbaren Hand des Marktes lieber die sichtbare Faust des Staates zu schwingen, lässt sich auf den Lebensmittelmärkten von Pjöngjang, Caracas und Havanna beobachten.

Es stimmt: Wir echten Menschen ticken mitunter anders, als es die Nutzentheorie nahelegt. Wir übersehen Informationen und blenden Handlungsoptionen aus, die womöglich rational im Sinne des Homo oeconomicus wären. Doch es ist falsch, darin einen Beweis unserer Dummheit zu sehen. Dass wir mitunter begrenzt rational und oft unberechenbar handeln, tut unserer Mündigkeit keinen Abbruch.

Einige der angeblichen Denkfehler sind, im Gegenteil, Ausdruck unserer praktischen Intelligenz und der erstaunlichen Effizienz unseres Gehirns. Auf den Tag, an dem ein Roboter imstande sein wird, einen Volleyball zurückzuschlagen, werden wir noch lange warten müssen. Allein die Vorhersage des Zusammenwirkens von Spin, Wind und Geschwindigkeit setzt unendlich viele Rechenschritte voraus. Ein erfahrener Volleyballspieler hingegen erkennt in Sekundenbruchteilen, was er tun muss, um im Spiel zu bleiben. Anders als der Computer weiß er die wesentlichen Informationen zu interpretieren. Wir verfügen über eine Gabe, die man Intuition, Lebenserfahrung, Bauchgefühl, gesunden Menschenverstand oder, wie der Risikoforscher Gerd Gigerenzer, Heuristik nennen kann.

In gefährlicheren Zeiten als heute, als noch hinter jedem Busch ein Säbelzahntiger lauern konnte, hat unsere Begabung zur intuitiven Vereinfachung unser Überleben gesichert. Heute erleichtert uns die Fähigkeit, Wichtiges von Unwichtigem zu trennen, noch immer den Alltag. Sie versetzt uns in die Lage, schnelle Entscheidungen treffen zu können, anstatt in Multioptionalität zu ertrinken. Natürliche Dummheit ist hier allemal besser als künstliche Intelligenz. Während Computer versuchen, alle verfügbaren Informationen zu berücksichtigen, ist unser Verstand darauf aus, mit vertretbarem Aufwand eine leidlich vorteilhafte Lösung zu finden. Unser Ziel sollte sein, diese Gabe weiterzuentwickeln, anstatt sie als beschränktes Denken zu diffamieren.

Die neuen Erkenntnisse der Verhaltensökonomie stellen das Leitbild des rationalen Menschen nicht in Frage. Sie zeigen vielmehr, dass unser Verstand komplexer ist als das vereinfachte Nutzenkalkül des Homo oeconomicus in den Lehrbüchern der Volkswirtschaftslehre. Und die Ökonomen fangen gerade erst an, den Menschen in seiner ganzen Größe zu erfassen.

Der gute Staat

Die Allegorie der guten und der schlechten Regierung. Weniger Beschränkungen, weniger Beschränkte. Freiheit ist anstrengend! Das Ich entscheidet. Wie man Verbote abschafft. Fuck you, I won't do what you tell me. Leisten Sie Widerstand! Bleiben Sie tolerant! Sündigen Sie!

Ein spektakulärer Freskenzyklus ziert das Rathaus von Siena: die »Allegorie der guten und der schlechten Regierung« von Ambrogio Lorenzetti. Die drei Wandbilder entstanden zwischen 1338 und 1339, zu einer Zeit, als die Toskana zum Zentrum des Handels, der Bildung und der Kultur in Europa aufstieg. Auf der linken, südlichen Wandseite stellt der Maler die schlechte Regierung dar: eine finstere Gestalt mit Hörnern und Reißzähnen, die statt eines Zepters einen Dolch in der Hand hält. Justitia, die Göttin der Gerechtigkeit, liegt gefesselt am Boden.

An der gegenüberliegenden nördlichen Wand thront »Buon Governo«, die gute Regierung, eine Figur mit Zepter und Schild, die ein Kleid in den Stadtfarben trägt, daneben die Figuren Justitia, Fortitudo (Tapferkeit), Temperantio (Maß), Prudentia (Klugheit), Magnanimitas (Edelmütigkeit) und Pax (Frieden). Frau Justitia ist eine stolze und elegante Erscheinung mit goldenem Haar und einem Olivenzweig in der Hand. Zu ihren Füßen sind die Bewohner der Stadt versammelt: aufrechte Menschen, die wie Kaufleute, Handwerker und Gelehrte gekleidet sind, tanzende Frauen, Bauern, Hirten und Händler.

Lorenzettis Bilderzyklus gehört zu den ersten Kunstwerken des Mittelalters, die statt religiöser Motive die Politik in den Mittelpunkt stellten. Es sind Fresken zu Ehren der Herrschaft des Volkes über das Volk. Fast alles, was eine gute Regierung auszeichnet, steckt in diesen fast 700 Jahre alten Gemälden. Buon Governo, die gute Regierung, schreibt uns nicht vor, was wir essen, wie viel wir trinken und wie wir wohnen sollen. Sie tut nicht so, als wüsste sie besser als wir, was gut für uns ist. Sie maßregelt uns nicht und vergällt uns nicht den Alltag mit sinnlosen Vorschriften. Die Politiker der guten Regierung sind Vertreter, nicht Vormund des Volkes.

Ein Detail Lorenzettis ist besonders bemerkenswert. Die rechte Hand des guten Regenten steckt in einer losen Schlaufe, an einem Seil, das am anderen Ende von den Bürgern gehalten wird: Es ist das Volk, das die gute Regierung an der Leine führt, nicht umgekehrt.

Wo es weniger Beschränkungen gibt, gibt es auch weniger Beschränkte

Zu viel Bürokratie verblödet. Eine überfürsorgliche Politik erzeugt erst die Hilfsbedürftigkeit, die sie den Bürgern fälschlicherweise unterstellt. Indem der Staat die Menschen bevormundet, macht er sie zum Trottel. Er gewöhnt ihnen das Denken ab und erschüttert ihr Vertrauen in die eigene Kraft. Er trägt dazu bei, dass Mündigkeit, Entscheidungsfähigkeit und die Bereitschaft, eigene Wege zu suchen, verkümmern.

Die Behauptung, der Einzelne wisse nicht, was gut für ihn ist, wird so zur selbsterfüllenden Prophezeiung. Aus Bequemlichkeit übertragen die Bürger immer mehr Verantwortung auf den Staat. Aus dem gemaßregelten Bürger wird der unfähige Bürger. Die Verbote siegen über den Verstand: Je mehr Beschränkungen, desto mehr Beschränkte. Der im doppelten Sinn beschränkte Bürger richtet sich in seiner Unmündigkeit ein. Anstatt sein Leben selbst in die Hand zu nehmen, erwartet er die Anleitung seines fürsorglichen Bestimmers.

Ein Staat, der die Entscheidungsfreiheit der Bürger durch Lenkung ersetzt, beschränkt sich schließlich selbst. Keine noch so effiziente Behörde stellt in so kurzer Zeit so viele neue Erkenntnisse bereit wie ein Wettbewerb der Ideen. Fortschritt entsteht nicht durch zentrale Planung, sondern durch Versuch und Irrtum. Der Motor für mehr Wohlstand ist nicht bürokratische Gründlichkeit, sondern gesunder Eigennutz. Innovationen können nicht von oben verordnet werden, sondern sind das Ergebnis kreativer Geistesblitze. Man kann einen Wissenschaftler nicht dazu zwingen, etwas zu erfinden, das die Gesellschaft voranbringt. Ein Staat, der die eigenen Vorlieben durchsetzt und alles andere untersagt, verengt das Angebot, verkürzt den Wettbewerb und beschneidet die Vielfalt. Es ist kein Zufall, dass unfreie, planwirtschaftliche Staaten politisch, wirtschaftlich und kulturell ärmer sind als Staaten, die sich durch ein hohes Maß an Freiheit und Respekt vor dem Individuum auszeichnen.

Ein überfürsorglicher Staat verdrängt auch die Zivilgesellschaft; zu viel Bürokratie zerstört bürgerschaftliches Engagement. Warum sollte ein Bürger, der sich nicht einmal mehr für sein eigenes Leben zuständig fühlt, Verantwortung für andere übernehmen? Wo soll der Spaß am Gestalten herkommen, wenn Bürokraten Vorgaben für jedes Detail machen? Da kann sich der Staat doch auch gleich selbst um alles kümmern.

Die gute Regierung verhält sich gegenüber den Lebensentwürfen seiner Bürger streng neutral. Sie urteilt nicht moralisch, definiert nicht, was gelingendes Leben ist, unterscheidet nicht zwischen echten und falschen Bedürfnissen und zwischen wertvollem und minderwertigem Freiheitsgebrauch. Sie interessiert sich nicht dafür, ob die Verhaltensweisen seiner Bürger immer effizient und rational sind. Ein kluger Staat schafft Raum für möglichst viele verschiedene Lebensentwürfe. Vielfalt wird nicht beschnitten und wegreguliert, sondern gefördert. Indem er jedem Einzelnen die Möglichkeit lässt, ein Leben nach eigenen

Vorstellungen zu führen, hilft die gute Regierung, das schöpferische Potential der Gesellschaft zu heben, und schafft so die Voraussetzung für technischen, wirtschaftlichen und gesellschaftlichen Fortschritt.

Freiheit und Verantwortung

Freiheit und Verantwortung hängen untrennbar zusammen; es gibt das eine nicht ohne das andere, im Guten wie im Schlechten. Wer frei entscheiden darf, trägt auch die Last der Wahl. In dem Maß, in dem der Mensch sein Handeln selbst bestimmt, ist er auch für die Folgen zuständig. Er muss Verantwortung übernehmen für den Fall, das etwas schiefgeht; er kann nicht die Schuld auf andere schieben oder sich auf sein falsch verdrahtetes Gehirn herausreden wie der Sexualmörder Moosbrugger in Robert Musils Roman »Der Mann ohne Eigenschaften«. Nur wenn wir davon ausgehen, dass Menschen über einen freien Willen verfügen, können wir sie für ihre Untaten verurteilen und ins Gefängnis stecken – und später wieder als resozialisiert entlassen. Wer bestreitet, dass Menschen über einen freien Willen verfügen, zerstört das Fundament unserer Rechtsordnung.

Freiheit ist anstrengend. Der französische Philosoph Jean-Paul Sartre schrieb: »Der Mensch ist verurteilt, frei zu sein. Alles, was mir zustößt, ist meins.« (Weshalb man Sartre auch nicht zitieren sollte, ohne daran zu erinnern, dass er Stalin verehrte und sich im fortgeschrittenen Alter dem RAF-Terroristen Andreas Baader an den Hals warf.) Albert Camus (der Sartre für dessen Diktatorenschwärmerei scharf kritisierte) sagte in seiner Nobelpreisrede 1957: »Die Freiheit ist gefährlich; in ihr zu leben ist ebenso hart wie berauschend.«

In dem Maß, in dem der Staat das Handeln der Bürger bestimmt, befreit er sie von dieser Last der Freiheit. Wer nicht aus sich selbst heraus handelt, muss auch nicht für die Konsequenzen geradestehen. Die Verantwortung für Scheitern und Versagen liegt nicht mehr bei einem selbst, sondern bei irgendeinem anderen. »Gibt es Probleme mit der Integration, fehlt es an einer Willkommenskultur; randalieren Jugendliche am Bahnhof, hatten sie eine schwere Kindheit; verspielt jemand sein Vermögen an der Börse, wurde er schlecht beraten; scheitert jemand in der Schule, waren die Lehrer eine Katastrophe; studieren zu wenig Frauen technische Physik, hat die Gesellschaft versagt: Was gilt eigentlich der Wille des Einzelnen in solch einer Welt verschobener Verantwortlichkeit?«, fragt der Wiener Philosoph Konrad Paul Liessmann.

Ein guter Staat achtet darauf, die Eigenverantwortung des Einzelnen zu stärken. Er drängt den Bürger weder in die Passivität, noch verwandelt er Täter in Opfer.

Das Ich entscheidet

Wir Menschen sind Herdentiere; die Sehnsucht nach Gemeinschaft liegt uns im Blut. Bereits als Baby imitieren wir die Gesichtsausdrücke und Laute unserer Bezugspersonen, um Zugehörigkeit zu signalisieren. Als Steinzeitmenschen haben wir gelernt, uns der Sippe unterzuordnen. Wer sich auf eigene Faust durchschlug, riskierte zu verhungern oder selbst als Mahlzeit wilder Tiere zu enden.

Konformes Verhalten hat unseren Vorfahren in einer feindlichen Umgebung das Überleben gesichert, dementsprechend schwer fällt es uns heute, uns davon zu lösen. Gegen die genetisch bedingte Gruppenglorifizierung hat der Einzelne einen schweren Stand. Ständig wird er aufgefordert, sein Leben in den Dienst der Gemeinschaft zu stellen: Teamarbeit, Schwarmlösung, Corporate Identity, Gemeinschaftswerk, Sozialpartnerschaft, konzertierte Aktion. »Das Wir entscheidet«, plakatierte die SPD im Bundestagswahlkampf.

Der französische Philosoph Jean-Jacques Rosseau sprach vom »Volonté générale«, dem gesellschaftlichen Gesamtwillen, dem sich das Individuum, dieses egoistische Wesen, unterzuordnen habe. Der Bürger müsse auch dem Wohl des Staates dienen. Seine Freiheit besteht demnach darin, alles tun zu dürfen, was der Gesellschaft nutzt. In seiner milden Variante läuft Rousseaus »Volonté générale« auf das grüne Wahlprogramm hinaus: Der Bürger darf sich entfalten, aber nur auf eine sozialverträgliche und gemeinschaftsdienliche Weise. Denn Demokratien, so etwa der kommunitaristische Philosoph Charles Taylor, könnten nur gelingen, wenn sich die Bürger aktiv an der Gestaltung ihres Gemeinwesens beteiligten. Dem »atomisierten« Individuum stellt Taylor das »situierte Selbst« entgegen: Wirklich frei wird der Mensch demnach erst durch seine Verbindung mit einem übergeordneten, größeren Wert. Freiheit ist eine »Fähigkeit, die wir zu verwirklichen haben«.

In seiner nicht so milden (und von Rousseau selbst auch nicht gebilligten) Variante wird der Anspruch der Gemeinschaft an das Individuum totalitär. Rousseaus Musterschüler Maximilien de Robespierre ließ Menschen, die sich dem Volkswillen der Jakobiner nicht unterordnen wollten, auf der Guillotine enthaupten. Auch die Sowjetunion, die DDR und andere sozialistische Systeme duldeten keine Abweichler und keinen Eigensinn; sie zwangen ihren vergesellschafteten Bürgern ein Termitendasein auf (Karl Marx nannte es den Menschen seinem »wahren Wesen« zuzuführen). Die extremste Form des »Volonté générale« ist der »Volkskörper«, wie es die Nationalsozialisten nannten. Die Individuen verschmelzen hier zu einer organischen Einheit. Der Schutz dieses Volkskörpers gegen »zersetzende Kräfte« rechtfertigte in der nationalsozialistischen Diktatur Massenmord und schlimmste Barbarei.

Heute stellen Gesundheitspolitiker Übergewichtige, Raucher und Präventionsmuffel als Krankenkassenschädlinge an den

Pranger. Der Bürger sieht sich immer häufiger der Anklage ausgesetzt, sein Verhalten als Autofahrer, Fleischesser oder Stromverbraucher schade der Gesellschaft. Nicht einmal der Opfertod des Einzelnen für die Gemeinschaft ist mehr tabu. 2003 brachte die damalige Bundesregierung ein Luftsicherheitsgesetz auf den Weg: Der Staat hätte demnach ein von Terroristen entführtes Verkehrsflugzeug abschießen dürfen, wenn dadurch eine größere Zahl von Menschenleben gerettet würde. Das Bundesverfassungsgericht stoppte den irren Plan. Der Staat, so stellten die Richter klar, darf Menschenleben nicht gegen Menschenleben aufrechnen. Die Bundesregierung brauchte einige Jahre, um dieses Urteil zu akzeptieren. Erst im April 2014 legte sie das Projekt endgültig zu den Akten.

Der Herdentrieb mag uns in den Genen liegen. Aber niemand ist verpflichtet, sich ganz der Gemeinschaft unterzuordnen. Der gute Staat orientiert sich am Wohl des Individuums, nicht des Kollektivs. Nicht das Wir, sondern das Ich entscheidet.

Kein Schutz des Einzelnen vor sich selbst

Auf die britischen Philosophen John Locke und John Stuart Mill geht die Idee vom »self-ownership« zurück, vom Eigentum des Menschen an sich selbst. Dieses Eigentum ist ein wertvoller Schatz. In einer Zeit, in der überfürsorgliche Politiker die Feuerfestigkeit von Unterhosen normieren und Marzipanzigarren verbieten, ist es nötig, dass wir diesen Schatz verteidigen.

Freiheit wird dem Bürger nicht gewährt oder geschenkt. Sie gehört ihm, er sollte sie sich einfach nehmen. Was er dann mit seiner Freiheit macht, geht niemanden etwas an. Wo kein anderer zu Schaden kommt, ist die Freiheit des Einzelnen grenzenlos. Versuchter Mord ist strafbar, versuchter Selbstmord nicht.

Der Staat hat nicht das Recht, uns vor uns selber zu schützen. Zur unserer Freiheit gehört es, gutgemeinte Ratschläge ignorieren zu dürfen, selbst wenn es unvernünftig ist. »Alle Irrtümer, die ein Mensch wider besseren Rat und Warnung begehen kann, sind bei weitem nicht so schlimm wie Verhältnisse, in denen andere ihn zu etwas zwingen können, das sie für gut halten«, schrieb John Stuart Mill.

Freiheit besteht auch darin, dick und versoffen auf dem Sofa zu sitzen und mitten im Winter frisch importierte Himbeeren aus Chile zu essen statt Bio-Grünkohl aus der Region. Schnaps, Zigaretten und Süßigkeiten mögen gefährliche, gesundheitsschädliche Produkte sein. Aber es gibt Menschen, die sie trotzdem schätzen. Das hat der Staat zu respektieren. Es steht ihm nicht zu, die Konsumvorlieben moralisch zu bewerten. Er hat sich gegenüber den Lebensweisen erwachsener Bürger jeder moralischen Bewertung zu enthalten.

Das Individuum ist in eigener Sache die erste und letzte Instanz. Die Möglichkeit, aber auch die Verpflichtung, den eigenen Lebensweg selbst zu wählen, ist der wesentliche Unterschied zwischen einem Bürger und einem Sklaven. Der SPD-Vordenker Peter Glotz hat es einmal so ausgedrückt: »Es weht der kalte Wind der Selbstverantwortung. Jeder muss selbst entscheiden, was er mit seinem Mittwochabend macht. Er hat viele Optionen; auch die Option zur dumpfen Wiederholung des Gewohnten. Der kalte Wind macht nicht automatisch klar im Kopf. Aber per Saldo ist er gesünder als die kontrollierte und gelegentlich feuchtwarme Temperatur eines betreuten Biotops.«

Der Bürger hat eben nicht nur die Freiheit, etwas zu tun, sondern auch die Freiheit, etwas zu unterlassen. Wir müssen nicht das Optimum aus uns herausholen. Jeder hat das Recht, sich an der Vervollkommnung der Gesellschaft nicht zu beteiligen. »Die Fähigkeit, das Wort ›Nein‹ auszusprechen, ist der erste Schritt zur Freiheit«, schrieb der französische Revolutionsdichter Nicolas Chamfort.

Wann immer ein Politiker auf die Idee kommt, zwischen wertvollem und weniger wertvollem Gebrauch der Freiheit zu differenzieren, sollten bei uns die Alarmglocken schrillen. Woher will er denn wissen, wo die Grenze verläuft? Für den guten Staat gilt: Keine Regulierung zum Schutze des Einzelnen vor sich selbst!

In der ersten Szene seines Dramas »Dantons Tod« lässt Georg Büchner den Revolutionär Hérault auftreten und einen kurzen Monolog darüber halten, was Freiheit ist: »In unsern Staatsgrundsätzen muss das Recht an die Stelle der Pflicht, das Wohlbefinden an die der Tugend und die Notwehr an die der Strafe treten. Jeder muss sich geltend machen und seine Natur durchsetzen können. Er mag nun vernünftig oder unvernünftig, gebildet oder ungebildet, gut oder böse sein, das geht den Staat nichts an. Wir alle sind Narren, es hat keiner das Recht, einem andern seine eigentümliche Narrheit aufzudrängen.«

Verbote abschaffen

An einer Schule mit fast 1300 Schülern in meiner Heimatstadt Krefeld wurde in einem Dezember vor 20 Jahren die Schulklingel abgestellt. Das vorweihnachtliche Miteinander, so damals die Begründung, sollte nicht gestört werden. Dabei ist es bis heute geblieben, denn die Klingel wurde nie mehr in Betrieb genommen. Der Unterricht beginnt jetzt so pünktlich, wie der Lehrer ist. Keine Schüler, die am Ende der Stunde den Stift fallen lassen, aufspringen und auf den Hof stürmen. Der Pausenhof füllt und leert sich ohne Gedrängel. Das Krefelder Beispiel fand Nachahmer. An einigen Schulen klappt es. An anderen scheiterte der Versuch. Sie hatten auch nicht die Gunst der Vorweihnachtszeit genutzt.

Auch die gute Regierung kommt nicht ohne Vorschriften aus. Es müssen aber nicht so viele sein; weniger ist mehr. Wir sollten uns häufiger trauen, Regeln in Frage zu stellen, anstatt sie als gegeben hinzunehmen (und wir können selbst dazu beitragen, dass es weniger Verbote gibt, indem wir nicht bei jedem Problem reflexhaft nach dem Staat rufen). Die gute Regierung quält die Bürger nicht mit nutzlosen Verboten, falschen Vorschriften und sinnloser Bürokratie. Sie hält sich legislativ zurück und achtet den Satz Montesquieus: »Wenn es nicht nötig ist, ein Gesetz zu machen, ist es nötig, kein Gesetz zu machen.«

So wie der Staat Straßen baut, um die Mobilität seiner Bürger zu verbessern, sollte er es auch mit der Rechtsordnung halten: Gut sind Gesetze, die den Bewegungsspielraum der Bürger vergrößern. Von *enabling rules,* »ermöglichenden Gesetzen« spricht in diesem Zusammenhang der Bonner Wirtschaftsjurist Daniel Zimmer. Man erkennt diese Gesetzes daran, dass sie die Menschen beim Ausleben ihrer Freiheit unterstützen und ihnen zusätzliche Handlungsoptionen verschaffen. Gesetze, die die Spielräume der Bürger verengen, gehören nicht in ein solches System.

Hier drei Vorschläge, was getan werden könnte, um den Paragrafendschungel zu lichten:

Die Politik hält sich an den Grundsatz des geringstmöglichen Eingriffs. Wo es gute Argumente für eine Verhaltensänderung gibt, erübrigt sich häufig ein Gesetz. Wenn es keine Argumente gibt, ebenfalls. Als die Autofahrer erkannten, dass Bremskraftverstärker, ESP und Anti-Blockier-System ihre Sicherheit verbessern, brauchte es keine Vorschrift, um den Einbau dieser Geräte voranzutreiben. Auch der Helm für Skifahrer setzt sich von alleine durch. Der gute Staat reguliert minimalinvasiv nach dem Grundsatz: So wenig Zwang wie möglich. Überzeugen ist besser als Anreizen, Anreizen besser als Erschweren, Erschweren besser als Verbieten.

Es werden mehr Gesetze mit eingebautem Verfallsdatum erlassen! Läuft ein befristetes Gesetz aus, kann es verlängert werden. Doch das Verfallsdatum sorgt wenigstens dafür, dass

Vorschriften nach einer gewissen Zeit automatisch überprüft werden: Brauchen wir sie noch? Wirken sie anderen Zielen entgegen? Wäre es sinnvoll, sie zu ergänzen? Fehlentscheidungen lassen sich auf diese Weise leichter korrigieren, als es heute der Fall ist.

Keine Regulierungsmaßnahme darf mehr kosten, als sie einbringt! In den USA hat das Office of Information and Regulatory Affairs (OIRA), eine einst von Ronald Reagan gegründete Anti-Bürokratie-Abteilung im Weißen Haus, die Möglichkeit, alle wichtigen Gesetze und Vorgaben der Regierung zu prüfen und sogar zu bremsen, wenn sie der Ansicht ist, dass der Schaden den Nutzen übersteigt. In Deutschland hingegen erscheint alle paar Jahre ein Bürokratiekostenbericht, mit dem die Bundesregierung nach der bewährten Methode »lesen, lachen, lochen« verfährt. Dieses Verhalten ist ebenso arrogant wie kostspielig. Eine gute Regierung nimmt Bürokratieabbau ernst. Gesetze, die bei der Kosten-Nutzen-Bewertung durchfallen, gehören abgeschafft.

Leisten Sie Widerstand!

Wir sollten nicht damit rechnen, dass sich der Staat freiwillig aus unserem Leben zurückzieht. Der Gestaltungswille der Politik ist groß, der Glaube an das Erkenntnismonopol der Bürokraten ungebrochen. Achten Sie mal darauf, wie oft in einer Politikerrede die Formulierung »Wir müssen« vorkommt, häufig verbunden mit der Forderung nach mehr Regulierung. Wir sollten uns das nicht bieten lassen: »Wir« müssen gar nichts, außer irgendwann sterben.

Anfang 2014 tauchten im Heidelberger Straßenbild Plakate einer gewissen »Barbara« auf, die sich einen Spaß daraus machte, Verbotsschilder zu überkleben oder zu verfremden. An einer großen Tafel mit Verbotshinweisen für eine Parkanlage hing plötzlich ein Zettel mit der naheliegenden Frage: »Was darf ich hier überhaupt machen?« Unter einem »Parken verboten«-Schild stand: »Dieser Befehlston verletzt meine Gefühle.« Und neben ein »Ballspiele auf der Grünfläche sind nicht erlaubt«-Schild klebte Barbara ein Zitat der Band Rage Against the Machine, und zwar in voller Länge: »Fuck you, I won't do what you tell me! Fuck you, I won't do what you tell me! Fuck you, I won't do what you tell me! Fuck you, I won't do what you tell me! Motherfucker!« Wer sich hinter »Barbara« verbirgt, ist unbekannt. Man kann sie per E-Mail erreichen, doch sie (oder er?) gibt keinen Namen preis. Auf jeden Fall hat Barbara mit ihren Aktionen einen Nerv getroffen. Tausende unterstützen ihre Facebook-Seite. In anderen Städten treten Nachahmer auf den Plan, es wäre schön, wenn weitere folgten. Um es mit dem Großdenker Georg Wilhelm Friedrich Hegel zu sagen: »Es kann nur der zu etwas gezwungen werden, der sich zwingen lassen will.«

Bleiben Sie tolerant!

Am 14. Juli 1789, schon in den Tagen zuvor hatte es auf den Straßen von Paris Proteste gegen eine neue Arme-Leute-Steuer gegeben, stürmte eine Menschenmenge das Staatsgefängnis Bastille. Aufgebrachte Bürger öffneten die Gefängnistore und riefen die Revolution aus. Das Volk übernahm die Macht, Adelige und Klerikale, die Herrscher der alten Ordnung, flohen außer Landes. Am 26. August erklärte die französische Nationalversammlung, dem Vorbild der Vereinigten Staaten von Amerika folgend, die Menschen- und Bürgerrechte. Alle Menschen sollten frei und gleich sein. »Die Freiheit besteht darin, dass man all das tun kann, was einem anderen nicht schadet«, hieß es in Artikel 4 der neuen Verfassung.

Wie jedes Schulkind heute lernt, waren die schönen Vorsätze schnell vergessen. Die Nationalversammlung zerfiel in feindliche Lager. Von wegen brüderlich: Insbesondere die Anhänger des

Jakobiner-Clubs um Maximilien Robespierre gingen rücksichtslos gegen jene vor, die es an revolutionärer Gesinnung fehlen ließen. Es wurde gelyncht und geköpft. Robespierre nannte die Guillotine »Sichel der Gleichheit«. Um die neue Gesellschaftsordnung durchzusetzen, hielt er Gewalt nicht nur für zulässig, sondern für notwendig. Ohne Terror, so Robespierre, sei die Tugend machtlos. Hegel rechnete 40 Jahre nach Robespierres Tod mit den Revolutionären ab: »Die subjektive Tugend, die bloß von der Gesinnung aus regiert, bringt die fürchterlichste Tyrannei mit sich.«

Das Beispiel der Jakobiner zeigt, dass alle Freiheitslyrik wertlos ist, wenn es den Beteiligten an der wichtigsten Charaktereigenschaft fehlt: einem Mindestmaß an Langmut gegenüber abweichendem Verhalten. »Freiheit ist immer auch die Freiheit des Andersdenkenden«, schrieb Rosa Luxemburg, ein schöner Satz. Noch schöner wäre es gewesen, Rosa Luxemburg hätte sich selbst daran gehalten. Doch auch sie drohte ihren politischen Gegnern mit rücksichtsloser Vernichtung: »Wer sich dem Sturmwagen der sozialistischen Revolution entgegenstemmt, wird mit zertrümmerten Gliedern am Boden bleiben.«

Wer in einer freiheitlichen Gesellschaft leben möchte, muss bei sich selber anfangen. Bleiben Sie tolerant! Es ist nicht nötig, immer sofort das Jüngste Gericht aufzuführen, wenn ein Nachbar seinen Müll nicht trennt. Man muss nicht gleich ein Blumengießverbot für die ganze Wohnanlage verhängen, nur weil ein achtloser Mitbewohner mit seiner Gießkanne den darunterliegenden Balkon überschwemmt hat. Nicht jede Lärmbelästigung nach 22 Uhr ist es wert, angezeigt zu werden. Unser Land hält vollverschleierte Frauen ebenso aus wie Balkongriller und grölende Fußballfans.

Vom amerikanischen Gerechtigkeitstheoretiker John Rawls stammt folgendes Gedankenexperiment: Stellen Sie sich vor, Sie dürften über die künftige Gesellschaftsordnung entscheiden – ohne zu wissen, an welcher Stelle dieser Ordnung Sie sich selbst befinden werden. Ob Sie reich sein werden oder arm, Frau oder Mann, schwarz oder weiß, homo- oder heterosexuell, Christ oder Moslem, klug oder dumm, hässlich oder schön, groß oder klein, sportlich oder schwerfällig, taub oder blind, Dortmund- oder Schalke-Fan: Sie haben keine Ahnung. Ihre Zukunft verbirgt sich hinter einem Schleier des Nichtwissens. Sicher ist nur, dass Sie in der von Ihnen geschaffenen Ordnung werden leben müssten. Wie sähe Ihre Gesellschaft aus?

Rawls' Gedankenspiel macht deutlich: Toleranz bedeutet nicht, Konflikte zu leugnen und so zu tun, als wäre alles eitel Sonnenschein, im Gegenteil. Man muss weder einer Meinung sein noch alle anderen sympathisch finden. Eine tolerante Gesellschaft kleistert die Unterschiede nicht zu: Sie lebt mit ihren Differenzen. Freiheit heißt eben auch, sich von anderen unterscheiden und absetzen zu dürfen.

Es sind die Sonderlinge, die der Stereotypisierung unserer Kultur entgegenwirken. Sie vollbringen die erstaunlichsten Dinge. Was wäre Musik ohne Exzess, Kunst ohne Drogen, Forschung ohne Nerds? Den moralischen Konformitätsdruck der Masse muss man auch erst mal aushalten. Wir sollten heilfroh darüber sein, dass unsere Gesellschaft nicht nur aus Alphatieren, High-Potentials und Effizienzwundern besteht, sondern auch aus Drückebergern, Spinnern und angeblichen Minderleistern.

Sündigen Sie!

Der österreichische Schriftsteller und Humorist Friedrich Torberg war ein lasterhafter Mensch. »Ich rauche, trinke schwarzen Kaffee, schlafe zu wenig, mache zu wenig Bewegung und bin auf diese Weise 70 Jahre alt geworden«, bekannte er 1979 kurz vor seinem Tod: »Vielleicht wäre ich bei gesunder Lebensführung heute schon 75 oder 80, aber das lässt sich schwer feststellen.«

In unserer auf Effizienz gebürsteten Welt hat sich die Vorstellung durchgesetzt, wir könnten uns keinen Ausfall leisten. Die längste Zeit unseres Lebens schwirren wir umher wie Arbeitsbienen. Wir denken, wir müssten alles tun, um immer optimale Leistungen zu vollbringen. Doch das ist falsch. Ein Leben ohne Müßiggang, Zeitverschwendung, Ausschweifungen, Exzesse und Fehltritte? Was für eine jammervolle Vorstellung!

»Ein Leben, welches das Leben nicht riskieren will, beginnt unweigerlich dem Tod zu gleichen«, schreibt der Philosoph Robert Pfaller, der die These aufstellt, alle großen Glückserfahrungen beruhten »auf etwas Ungutem, Unverträglichem oder Unbrauchbarem«. Der Kulturwissenschaftler und Passionsraucher Imre von der Heydt sagt: »Jenseits aller Nützlichkeitserwägungen gehört der Rausch zur Lebensekstase.« Und der Journalist Peter Richter, der ein hymnisches Buch über die Kulturgeschichte des Alkohols geschrieben hat, sagt: »Der tiefere Sinn des Weins ist nicht, dass er schmeckt, sondern dass er wirkt.«

Gut möglich, dass Sie länger leben, wenn Sie auf Ausschweifungen verzichten. Mit großer Wahrscheinlichkeit wird Ihnen Ihr Leben sehr viel länger vorkommen. Was die Frage aufwirft: Haben Sie wirklich Ihr Leben ausgedehnt – oder haben Sie in vorzeitiger Leichenstarre nur Ihr Sterben in die Länge gezogen? Wo bleibt in einer tempogemäßigten, zuckerreduzierten und sicherheitsfixierten Tugendgesellschaft eigentlich der Spaß?

Liebe Ordnungshüter, liebe Gesundheitsapostel, liebe Correctnesswächter, liebe Supernannys: Die kurze Phase vor dem Tod nennt man übrigens: Leben.

77 irre Vorschriften

1 Ein Gymnastikball im Büro verstößt gegen die Unfallschutz-
vorschriften im Sinne von Paragraf 4 Arbeitsschutzgesetz.
Es bestehe »Roll-, Rutsch-, Kipp- und Sturzgefahr«, so ein
Leitfaden der Berufsgenossenschaft.

2 Die Beleuchtung auf einer Bürotoilette muss mindestens
100 Lux, die Raumtemperatur mindestens 21 Grad Celsius
und die Belüftung mindestens 15 Kubikmeter Frischluft pro
Stunde betragen.

3 Jedes Offshore-Windrad vor der Küste muss mit einem Kartenspiel ausgestattet sein, falls Wartungsmonteure wegen
schlechter Witterung mal übernachten müssen.

4 An Schulen Nordrhein-Westfalens dürfen keine älteren ausgestopften Tiere mehr gezeigt werden, Begründung: Die
teils jahrzehntealten Exponate könnten Giftstoffe ausdünsten. Zur Sicherheit werden sie deshalb luftdicht in Folie
verschweißt, was freilich dazu geführt hat, dass man einen
Marder kaum noch von einem Eichhörnchen unterscheiden kann.

5 In Berlin und in Stuttgart wurden Bewerberinnen für den
Polizeidienst wegen Brustimplantaten zunächst abgelehnt.
Es bestehe erhöhte Verletzungsgefahr bei einem Stich
oder Schlag. Silikonbrüste stünden auch dem Tragen von
Schutzkleidung und kugelsicheren Westen im Wege.

6 Die EU schreibt vor: »Die Füße tragbarer Leitern ruhen auf
einem standsicheren, festen, ausreichend bemessenen und
unbeweglichen Untergrund auf, so dass die Leitersprossen
in horizontaler Position verbleiben.«

7 Jede Gemeinde in Deutschland ist verpflichtet, eine »befähigte Person für Leitern und Tritte« zu berufen, um alle

im Besitz der Kommunalverwaltung befindlichen Leitern regelmäßig auf ihre Funktionsfähigkeit zu überprüfen. Das dazu nötige Fachwissen erwirbt diese Person bei speziellen Schulungen; die Kursgebühr beträgt etwa 500 Euro.

8 DIN EN ISO 10075-1 definiert mögliche Gründe für eine psychische Belastung am Arbeitsplatz, darunter fallen Lärm, Konkurrenzdruck, isoliertes Arbeiten sowie die »fehlende Ganzheitlichkeit der Aufgaben«.

9 Auf dem Jahn-Sportplatz im Berliner Stadtteil Prenzlauer Berg dürfen junge Mütter und Väter nicht mehr mit ihrem Kinderwagen joggen. Berlins Innensenator hat ein Buggy-Verbot für öffentliche Sportanlagen erlassen; es bestehe Stolpergefahr.

10 Hunde müssen sich in Deutschland im Auto anschnallen, Katzen nicht (Paragraf 22 StVO). Dafür dürfen Hunde vom Fahrrad aus geführt werden; für Katzen ist das verboten (Paragraf 28).

11 Die Straßenverkehrsordnung verbietet außerdem »nicht platzsparendes Parken«, »unnützes Hin- und Herfahren innerhalb geschlossener Ortschaften« sowie das Überqueren einer Straße auf einem anderen als dem »kürzesten Weg quer zur Fahrtrichtung«.

12 Rosafarbene Parkscheiben sind verboten.

13 Der Oberbürgermeister von Düsseldorf und das Amt für Verkehrsmanagement haben eine achtseitige Broschüre herausgegeben zum Thema Fußgängerampel. Tipp 1 lautet: »Die Ampel springt auf Grün. Der ideale Zeitpunkt für alle Fußgänger, jetzt loszugehen.«

14 Mecklenburg-Vorpommern hat zwar weder Berge noch Seilbahnen, aber ein eigenes Landesseilbahngesetz, kurz LSeilbG. Das Werk umfasst 32 Paragrafen auf 35 Seiten, darunter auch der Satz, dass es sich bei Seilbahnen um »Anlagen für den Personenverkehr aus mehreren Bauteilen,

die geplant, gebaut, montiert und in Betrieb genommen werden« handelt.

15 Die Berliner Senatsverwaltung für Stadtentwicklung und Umwelt legte fest, dass der Berliner Karnevalszug nur noch mit einer Lautstärke von maximal 75 Dezibel durch die Straßen ziehen darf. Das entspricht einem Geräuschpegel zwischen Staubsauger und normalem Straßenverkehr.

16 Auch im bayerischen Penzberg fiel 2013 der Faschingsumzug aus. Erst hatte das zuständige Landratsamt den Einsatz von Pferden verboten, dann untersagte es den Gebrauch einer Kanone, mit der in Penzberg traditionell Sägemehl in die Luft gefeuert wurde. Und schließlich sollten auch keine Bonbons und Blumen mehr geworfen werden; es bestehe Verletzungsgefahr. Die Penzberger entschieden, den Umzug abzusagen.

17 Dem Hamburger Fischgroßhändler Hagenah wurde nach einem Schadensersatzprozess gerichtlich auferlegt, ein Hinweisschild an der Verkaufstheke anzubringen: »Achtung: Fische können Fischgräten enthalten«.

18 Die Kennzeichnungsverordnung schreibt vor, dass auf Verpackungen vor Allergiegefahren gewarnt wird. Auf Erdnussdosen muss deshalb stehen: »Kann Spuren von Nüssen enthalten.«

19 Der Bayerische Verwaltungsgerichtshof zwang einen Seifenhersteller dazu, ein nach Erdbeer duftendes Duschgel vom Markt zu nehmen. Unwissende Verbraucher könnten glauben, es handele sich um ein Getränk.

20 In zahlreichen Kindergärten ist das Ausblasen und Anmalen von Ostereiern verboten; selbst bereits ausgepustete Eier dürfen nicht mitgebracht werden. »Die Schalen könnten verunreinigt sein«, heißt es zur Begründung etwa beim Caritasverband Hannover, der mehrere Betreuungseinrichtungen betreibt.

21 Da der 60 Jahre alte Sprungturm im Dieburger Freibad nach Osten, Richtung Sonnenaufgang, zeigt, ist das Springen vom Zehnmeterbrett wegen Blendgefahr nur noch zu bestimmten Tageszeiten gestattet. Der Sprungturm verstößt gegen DIN EN 13451-10, eine jüngere Norm für den Bäderbau, die wiederum auf eine Richtlinie der Deutschen Gesellschaft für das Badewesen e.V. zurückgeht.

22 DIN EN ISO 20216 schreibt vor, dass die Büschel einer Zahnbürste eine Zugkraft von 15 Newton aushalten müssen.

23 DIN EN 13537 regelt die Innenmaße von Schlafsäcken.

24 DIN EN 12586 legt in acht Kapiteln und 40 Unterpunkten fest, wie eine Schnullerkette beschaffen sein muss. Die Stoßfestigkeit von Holzeisenbahnen, die Maximallautstärke von Babyxylophonen, die Feuerfestigkeit von Karnevalskostümen und die Mindestgröße von Teddybär-Knopfaugen sind in DIN-Norm EN 71-1 geregelt.

25 In Europa dürfen nur kindersichere Feuerzeuge verkauft werden. Kindersicher ist ein Feuerzeug dann, wenn im Testlabor 86 von 100 Kindern im Alter von bis zu 50 Monaten es nicht schaffen, das Feuerzeug zum Brennen zu bringen.

26 Der Test zur Kindersicherheit von Feuerzeugen muss in einem der beiden EU-Prüflabors in London oder Lodz vorgenommen werden. Leider hat es Lodz bislang nicht geschafft, 100 Kinder in der vorgeschriebenen Altersgruppe zu finden, die bereit sind mitzumachen.

27 Die EU-Richtlinie 79/693/EEC regelt, dass es sich bei »Marmelade« um ein Erzeugnis handeln muss, das aus Zitrusfrüchten hergestellt wird, also aus Orangen oder Zitronen. Wird die »Marmelade« aus Nicht-Zitrusfrüchten hergestellt, also etwa aus Erdbeeren oder Pflaumen, darf sie nach EU-Recht nicht »Marmelade« heißen, sondern muss »Konfitüre« genannt werden. Eine Ausnahme stellt die österreichische »Marillenmarmelade« dar, die aus Aprikosen, also Nicht-

Zitrusfrüchte gemacht wird, eigentlich »Marillenkonfitüre« genannt werden müsste.

28 Die »Berliner Verkehrsauffassung für das Fleischerzeugnis Dönerkebap« schreibt vor, dass das zwischen den Fleischscheiben befindliche Hack im Fleischwolf »gewolft« sein muss. Nur dann darf es »Döner« heißen. Wurde das Fleisch hingegen mit Hilfe einer Kuttermaschine gekuttert, handelt es sich nicht um einen »Döner«, sondern um einen »Spieß nach Döner Art«.

29 Die »Health Claims«-Verordnung der EU schreibt künftig vor, dass Mineralwasser mit folgendem Satz beworben werden darf: »Wasser trägt zur Erhaltung normaler körperlicher und kognitiver Funktionen bei.«

30 Die von Teilen der Bundesregierung unterstützte Ampel-Kennzeichnung für ungesunde Lebensmittel würde dazu führen, dass Orangensaft (enthält zu viel Zucker), Vollkornbrot (zu viel Salz) und kaltgepresstes Olivenöl (zu viel Fett) mit roten Warnhinweisen versehen würden.

31 Anhang I, Punkt 2, Kennziffer 2, Buchstabe d), Absatz i) der Verordnung (EG) Nr. 642/2009 vom 22. Juli 2009 zur Durchführung der Richtlinie 2005/32/EG des Europäischen Parlaments und des Rates im Hinblick auf die Festlegung von Anforderungen an die umweltgerechte Gestaltung von Fernsehgeräten schreibt vor: Nach vier Stunden ohne Knopfdruck müssen sich Fernsehgeräte selbsttätig ausschalten.

32 Seit Einführung des neuen Rundfunkbeitrags zum 1. Januar 2013 müssen Unternehmen eine geräteunabhängige TV- und Radiogebühr bezahlen. Deren Höhe richtet sich nach der Zahl der Beschäftigten. Betroffen sind auch Betriebe, in denen die Beschäftigten gar kein Radio hören können, weil die Berufsgenossenschaft das Tragen eines Gehörschutzes vorschreibt.

33 Ein Ehemann hat in der Regel seinen Wohnsitz dort, wo sich seine Familie befindet (BFH BStBL 85, 331). Ein Verschollener hat seinen Wohnsitz bei der Ehefrau (FG Düsseldorf EFG 58, 144).

34 Die EU-Kommission will, dass Toiletten künftig mit maximal fünf Litern pro Spülung auskommen müssen. Für Urinale soll ein Liter reichen.

35 Seit September 2014 dürfen Staubsauger in der EU nur noch 1600 Watt verbrauchen, ab 2017 sogar nur noch 900 Watt.

36 Die EU-weite Vereinheitlichung bei der Ausrüstung von Soldaten scheitert bislang unter anderem daran, dass das deutsche Verteidigungsministerium nicht von den nationalen Standards für die Feuerfestigkeit von Unterhosen abrücken will.

37 Der Stadtrat von Köln fordert eine »qualitätsvolle Ausstattung« der Außengastronomie. Tische und Stühle müssen »in Weiß, Grau, Holznaturfarben oder Metallfarbe gehalten sein«, Sonnenschirme aus »weißem, beige- oder cremefarbenem Markisenstoff bestehen«.

38 Im Berliner Bezirk Friedrichshain-Kreuzberg ist es in einigen Vierteln verboten, nachträglich eine Gästetoilette, ein Doppelhandwaschbecken, eine Fußbodenheizung, einen Kamin, einen Balkon oder einen Fahrstuhl in seine Wohnung einzubauen.

39 Die Bezirksverordnetenversammlung von Friedrichshain-Kreuzberg hat beschlossen, dass öffentliche Gebäude über eine Unisextoilette verfügen müssen für Menschen, die sich »im binären Geschlechtersystem nicht einordnen« können.

40 Wer in Hamburg ein Haus baut, hat insgesamt etwa 30 Verordnungen zu beachten, von der Garagenverordnung GarVO bis zur ÜTVO, die Verordnung über die Überwachung von Tätigkeiten mit Bauprodukten und bei Bauarbeiten. Kleinere Umbaupläne sind der Behörde in Form einer

Bauzeichnung vorzulegen. Die Schraffierung von Flächen muss von links unten nach rechts oben erfolgen.

41 Neugebaute Straßen und Plätze müssen im Berliner Bezirk Friedrichshain-Kreuzberg nach Frauen benannt werden, bis auf dem Stadtplan eine Quote von 50 Prozent erreicht ist.

42 Wo es an Frauen mangelt, ist Kreativität gefragt, so heißt der neue Platz vor dem Jüdischen Museum jetzt »Fromet-und-Moses-Mendelssohn-Platz«. Fromet war die Frau des Philosophen.

43 Die Ampel an der Einmündung Ziegelstraße zum Güntzplatz in Dresden zeigt seit 1987 ausschließlich Rot. Für Rechtsabbieger gibt es einen Grünen Pfeil, eine andere Fahrtrichtung gibt es nicht. Die Ampel darf wegen der Straßenverkehrsordnung trotzdem nicht abgeschaltet werden. Sie verursacht etwa 5500 Euro Strom- und Instandhaltungskosten im Jahr.

44 Nach dem Umzug in ein neues Gebäude stellte die Agentur für Arbeit in Fürth fest: Einige Büros waren größer als die vorgeschriebenen zwölf Quadratmeter. Es wurden nachträglich Gipswände eingezogen; die abgetrennten Hohlräume darf niemand benutzen.

45 Jahrhundertelang fanden im Tübinger Schlosshof Veranstaltungen und Konzerte statt; der Platz reicht für 6000 Leute. Wegen neuer Brandschutzregeln dürfen jetzt allerdings nur noch 300 Menschen in den Schlosshof hinein. Die 2013 geplanten Festspiele wurden abgesagt.

46 »BDGBIBBBMinBFAnO« (Abkürzung für die »Anordnung zur Durchführung des Bundesdisziplinargesetzes bei dem bundesunmittelbaren Bundesinstitut für Berufsbildung im Geschäftsbereich des Bundesministeriums für Bildung und Forschung« vom 16. April 2002)

47 In Hornburg im Landkreis Wolfenbüttel streiten sich die Behörden um die Frage, welche Fenster in ein denkmal-

geschütztes Haus aus dem 16. Jahrhundert gehören. Die Denkmalschutzbehörde verlangt, dass die Fenster nach außen zu öffnen sind. Die Gebäudeversicherung hingegen sagt, die Fenster müssten innendrehend sein, da ein nach außen gestelltes Fenster die Fußgänger auf dem ohnehin schmalen Gehweg behindern und ein Verstoß gegen die Verkehrssicherungspflicht darstellen würde.

48 Behördenschreiben des Bezirks Friedrichshain-Kreuzberg müssen geschlechtsneutral formuliert werden; konkrete Vorschläge macht die »AG Feministisch Sprachhandeln« der Humboldt-Universität zu Berlin in einer 60-seitigen Broschüre, die auch zahlreiche Beispiele enthält. X-Form: »Dix Studierx hat in xs Vortrag darauf aufmerksam gemacht, dass es unglaublich ist, wie die Universität strukturiert ist, dass es nur so wenige Schwarze / PoC Professxs gibt.« Unterstrich: »We_lche Mita_rbeiterin will denn i_hre nächste Fortbildung zu antidiskriminierender Lehre machen? Sie_r soll sich melden. Der Kurs ist bald voll.« A-Form: »Unsa Lautsprecha ist permanent auf Demos unterwegs. Ea erfreut sich hoher Beliebtheit.«

49 Auf Deutschlands erstem Lesben-Friedhof in Berlin Prenzlauer Berg dürfen seit April 2014 nur Frauen bestattet werden.

50 Das Konzert der Rostocker Punkband Feine Sahne Fischfilet im Bielefelder Autonomentreff AJZ im September 2013 musste vom Veranstalter unterbrochen werden. Der Schlagzeuger der Band hatte sein T-Shirt ausgezogen; die Zurschaustellung eines nackten männlichen Oberkörpers gilt aber als sexistisch und ist deshalb verboten.

51 Als SPIEGEL Online und andere Medien über den Fall einer US-Diplomatin berichteten, die Europas Russlandpolitik mit den Worten »Fuck the EU« kommentiert hatte, konnten ausgerechnet die Beamten der Bundesregierung die entsprechenden Artikel nicht lesen. Eine Filtersoftware

verhindert ihren Zugriff auf Internetseiten mit bestimmten Schlagwörtern. Der Begriff *fuck* gehörte dazu.

52 Auf Hauesel, Hummer und Langusten ist in Deutschland die volle Mehrwertsteuer von 19 Prozent fällig, auf Maulesel, Krabben und Garnelen hingegen der ermäßigte Satz von sieben Prozent. Sogenanntes Islandmoos (Cladonia rangiferina) wird subventioniert, Isländisches Moos (Cetraria islandica) nicht. Currywurst im Sitzen: 19 Prozent. Currywurst im Stehen: 7 Prozent.

53 »Genießbare getrocknete Schweineohren (Schlachtnebenerzeugnis) – auch wenn als Tierfutter verwendet – werden gemäß der Verordnung (EG) Nr. 1125/2006 der Kommission vom 21. Juli 2006 (ABl. EU L 200 S. 3) in die Unterposition 0210 99 49 des Zolltarifs (ZT) eingereiht. Umsätze mit diesen Erzeugnissen unterliegen dem ermäßigten Steuersatz (§ 12 Abs. 2 Nr. 1 UStG i.V.m. Nr. 2 der Anlage 2 zum UStG). Getrocknete Schweineohren (Schlachtnebenerzeugnis), die nicht für den menschlichen Verzehr geeignet sind, werden hingegen der Unterposition 0511 99 90 ZT zugewiesen. Umsätze mit diesen Erzeugnissen unterliegen dem allgemeinen Steuersatz (§ 12 Abs. 1 UStG).« (Erlass des Bundesfinanzministeriums vom 16.10.2006, IV A 5 – S 7221 – 1/06)

54 Für Massenaufstiege von Kinderluftballons bei einer Geburtstags- oder Hochzeitsfeier braucht es in der Regel eine Flugverkehrskontrollfreigabe nach Paragraf 16 a Luftverkehrs-Ordnung. Anträge sind mit einem Vorlauf von acht Werktagen bei der Deutschen Flugsicherung zu stellen.

55 In Berliner Hotels müssen Hundebesitzer seit dem 1. Januar 2014 neben der eigenen Bettensteuer eine weitere Bettensteuer für ihren Hund entrichten, auch wenn dieser auf dem Boden schläft. Ausgenommen sind die Hunde von Dienstreisenden, Schülern auf Klassenfahrt und von Sehbehinderten, die auf einen Blindenhund angewiesen sind.

56 Essen erhebt eine Steuer auf Passantenbefragungen (34 Euro pro Interviewer am Tag), Fürth kassiert für das Aufstellen von Verkaufsautomaten, die weiter als 15 Zentimeter in den Raum ragen (»Luftsteuer«).

57 In Bonn an der Immenburgstraße steht ein umgebauter Parkscheinautomat; hier wird die sogenannte Hurensteuer entrichtet. Die Prostituierten vom Straßenstrich sind verpflichtet, sich für die Zeit von 20.15 Uhr bis 6 Uhr ein Ticket zu ziehen, bevor sie ihre Dienste anbieten. Der Preis beträgt sechs Euro pro Nacht, unabhängig von der Zahl der Freier.

58 Ein Bauer, der so freundlich ist, mit seinem Trecker ein liegengebliebenes Auto aus dem Straßengraben zu ziehen, muss mit einem Gebührenbescheid des Finanzamts rechnen, denn es handelt sich um die missbräuchliche Benutzung einer landwirtschaftlichen Zugmaschine.

59 Am Falckensteiner Strand an der Kieler Förde, ebenso wie an immer mehr Nordseestränden, ist es verboten, eine Sandburg zu bauen.

60 Nordrhein-Westfalens Anti-Raucher-Gesetz gilt auch für Elektrozigaretten, aus denen überhaupt kein Rauch herauskommt.

61 An Deck bayerischer Ausflugsdampfer ist das Rauchen unter freiem Himmel verboten.

62 Wer mit Cannabis im Zug von München nach Berlin reist, sollte sich lieber beim Aus- als beim Einsteigen erwischen lassen. In Bayern liegt die Grenze für eine strafrechtliche Verfolgung bei sechs Gramm, Berlin hingegen toleriert bis zu 15 Gramm.

63 Das Bezirksamt Charlottenburg-Wilmersdorf in Berlin hat beschlossen, die Joachimstaler Straße umzubenennen: in Joachimsthaler Straße. Alle Anwohner und Geschäftsleute müssen ihre Adressdaten ändern; die Post warnt vor Ver-

wechslungen: Im Bezirk Pankow gibt es schon eine Joachimsthaler Straße.

64 Weil der Muttertag 2008 mit dem besonders geheiligten Pfingstsonntag zusammenfiel, durften in Baden-Württemberg an diesem Tag keine Blumen verkauft werden. Zum Glück für die Mütter dauert es bis zum Jahr 2035, wenn Muttertag und Pfingstsonntag wieder auf denselben Tag fallen.

65 »Stirbt ein Bediensteter während einer Dienstreise, so ist damit die Dienstreise beendet.« (Kommentar zum Bundesreisekostengesetz)

66 Ein Berliner Kiosk, der ausschließlich Zeitungen, Blumen, Backwaren, Milch und Milchprodukte verkauft, darf am Sonntag von 7 bis 16 Uhr öffnen. Verkauft er hingegen Bedarfsartikel für den »alsbaldigen Verbrauch«, Tabak, Andenken, Reiseführer, Stadtpläne und Fotobedarf, darf er von 13 bis 20 Uhr öffnen.

67 »Es ist nicht möglich, den Tod eines Steuerpflichtigen als ›dauernde Berufsunfähigkeit‹ im Sinne von § 16 Abs. 1 Satz 3 EStG zu werten. Der natürliche Sprachgebrauch unterscheidet zwischen dauernder Berufsunfähigkeit und Tod.« (BFH-Urteil vom 29.4.1982 (IV R 116/79) BStBl. 1985 II S. 204)

68 Der niedersächsische CDU-Landtagsabgeordnete Norbert Böhlke aus dem Landkreis Harburg durfte einer Polizeiwache zu Silvester keine Krapfen mehr vorbeibringen: Die Beamten hätten sich womöglich der Vorteilsannahme schuldig gemacht.

69 »Welches Kind bei einem Berechtigten erstes, zweites, drittes oder weiteres Kind ist, richtet sich nach der Reihenfolge der Geburten. Das älteste Kind ist stets das erste Kind.« (Bundeszentralamt für Steuern: Merkblatt Kindergeld, Seite 23)

70 »Die einmalige Zahlung wird für jeden Berechtigten nur einmal gewährt«. (§ 5 Abs. 1 Satz 1 BBVAnpG 95)

71 Einwegflaschen, die Fruchtsaftgetränke, Fruchtschorlen und Erfrischungsgetränke mit Kohlensäure enthalten, unterliegen der Pfandpflicht. Flaschen mit Fruchtsäften, Fruchtnektaren und fruchtsaftähnlichen Getränken mit Kohlensäure sind pfandfrei.

72 Die »Sechste Verordnung zur Änderung der Verpackungsverordnung« klärt unter anderem die Frage, wie ein Kleiderbügel korrekt entsorgt wird. Wurde der Bügel zusammen mit einem Kleidungsstück gekauft, gilt er als »Verpackung« und kommt in den gelben Sack. Wurde der Kleiderbügel hingegen getrennt von Hemd, Anzug oder Kleid gekauft, gilt dieser nicht als Verpackung und kommt in die Restmülltonne.

73 Weitere Klarstellungen der »Sechsten Verordnung zur Änderung der Verpackungsverordnung«: Leere Streichholzschachteln gehören in den gelben Sack, leere Grablichtbecher hingegen in den Restmüll. Blumentöpfe für den Transport: gelber Sack. Blumentöpfe für den Balkon: Restmüll. Klarsichtfolie von der CD-Hülle: gelber Sack. CD-Hülle: Restmüll. CD-Spindel für Rohlinge: wieder gelber Sack.

74 Auch das Rätselraten um die korrekte Entsorgung von Klopapierrollen fand hier endlich ein Ende. »Rollen, Röhren und Zylinder, um die flexibles Material aufgespult ist«, gelten jetzt als Verpackung, was bedeutet: Altpapier oder gelber Sack, aber auf keinen Fall Restmülltonne.

75 Auf einem Elektrofahrrad, das nur Ihren Pedaltritt unterstützt, dürfen Sie bis zu 1,6 Promille Alkohol im Blut haben. Auf einem Elektrofahrrad, das sie auch im Leerlauf unterstützt, liegt die Promillegrenze bei 0,5.

76 Im Berliner Regierungsviertel ist es wegen der Terrorgefahr an vielen Stellen verboten, sein Fahrrad abzustellen. Es könnten angeblich Rohrbomben darin versteckt sein. Die

Fahrradständer direkt vor den Gebäudeeingängen des Bundestages dürfen aber natürlich benutzt werden; hier wurde das Angebot kürzlich noch einmal ausgebaut.

77 »Fünftes Sozialgesetzbuch § 58 Beitrag für Zahnersatz: (1) (weggefallen) (2) (weggefallen) (3) (weggefallen) (4) (weggefallen)«.

Dank

Danke an Janine, meine kluge, kritische Erstleserin: Ohne sie hätte es nicht geklappt. Danke an Bernd Jacobs, meinen *Partner in Crime* bei vielen Recherchen für dieses Buch. Danke an Jörg Blech, Markus Grill, Klaus Falkenberg, Jan Fleischhauer, Steffen Haug, Armin Mahler, Angelika Mette, Bernd Musa, Hans-Jörg Reinel, Michael Sauga und viele weitere fabelhafte Kollegen bei SPIEGEL und SPIEGEL TV. Für Anregungen, Gegenmeinungen und inspirierende Gespräche danke ich Friederike Balzereit, Silvia Bender, Guido Bohsem, Julia Busse, Eva Christiansen, Suzan Fiack, Jürgen Grieving, Tina Hildebrandt, Andreas Jung, Ursula und Klaus Neubacher und Uli Selbach. Danke an Karen Guddas und ihre Kollegen bei DVA.

Literatur

Ackermann, Ulrike: *Eros der Freiheit*, Stuttgart 2008.

Ackermann, Ulrike (Hg.): *Freiheitsindex Deutschland 2013 des John Stuart Mill Instituts für Freiheitsforschung*, Frankfurt am Main 2014.

Adams, John: *Risk*, London 1995.

Adorno, Theodor W.; Horkheimer, Max: *Dialektik der Aufklärung*, Frankfurt am Main 1969.

AG Feministisch Sprachhandeln der Humboldt-Universität zu Berlin (Hg.): *Sprachhandeln – aber wie? W_ortungen statt Tatenlosigkeit!*, Berlin 2014.

Akerlof, George A.: »The Market for ›Lemons‹: Quality Uncertainty and the Market Mechanism«, in: *The Quarterly Journal of Economics*, 3/84, 1979, S. 488–500.

Albrow, Martin: *Bürokratie*, München 1972.

Ankowitsch, Christian: *Mach's falsch, und du machst es richtig. Die Kunst der paradoxen Lebensführung*, Berlin 2011.

Ariely, Dan: *Denken hilft zwar, nützt aber nichts. Warum wir immer wieder unvernünftige Entscheidungen treffen*, München 2008.

Baader, Roland: *Fauler Zauber. Schein und Wirklichkeit des Sozialstaates*, Gräfelfing 1995.

Baal, Pieter H. M. van u.a.: »Lifetime Medical Costs of Obesity: Prevention No Cure for Increasing Health Expenditure«, in: *PLoS Med* 5 (2): e29, 2008, abrufbar unter: http://www.plosmedicine.org/article/info:doi/10.1371/journal.pmed.0050029.

Bäuerlein, Theresa; Knüpling, Friederike: *Tussikratie. Warum Frauen nichts falsch und Männer nichts richtig machen können*, München 2014.

Becker, Gary S.: *The Economic Approach to Human Behaviour*, Chicago 1976.

Berlin, Isaiah: *Freiheit. Vier Versuche*, Frankfurt am Main 1995.

Bieri, Peter: *Das Handwerk der Freiheit. Über die Entdeckung des freien Willens*, München 2001.

Bittermann, Klaus; Henschel, Gerhard (Hg.): *Das Wörterbuch des Gutmenschen. Zur Kritik der moralisch korrekten Schaumsprache*, Berlin 1994.

Blankart, Charles B.: *Öffentliche Finanzen in der Demokratie*, München 2011.

Blech, Jörg: *Die Krankheitserfinder. Wie wir zu Patienten gemacht werden*, Frankfurt am Main 2003.

Bolz, Norbert; Reijen, Willem van (Hg.): *Heilsversprechen*, München 1998.

Börsch-Supan, Axel: »Ökonomische Auswirkungen des demografischen Wandels«, in: *Aus Politik und Zeitgeschehen*, 10-11/2011, S. 19–26.

Bosshart, David: »Die Preisfrage«, in: *McK Wissen*, Ausgabe 18, 9/2006, S. 24–29.

Broder, Henryk M.: *Die letzten Tage Europas. Wie wir eine gute Idee versenken*, München 2013.

Bundesanstalt für Finanzdienstleistungsaufsicht (Hg.): *Grauer Markt und schwarze Schafe*, Bonn und Frankfurt am Main 2014.

Bundesinstitut für Risikobewertung (Hg.): *Mehr Vorsorge, mehr Sicherheit? Notwendigkeit, Machbarkeit und Grenzen des Vorsorgeprinzips*, Tagungsband, Berlin 2012.

Butler, Judith: *Das Unbehagen der Geschlechter*, Frankfurt am Main 2003.

Campos, Paul: *The Obesity Myth. Why America's Obsession with Weight is Hazardous to Your Health*, New York 2004.

Dahrendorf, Ralf: *Pfade aus Utopia*, München 1967.

DeLillo, David; Tremblay, George: »Maternal and Child Reports of Behavioral Compensation in Response to Safety Equipment Usage«, in: *Journal of Pediatric Psychology*, Ausgabe 26, 3/2001, S. 175–184.

Döblin, Alfred: *Berlin Alexanderplatz*, München 1965.

Doering, Detmar; Bouillon, Hardy (Hg.): *Geschützt oder gefangen? Der Konsument und seine Freiheit*, Berlin 2002.

Döpfner, Mathias: *Die Freiheitsfalle*, Berlin 2011.

Dörner, Klaus: *Die Gesundheitsfalle*, München 2003.

Dorn, Thea; Wagner, Richard: *Die deutsche Seele*, München 2011.

Drews, Joachim: *Die »Nazi-Bohne« – Anbau, Verwendung und Auswirkung der Sojabohne im Deutschen Reich und Südosteuropa (1933–1945)*, Berlin et al. 2004.

Dusini, Matthias; Edlinger, Thomas: *In Anführungszeichen. Glanz und Elend der Political Correctness*, Berlin 2012.

Eberhard, David: *I trygghetsnarkomanernas land. Sverige och det nationella paniksyndromet*, Stockholm 2007 (unveröffentlichte deutsche Übersetzung von Stefanie Spitzner: »Im Land der Sicherheitssüchtigen. Das Paniksyndrom westlicher Industrieländer«).

Enzensberger, Hans Magnus: *Sanftes Monster Brüssel oder Die Entmündigung Europas*, Berlin 2011.

Erasmus von Rotterdam: *Das Lob der Torheit*, Stuttgart 1972.

Erhard, Ludwig: »Marktwirtschaft und individuelle Freiheit«, in: *Schweizer Monatshefte*, Ausgabe 49, 1969/1970, S. 259–267, abrufbar unter: http://retro.seals.ch/cntmng?pid=smh-002:1969-1970:49::1402.

Evans, Dylan: *Risk Intelligence. How to Live with Uncertainty*, New York 2012.

Fabio, Udo di: *Die Kultur der Freiheit*, München 2005.

Falk, Armin: »Homo Oeconomicus versus Homo Reciprocans: Ansätze für ein neues wirtschaftspolitisches Leitbild«, in: *Perspektiven der Wirtschaftspolitik*, 4/2003, S. 141–172.

Falk, Armin: »Choosing the Joneses: Endogenous Goals and Reference Standards«, in: *IZA Discussion Paper*, Nr. 1152, 5/2004, abrufbar unter: http://ftp.iza.org/dp1152.pdf (abgerufen am 16. Juli).

Fehr, Ernst: *Neuroökonomik. Die Erforschung der biologischen Grundlagen des menschlichen Sozialverhaltens*, Universität St. Gallen, Volkswirtschaftliche Beiträge 3, August 2006.

Festag, Sebastian: *Sulzburger Studie zur Einführungspflicht von Rauchwarnmeldern. Eine Analyse der Brandopferanzahl von 1998 bis 2010 zur risikologischen Effektivität der Rauchmelderpflicht*, Berlin 2013.

Flechter, Adam: *Wie man Deutscher wird in 50 einfachen Schritten*, München 2013.

Fleischhauer, Jan: *Unter Linken. Von einem, der aus Versehen konservativ wurde*, Hamburg 2009.

Foucault, Michel: *Die Geburt der Klinik. Eine Archäologie des ärztlichen Blicks*, Frankfurt am Main 1991.

Frances, Allen: *Normal. Gegen die Inflation psychiatrischer Diagnosen*, Köln 2013.

Friedman, Milton: *Kapitalismus und Freiheit*, München 1976.

Frommel, Monika: »Prostitution: Moralstrafrecht reloaded«, in: *Novo Argumente*, Ausgabe 117, 1/2014, abrufbar unter: http://www.novo-argumente.com/magazin.php/novo_notizen/artikel/prostitution_rueckkehr_zum_moralstrafrecht.

Geier, Manfred: *Aufklärung. Das europäische Projekt*, Reinbek 2012.

Gensing, Patrick; Reisin, Andrej: *Der Präventivstaat*, Köln 2013.

Gigerenzer, Gerd: *Bauchentscheidungen. Die Intelligenz des Unterbewussten und die Macht der Intuition*, München 2007.

Gigerenzer, Gerd; Gray, J. A. Muir: *Better Doctors, Better Patients, Better Decisions. Envisioning Health Care 2020*, Cambridge 2011.

Gigerenzer, Gerd: *Risiko. Wie man die richtigen Entscheidungen trifft*, München 2013.

Gneezy, Uri; Rustichini, Aldo:»A Fine is a Price«, in: *Journal of Legal Studies*, Ausgabe 29/1, 2000, S. 1–18.

Gray, John: *Black Mass. Apocalyptic Religion and the Death of Utopia*, New York 2007.

Gruber, Jonathan; Koszegi, Botond:»Is Addiction ›Rational‹? Theory and Evidence«, in: *Quarterly Journal of Economics*, Ausgabe 116/4, 2001, S. 1261–1303.

Gu, Yiquan; Wenzel, Tobias:»Strategic Obfuscation and Consumer Protection Policy«, in: *DICE Discussion Paper*, Nr. 76, 2012, abrufbar unter: http://www.dice.hhu.de/fileadmin/redaktion/Fakultaeten/Wirtschaftswissenschaftliche_Fakultaet/DICE/Discussion_Paper/076_Gu_Wenzel.pdf.

Guggenberger, Bernd: *Das Menschenrecht auf Irrtum. Anleitung zur Unvollkommenheit*, München/Wien 1987.

Habermann, Gerd: *Der Wohlfahrtsstaat. Ende einer Illusion*, München 2013.

Hank, Rainer: *Die Pleiterepublik. Wie der Schuldenstaat uns entmündigt und wie wir uns befreien können*, München 2012.

Hansjürgens, Bernd; Lübbe-Wolff, Gertrude (Hg.): *Symbolische Umweltpolitik*, Frankfurt am Main 2000.

Harsanyi, David: *Nanny State. How Food Fascist, Teetotaling Do-Gooders, Priggish Moralists, and other Boneheaded Bureaucrats are Turning America into a Nation of Children*, New York 2007.

Hasenbach, Dieter; Klein, Armin; Knüsel, Pius; Opitz, Stephan: *Der Kulturinfarkt. Von Allem zu viel und überall das Gleiche*, München 2012.

Hayek, Friedrich August von:»Die Anmaßung von Wissen«, in: *Ordo*, Ausgabe 26, 1975, S. 12–21.

Hayek, Friedrich August von: *Die Verfassung der Freiheit*, Tübingen 1991.

Hayek, Friedrich August von: *Der Weg zur Knechtschaft*, München 2009.

Hegel, Georg Wilhelm Friedrich: *Grundlinien der Philosophie des Rechts*, Hamburg 1955.

Heine, Heinrich: *Werke und Briefe*, Band 3, Berlin/Weimar 1972.

Hentschel, Christine:»Der schlanke Staat und der dicke Konsument.

Zur Regierung der Fettleibigkeit«, in: Lamla; Neckel (Hg.), *Politisierter Konsum – konsumierte Politik*, Wiesbaden 2006, S. 113–131.

Herzinger, Richard: *Die Tyrannei des Gemeinsinns*, Berlin 1997.

Herzog, Roman: *Europa neu erfinden. Vom Überstaat zur Bürgerdemokratie*, München 2014.

Heuser, Uwe Jean: *Humanomics. Die Entdeckung des Menschen in der Wirtschaft*, Frankfurt am Main / New York 2008.

Heydt, Imre von der: *Rauchen Sie? Verteidigung einer Leidenschaft*, Köln 2005.

Hobbes, Thomas: *Leviathan*, Hamburg 1996.

Hoffer, Adam J.; Shugart, William F. II; Thomas, Michael D.: *Sin Taxes. Size, Growth, and Creation of the Sindustry*, Mercatus Center George Mason University Working Paper, Ausgabe 13 / 04, 2013.

Honneth, Axel (Hg.): *Kommunitarismus. Eine Debatte über die moralischen Grundlagen moderner Gesellschaften*, Frankfurt am Main 1993.

Honneth, Axel: *Das Recht der Freiheit. Grundriss einer demokratischen Sittlichkeit*, Frankfurt am Main 2011.

Horn, Karen: *Die soziale Marktwirtschaft*, Frankfurt am Main 2010.

Humboldt, Wilhelm von: *Ideen zu einem Versuch, die Grenzen der Wirksamkeit des Staates zu bestimmen*, Stuttgart 1962.

Huxley, Aldous: *Schöne neue Welt*, Frankfurt am Main 1953.

Ioannidis, John P. A.: »Why Most Published Research Findings Are False«, in: *PLOS Medicine*, Ausgabe 2(8): e124, 2005.

Iyengar, Sheena S.; Lepper, Mark R.: »When Choice is Demotivating: Can One Desire Too Much of a Good Thing?«, in: *Journal of Personality and Social Psychology*, Ausgabe 79 / 6, 2000, S. 995–1006.

Jürges, Hendrik: *True Health vs. Response Styles. Exploring Cross-Country Differences in Self-Reported Health*, DIW Discussion Papers 588, Berlin 2006.

Kahneman, Daniel: *Schnelles Denken, langsames Denken*, München 2012.

Kanitscheider, Bernulf: *Das hedonistische Manifest*, Stuttgart 2011.

Kant, Immanuel: »Beantwortung der Frage: Was ist Aufklärung«, in: ders., *Werkausgabe*, Band 11, Frankfurt am Main 1991.

Karpen, Ulrich: *Wirtschaftsordnung und Grundgesetz*, St. Augustin 1979.

Karrer-Gauß, Katja; Timpe, Klaus-Peter: »Müdigkeitswarnung – ein Zukunftsversprechen?«, in: Sachse; Ulrich (Hg.), *Psychologie menschlichen Handelns: Wissen und Denken – Wollen und Tun*, Lengerich 2014, S. 283–299.

Kholodilin, Konstantin A.; Ulbricht, Dirk: »Mietpreisbremse: Wohnungsmarktregulierung bringt mehr Schaden als Nutzen«, in: *DIW Wochenbericht*, Ausgabe 15, 2014, S. 319–327.

Kirchhof, Paul: *Das Gesetz der Hydra*, München 2006.

Kirchhof, Paul: *Bundessteuergesetzbuch. Ein Reformentwurf zur Erneuerung des Steuerrechts*, Heidelberg 2011.

Kühn, Hagen: *Healthismus. Eine Analyse der Präventionspolitik und Gesundheitsförderung in den USA*, Berlin 1993.

Künast, Renate: *Die Dickmacher*, München 2004.

Kurzka, Wieland: *Im Paragrafenrausch*, Gräfelfing 2005.

Krämer, Walter: *Die Angst der Woche. Warum wir uns vor den falschen Dingen fürchten*, München 2011.

Kraus, Josef: *Helikoptereltern. Schluss mit Förderwahn und Verwöhnung*, Berlin 2013.

Laibson, David: »Golden Eggs and Hyperbolic Discounting«, in: *Quarterly Journal of Economics*, Ausgabe 62, 5 / 1997, S. 443–477.

Landeshauptstadt Düsseldorf, Der Oberbürgermeister, Amt für Verkehrsmanagement (Hg.): *Gelbzeit. Die Sicherheits-Phase an Düsseldorfer Fußgängerampeln*, Düsseldorf 2011.

Levitt, Steven D.; Dubner, Stephen J.: *Freakonomics. Überraschende Antworten auf alltägliche Lebensfragen*, München 2006.

Lotter, Wolf: *Zivilkapitalismus. Wir können auch anders*, München 2013.

Lövenich, Christoph: »Genussverbote«, in: *Novo Argumente*, Ausgabe 116, 2 / 2013, S. 165–171.

Lübbe, Hermann: *Politischer Moralismus. Der Triumph der Gesinnung über die Urteilskraft*, Berlin 1987.

Luhmann, Niklas: *Soziologie des Risikos*, Berlin / New York 1999.

Luhmann, Niklas: *Ökologische Kommunikation. Kann die moderne Gesellschaft sich auf ökologische Gefahren einstellen?*, Wiesbaden 2008.

Mandeville, Bernhard: *Die Bienenfabel oder Private Laster, öffentliche Vorteile*, Frankfurt am Main 1980.

Martynkewicz, Wolfgang: *Das Zeitalter der Erschöpfung. Die Überforderung des Menschen durch die Moderne*, Berlin 2013.

Mau, Gunnar; Schramm-Klein, Hanna; Reisch, Lucia: »Consumer Socialization, Buying Decisions, and Consumer Behaviour in Children: Introducing to the Special Issue«, in: *Journal of Consumer Policy*, Ausgabe 37, 2 / 2014, S. 155–160.

Maxeiner, Dirk; Miersch, Michael: *Frohe Botschaften. Über den täglichen Wahnsinn*, Berlin 2008.

Merki, Christoph Maria: »Die nationalsozialistische Tabakpolitik«, in: *Vierteljahreshefte für Zeitgeschichte*, 1/1998, S. 19–42.

Merton, Robert K.: The *Unanticipated Consequences of Purposive Social Action*, Indianapolis 1936.

Micklitz, Hans-W. u.a.: *Der vertrauende, der verletzliche oder der verantwortungsvolle Verbraucher? Plädoyer für eine differenzierte Strategie in der Verbraucherpolitik. Stellungnahme des Wissenschaftlichen Beirats Verbraucher- und Ernährungspolitik beim BMELV*, Berlin 2010.

Mill, John Stuart: *On Liberty. Über die Freiheit*, Stuttgart 2009.

Mises, Ludwig von: *Liberalismus*, Jena 1927.

Mises, Ludwig von: *Die Bürokratie*, Sankt Augustin 2004.

Mises, Ludwig von: *Vom Wert der besseren Ideen*, München 2012.

Montesquieu, Charles de Secondat: *Vom Geist der Gesetze*, Stuttgart 1965.

Moß, Anja; Wabitsch, Martin; Kromeyer-Hauschild, Katrin; Reinehr, Thomas; Kurt, Bärbel-Maria: »Prävalenz von Übergewicht und Adipositas bei deutschen Einschulkindern«, in: *Bundesgesundheitsblatt Gesundheitsforschung Gesundheitsschutz*, Ausgabe 50/11, 2007, S. 1424–1431.

Mühlhauser, Ingrid: »Zur Überschätzung des Nutzens von Prävention«, in: *Zeitschrift für Evidenz, Fortbildung und Qualität im Gesundheitswesen*, 2013, abrufbar unter: http://dx.doi.org/10.1016/j.zefq.2013.11.006.

Musil, Robert: *Der Mann ohne Eigenschaften*, Reinbek 1987.

Nahles, Andrea: *Frau, gläubig, links. Was mir wichtig ist*, München 2009.

Neubacher, Alexander: *Ökofimmel. Wie wir versuchen, die Welt zu retten und was wir damit anrichten*, München 2012.

Nichtraucher-Initiative Deutschland e.V. (Hg.): *Leitfaden zum Nichtraucherschutz bei rauchenden Nachbarn*, Unterschleißheim 2012.

Nietzsche, Friedrich: »Zur Genealogie der Moral«, in ders., *Werke*, Band 4, Salzburg 1983.

Nisbet, Robert A.: *The History of the Idea of Progress*, Piscataway 1980.

Nozick, Robert: *Anarchie, Staat, Utopia*, München 2006.

Orwell, George: *1984*, Berlin 2005.

Packard, Vance: *Die geheimen Verführer*, Düsseldorf 1957.

Peltzman, Sam: »The Effects of Automobile Safety Regulation«, in: *Journal of Political Economy*, Band 83/4, 1975, S. 677–726.

Pfaller, Robert: *Wofür es sich zu leben lohnt. Elemente materialistischer Philosophie*, Frankfurt am Main 2011.

Popper, Karl R.: *Die offene Gesellschaft und ihre Feinde*, Bern 1957.

Proctor, Robert N.: *Blitzkrieg gegen den Krebs: Gesundheit und Propaganda im Dritten Reich*, Stuttgart 2002.

Pusch, Luise F.: *Das Deutsche als Männersprache*. Frankfurt am Main 1984.

Rawls, John: *Eine Theorie der Gerechtigkeit*, Frankfurt am Main 1979.

Reinhardt, Volker: *Die Tyrannei der Tugend. Calvin und die Reformation in Genf*, München 2009.

Richter, Peter: *Über das Trinken*, München 2011.

Ridley, Matt: *Wenn Ideen Sex haben. Wie Fortschritt entsteht und Wohlstand vermehrt wird*, München 2011.

Rief, Winfried; Glaesmer, Heide; Baehr, Vera; Broadbent, Elizabeth; Brähler, Elmar; Petrie, Keith J.: »The Relationship of Modern Health Worries to Depression, Symptom Reporting and Quality of Life in a General Population Survey«, in: *Journal of Psychosomatic Research*, 72/4, 2012, S. 318–320.

Rousseau, Jean-Jacques: *Vom Gesellschaftsvertrag oder Die Grundsätze des Staatsrechts*, Stuttgart 2000.

Rousseau, Jean-Jacques: »Abhandlung über den Ursprung und die Grundlagen der Ungleichheit unter den Menschen«, in: ders., *Schriften*, Band 1, München 1978.

Rothbard, Murray N.: *For a New Liberty*, New York 1994.

Roth, Gerhard: *Bildung braucht Persönlichkeit. Wie Lernen gelingt*, Stuttgart 2011.

Safranski, Rüdiger: *Romantik. Eine deutsche Affäre*, Frankfurt am Main 2009.

Saint-Paul, Gilles: *The Tyranny of Utility. Behavioral Science and the Rise of Paternalism*, Princeton 2011.

Sarrazin, Thilo: *Der neue Tugendterror. Über die Grenzen der Meinungsfreiheit in Deutschland*, München 2014.

Sartre, Jean-Paul: *Das Sein und das Nichts*, Reinbek 1962.

Schaar, Peter: *Das Ende der Privatsphäre. Der Weg in die Überwachungsgesellschaft*, München 2007.

Schaefer, Jürgen: *Lob des Irrtums. Warum es ohne Fehler keinen Fortschritt gibt*, München 2014.

Schelsky, Helmut: *Der selbständige und der betreute Mensch*, Stuttgart 1976.

Schirrmacher, Frank: *Ego. Das Spiel des Lebens*, München 2013.

Schmidt, Helmut: *Globalisierung. Politische, ökonomische und kulturelle Herausforderungen*, München 2006.

Schmidt-Semisch, Henning; Schorb, Friedrich (Hg.): *Kreuzzug gegen Fette*, Wiesbaden 2008.

Schmieder, Jürgen: *Mit einem Bein im Knast. Mein Versuch, ein Jahr lang gesetzestreu zu leben*, München 2013.

Schnellenbach, Jan: »Wohlwollendes Anschubsen: Was ist mit liberalem Paternalismus zu erreichen und was sind seine Nebenwirkungen?«, in: *Perspektiven der Wirtschaftspolitik*, Band 12, Ausgabe 4, 2011, S. 445–459.

Schorb, Friedrich: *Dick, doof und arm. Die große Lüge vom Übergewicht und wer von ihr profitiert*, München 2009.

Schulz, Jürgen: »Faktisch, praktisch, gut. Kulturkritik als Verbraucherschutz«, in: *Ästhetik & Kommunikation*, Ausgabe 162/163, Winter 2013/2014.

Schulze, Gerhard: *Die Sünde. Das schöne Leben und seine Feinde*, München/Wien 2006.

Schulze, Gerhard: *Krisen. Das Alarmdilemma*, Frankfurt am Main 2011.

Schwarzer, Alice: *Der kleine Unterschied und seine großen Folgen. Frauen über sich*, Frankfurt am Main 2002.

Selten, Reinhard: *Evolution, Learning, and Economic Behaviour*, Nancy L. Schwartz Memorial Lecture, North Western University, Chicago 1889.

Shaw, David: *The Pleasure Police. How Bluenose Busybodies and Lily-Livered Alarmist Are Taking All The Fun Out Of Life*, New York 1996.

Shiller, Robert: *Irrationaler Überschwang. Warum eine lange Baisse an der Börse unvermeidlich ist*, Frankfurt am Main 2000.

Shklar, Judith N.: *Der Liberalismus der Furcht*, Berlin 2013.

Siebert, Horst: *Der Kobra-Effekt. Wie man Irrwege der Wirtschaftspolitik vermeidet*, Stuttgart/München 2001.

Simon, Herbert A.: *Homo Rationalis. Die Vernunft im menschlichen Leben*, Frankfurt am Main 1993.

Simon, Herbert A.: *An Empirically-Based Microeconomics*, Cambridge 1997.

Sinn, Hans-Werner: »Risiko als Produktionsfaktor«, in: *Jahrbücher für Nationalökonomie und Statistik*, Band 6, Ausgabe 201, 1986, S. 557–571.

Sloterdijk, Peter: *Du musst dein Leben ändern. Über Anthropotechnik*, Frankfurt am Main 2009.

Smith, Adam: *Der Wohlstand der Nationen*, München 1978.

Snowdon, Christopher: *Velvet Glove, Iron Fist. A History of Anti-Smoking*, London 2009.

Snowdon, Christopher: *The Wages of Sin Taxes*, Adam Smith Institute 2012.

Sofsky, Wolfgang: *Zur Verteidigung des Privaten. Eine Streitschrift*, München 2007.

Sprenger, Reinhard K.: *Der dressierte Bürger*, Frankfurt am Main 2005.

Stephan, Cora: *Der Betroffenheitskult. Eine politische Sittengeschichte*, Reinbek 1994.

Strünck, Christoph u.a.: *Ist der »mündige Verbraucher« ein Mythos? Auf dem Weg zu einer realistischen Verbraucherpolitik. Stellungnahme des Wissenschaftlichen Beirats Verbraucher- und Ernährungspolitik beim BMELV*, Berlin 2012.

Sunstein, Cass R.: *Simpler. The Future of Government*, New York 2013.

Taylor, Charles: *Negative Freiheit? Zur Kritik des neuzeitlichen Individualismus*, Frankfurt am Main 1988.

Thaler, Richard H.: *The Winner's Course. Paradoxes and Anomalies in Economic Life*, Princeton 1994.

Thaler, Richard H.; Sunstein, Cass R.: »Libertarian Paternalism«, in: *American Economic Review*, Band 93, 2/2003, S. 175–179.

Thaler, Richard H.; Sunstein, Cass R.: *Nudge. Wie man kluge Entscheidungen anstößt*, Berlin 2010.

Tenenbom, Tuvia: *Allein unter Deutschen. Eine Entdeckungsreise*, Berlin 2012.

Thelen, Jürgen; Kirsch, Nils; Hoebel, Jens: *Gesundheit in Europa. Daten des Gesundheitsmonitorings der EU*, Berlin 2012.

Tocqueville, Alexis de: *Der Alte Staat und die Revolution*, Reinbek 1969.

Tocqueville, Alexis de: *Über die Demokratie in Amerika*, Zweiter Teil, Zürich 1987.

Trojanow, Ilija; Zeh, Juli: *Angriff auf die Freiheit. Sicherheitswahn, Überwachungsstaat und der Abbau bürgerlicher Rechte*, München 2009.

Tucholsky, Kurt: *Gesammelte Werke*, Band 5, Reinbek 1975.

Tversky, Amos; Kahneman, David: »The Framing of Decisions and the Psychology of Choice«, in: *Science*, Band 211, 1/1981, S. 453–458.

Vanberg, Viktor J.: *Freiheit und Verantwortung. Neurowissenschaftliche*

Erkenntnisse und ordnungsökonomische Folgerungen, Freiburger Diskussionspapiere zur Ordnungsökonomik, Ausgabe 10/3, 2010.

Vanderbilt, Tom: *Auto. Warum wir fahren, wie wir fahren und was das über uns sagt*, Hamburg 2009.

Veblen, Thorstein: *The Theory of the Leisure Class*, New York 1994.

Verbraucherzentrale Bundesverband (Hg.): *Wie viel Staat braucht der Verbraucher? Dokumentation des Verbrauchertags 2011*, Berlin 2011.

Viscusi, W. Kip: »The Lulling Effect. The Impact of Child-Resitant Packaging on Aspirin and Analgesic Ingestions«, in: *The American Economic Review*, Ausgabe 74/2, 1984, S. 324–327.

Vitt, Judith; Büning, Monika: *Information gut, alles gut? Empfehlungen für wirksame Informationen*, Berlin 2011.

Wagner, Adolph: *Die Strömungen in der Sozialpolitik und der Katheder- und Staatssozialismus*, Berlin 1912.

Walker, Ian: »Drivers Overtaking Bicyclists: Objective Data on the Effects of Riding Position, Helmet Use, Vehicle Type and Apparent Gender«, in: *Accident Analysis and Prevention*, Ausgabe 39/2, 2007, S. 417–425.

Weber, Max: *Die protestantische Ethik und der Geist des Kapitalismus*, Tübingen 2010.

Weber, Max: *Wirtschaft und Gesellschaft*, Tübingen 1922.

Weede, Erich: »Inseln der Rationalität: Wie überwindet man fehlerhafte Entscheidungen auf dem Markt, in der Wissenschaft und in der Politik?«, in: *Analyse & Kritik*, Ausgabe 30, 2008, S. 735–756.

White, Mark D.: *The Manipulation of Choice. Ethics and Libertarian Paternalism*, New York 2013.

Whitman, Glen: »Against the New Paternalism. Internalities and the Economics of Self-Control«, in: *Cato Policy Analysis*, Ausgabe 563, 2/2006, abrufbar unter: http://object.cato.org/sites/cato.org/files/pubs/pdf/pa563.pdf.

Wildavsky, Aaron: *Searching for Safety*, Piscataway 1988.

Wilde, Gerald J. S.: *Target Risk 2. A New Psychology of Safety and Health*, New York 2001.

Willgerodt, Hans: »Der Bürger zwischen Selbstverantwortung und sozialer Entmündigung«, in: ders., *Werten und Wissen. Beiträge zur politischen Ökonomie*, Stuttgart 2011, S. 246–264.

Witthöft, Michael; G. James Rubin: »Are Media Warnings About the Adverse Health Effects of Modern Life Self-Fulfilling? An Experimental Study on Idiopathic Environmental Intolerance Attributed to Electromagnetic Fields«, in: *Journal of Psychosomatic Research*, Ausgabe 74/3, 2013, S.206–212.

Wuketitis, Franz M.: *Wie viel Moral verträgt der Mensch?*, Gütersloh 2010.

Zastrow, Volker: *Gender. Politische Geschlechtsumwandlung*, Waltrop 2006.

Zeh, Juli: *Corpus Delicti. Ein Prozess*, Frankfurt am Main 2009.

Zentralverband der Werbewirtschaft e.V. (Hg.): *Werbung 2014*, Berlin 2014.

Ziesemer, Bernd: *Eine kurze Geschichte der ökonomischen Unvernunft*, Frankfurt am Main 2007.

Zimmer, Daniel: *Weniger Politik*, München 2013.